12才までに学びたい

マンガ×くり返しでスイスイ覚えられる日本の歴史人物100

監修
学力向上アドバイザー
陰山英男

はじめに

私《わたし》は小学校教員《しょうがっこうきょういん》としての長年《ながねん》の経験《けいけん》を生《い》かして、子《こ》どもたちの学力《がくりょく》を伸《の》ばすための教材開《きょうざいかい》発《はっ》や研究《けんきゅう》を行《おこな》っています。考案《こうあん》した学習法《がくしゅうほう》をまとめた「徹底反復《てっていはんぷく》シリーズ」はおかげさまで800万部《まんぶ》を超《こ》えるベストセラーとなり、多《おお》くの子《こ》どもたちに使《つか》われています。

今《いま》、私《わたし》が力《ちから》を入《い》れていることの1つに、「社会《しゃかい》を生《い》き抜《ぬ》く力《ちから》」を伸《の》ばすための研究《けんきゅう》があります。先《さき》ざきを予測《よそく》しづらい今《いま》の時代《じだい》では、いわゆる「勉強《べんきょう》ができる」「受験《じゅけん》に勝《か》ち抜《ぬ》く」といった力《ちから》だけでなく、「いかなる環境《かんきょう》でも強《つよ》く、たくましく社会《しゃかい》を生《い》き抜《ぬ》いていく力《ちから》」をどう身《み》につけるかが大切《たいせつ》だからです。

そのために、過去《かこ》の歴史《れきし》を学《まな》ぶことはとても重要《じゅうよう》であると感《かん》じています。歴史《れきし》は、はるか昔《むかし》から現在《げんざい》に至《いた》るまでの人《ひと》びとの人生《じんせい》が、まるでバトンリレーのようにつながってできています。どの時代《じだい》に生《い》きた人《ひと》びとも、私《わたし》たちと同様《どうよう》に変化《へんか》の波《なみ》に流《なが》されて苦《くる》しんだり、困《こん》難《なん》な問題《もんだい》に立《た》ち向《む》かうことを余儀《よぎ》なくされています。これは、どんな有名《ゆうめい》な歴史上《れきしじょう》の人物《じんぶつ》にも共通《きょうつう》することです。

過去《かこ》の歴史《れきし》を学《まな》ぶことは、私《わたし》たちが今《いま》の時代《じだい》や未来《みらい》における問題《もんだい》を判断《はんだん》し、解決《かいけつ》する際《さい》の大《おお》きな助《たす》けとなります。いわば、「社会《しゃかい》を生《い》き抜《ぬ》く力《ちから》」を身《み》につける上《うえ》でのうってつけの教科書《きょうかしょ》、それが歴史《れきし》です。

この本《ほん》では、日本史《にほんし》の有名人物《ゆうめいじんぶつ》を中心《ちゅうしん》に、マンガで楽《たの》しく、わかりやすく紹介《しょうかい》しています。歴史《れきし》に興味《きょうみ》のない子《こ》どもやくわしくない子《こ》どもでも、すんなり歴史《れきし》の世界《せかい》に入《はい》っていけるようになっています。

加《くわ》えて、歴史《れきし》についてより深《ふか》く理解《りかい》できる解説《かいせつ》も用意《ようい》しています。子《こ》どもは1つの知識《ちしき》を覚《おぼ》えると、さらに「なぜ?」「どうして?」と深《ふか》い知識《ちしき》を求《もと》めます。解説《かいせつ》はこうした欲求《よっきゅう》に応《こた》えるものですし、何《なに》より人物《じんぶつ》や出来事《できごと》だけでなく、時代《じだい》の流《なが》れや背景《はいけい》も含《ふく》めて歴史《れきし》を学《まな》ぶことで、真《しん》の「社会《しゃかい》を生《い》き抜《ぬ》く力《ちから》」を養《やしな》うことができるのです。

この本《ほん》をくり返《かえ》し読《よ》んで、歴史《れきし》への知識《ちしき》を身《み》につけたら、最後《さいご》に別冊《べっさつ》の反復《はんぷく》ドリルで総《そう》まとめをしてください。そうすることで知識《ちしき》が定着《ていちゃく》し、歴史《れきし》に対《たい》してさらに深《ふか》い理解《りかい》と興《きょう》味《み》をいだきます。

この本《ほん》がお子《こ》さまの「社会《しゃかい》を生《い》き抜《ぬ》く力《ちから》」を育《そだ》てる一助《いちじょ》となれば幸《さいわ》いです。

陰山英男《かげやまひでお》

いつもの
昼《ひる》さがり
宿題《しゅくだい》が
終《お》わったわ
タクミ
（小《しょう》6）
マユ（小《しょう》3）
え、もう
終《お》わったの!?
またやるの
忘《わす》れちゃうよ
くっ
妹《いもうと》のくせに
生《なま》意《い》気《き》な…
ゲームより
歴《れき》史《し》の本《ほん》とか
読《よ》めばいいのに…
歴《れき》史《し》なんて
古《ふる》くさいだろ～
え～
NEGI
それはちがうぞ！
ドドーン
うおおっ！
あ、あなたは？
私《わたし》？
私《わたし》は…

歴史《れきし》を好《す》きにさせる
まほう使《つか》い
ミスター陰山《かげやま》だ！
ドドーン
え〜！
カッコイイ！
なぜ君《きみ》は
歴史《れきし》を古《ふる》くさい
なんて言《い》うんだい？
だ…だって
昔《むかし》のことでしょ
でも、君《きみ》も
昨日《きのう》のことを
ふり返《かえ》ったり
するだろ？
また
忘《わす》れたか！
そういえば…
え〜と…
あぁっ！
宿題《しゅくだい》をやって
さえいれば！
だったら今日《きょう》は
やればいいのに…
ふり返《かえ》って
反省《はんせい》している
みたいだね
歴史《れきし》を学《まな》ぶ
大切《たいせつ》さも
それと同《おな》じなんだ
えっ？

歴史《れきし》で有名《ゆうめい》な人《ひと》も、ぼくらと同《おな》じ「ひと」だったんだ
イケメン系《けい》
小悪魔系《こあくまけい》
アスリート系《けい》
い…いろいろいるね
そうね…
うまくいったこともあったし、失敗《しっぱい》もたくさんあった
よっしゃ！勝《か》ったぞ！
ヒ〜ン
ふられたわ
ホントにぼくらと同《おな》じ！
お兄《にい》ちゃんは失敗《しっぱい》ばかりだけど…
そんな人《ひと》たちの生《い》き方《かた》をふり返《かえ》る。それが歴史《れきし》だ
まるで〜
宝箱や〜
学《まな》べば、私《わたし》たちが生《い》きるためのヒントがいっぱい見《み》つかるはずさ
だから歴史《れきし》は古《ふる》くさくなんかないのさ
はい！

よし！さっそく歴史《れきし》の勉強《べんきょう》だ！
そんなにたくさん…
ははは…
1時間後《じかんご》
ウウウ…
や、やっぱりこうなったか
むずかしい歴史1
長《なが》いし人《ひと》もたくさんだしどこから学《まな》べばいいかわからない！
わかったわかった
まずはこの一冊《いっさつ》から読《よ》もう
ドーン
マンガ×くり返し
覚えられる
歴史人物
陰山英男
陰山式反復ドリル付き！
笑って覚える
という間に好きになる！
厳選《げんせん》した人《ひと》のためになる話《はなし》がたっぷりのっているよ
さあ、今《いま》から歴史《れきし》の旅《たび》に出発《しゅっぱつ》だ！
待《ま》ってよ！心《こころ》の準備《じゅんび》が…

本書《ほんしょ》の使《つか》い方《かた》

人物《じんぶつ》の紹介《しょうかい》

取《と》り上《あ》げた人物《じんぶつ》の名前《なまえ》、生《う》まれた年《とし》と亡《な》くなった年《とし》、生《う》まれた都道府県《とどうふけん》、どんな人物《じんぶつ》だったかを示《しめ》しています。

マンガ

取《と》り上《あ》げた人物《じんぶつ》がどのように歴史《れきし》に名前《なまえ》を残《のこ》したかをマンガで楽《たの》しく紹介《しょうかい》しています。

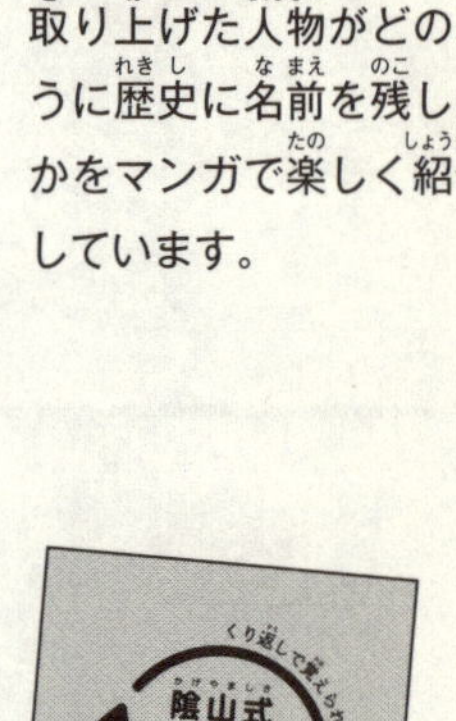

別冊《べっさつ》 陰山式反復《かげやましきはんぷく》ドリル

本編《ほんぺん》で取《と》り上《あ》げた人物《じんぶつ》やキーワードを答《こた》えるドリルです。内容《ないよう》を思《おも》い出《だ》しながら進《すす》めることで、どんどん理解《りかい》が深《ふか》まります。

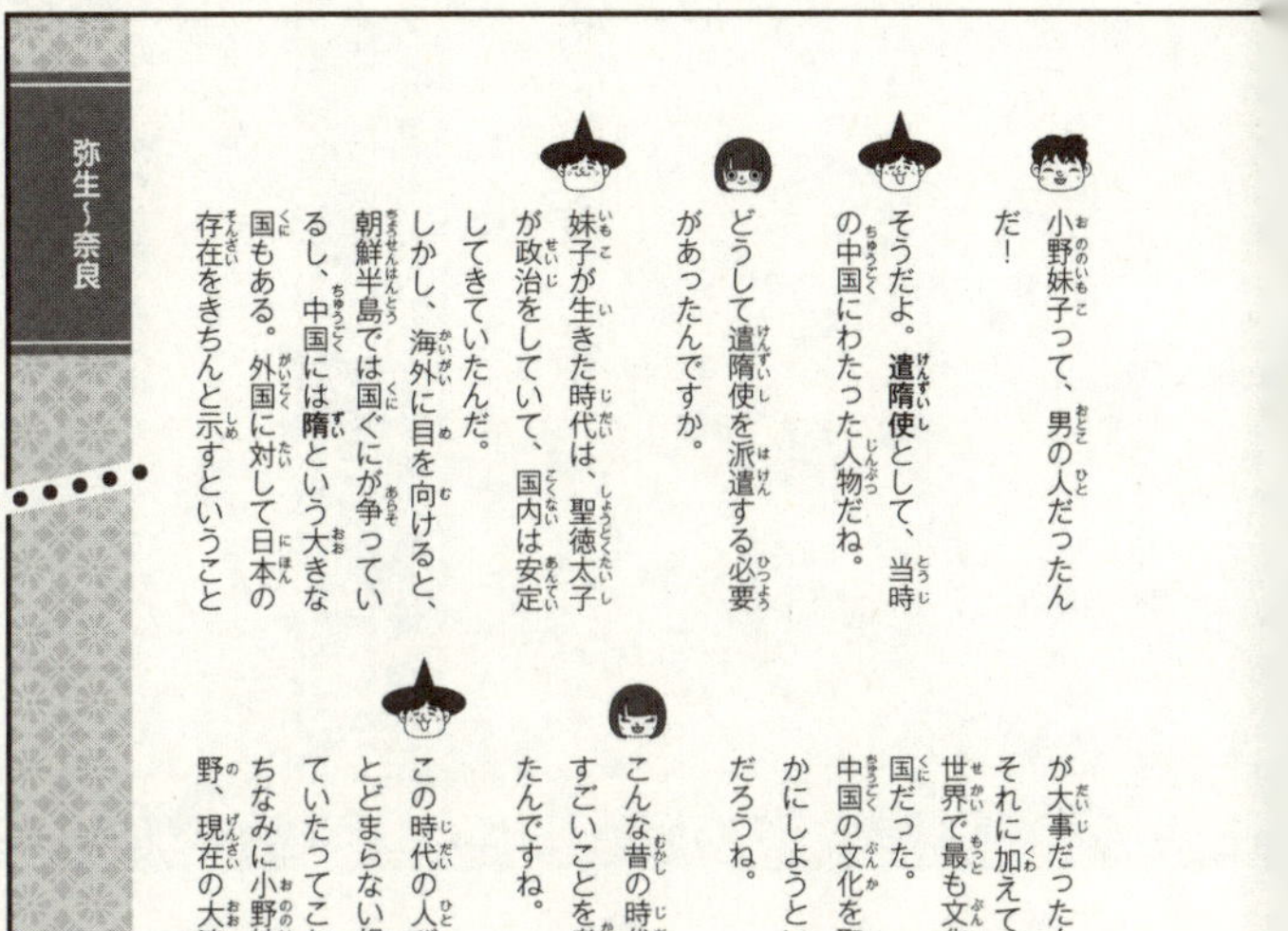
弥生～奈良

小野妹子《おののいもこ》って、男《おとこ》の人《ひと》だったんだ！

そうだよ。**遣隋使《けんずいし》**として、当時《とうじ》の中国《ちゅうごく》にわたった人物《じんぶつ》だね。

どうして遣隋使《けんずいし》を派遣《はけん》する必要《ひつよう》があったんですか。

妹子《いもこ》が生《い》きた時代《じだい》は、聖徳太子《しょうとくたいし》が政治《せいじ》をしていて、国内《こくない》は安定《あんてい》してきていたんだ。

しかし、海外《かいがい》に目《め》を向《む》けると、朝鮮半島《ちょうせんはんとう》では国《くに》ぐにが争《あらそ》っているし、中国《ちゅうごく》には**隋《ずい》**という大《おお》きな国《くに》もある。外国《がいこく》に対《たい》して日本《にほん》の存在《そんざい》をきちんと示《しめ》すということが大事《だいじ》だったんだ。

それに加《くわ》えて、当時《とうじ》の中国《ちゅうごく》は、世界《せかい》で最《もっと》も文化《ぶんか》・技術《ぎじゅつ》が進《すす》んだ国《くに》だった。

中国《ちゅうごく》の文化《ぶんか》を取《と》り入《い》れて国《くに》を豊《ゆた》かにしようという狙《ねら》いもあっただろうね。

こんな昔《むかし》の時代《じだい》に、聖徳太子《しょうとくたいし》はすごいことを考《かんが》えて実行《じっこう》していたんですね。

この時代《じだい》の人《ひと》びとも日本《にほん》だけにとどまらない視点《してん》で物事《ものごと》を考《かんが》えていたってことだね。

ちなみに小野妹子《おののいもこ》は滋賀県《しがけん》の小《お》野《の》、現在《げんざい》の大津市《おおつし》のあたりの生《う》まれだと言《い》われているよ。

キーワード

隋《ずい》

６世紀《せいき》から７世紀《せいき》にかけて中国《ちゅうごく》を治《おさ》めた国《くに》。第《だい》２代《だい》皇帝《こうてい》である煬帝《ようだい》のときに国内《こくない》で反乱《はんらん》が起《お》き、唐《とう》という国《くに》にほろぼされた。

遣隋使《けんずいし》

朝廷《ちょうてい》が、中国《ちゅうごく》の隋《ずい》の文化《ぶんか》や政治《せいじ》を学《まな》ぶために送《おく》った使者《ししゃ》。船《ふね》には留学生《りゅうがくせい》も乗《の》っていて、隋《ずい》で学《まな》んだ後《あと》で帰国《きこく》した。

学んだ日

／

／

／

／

／

27

解説《かいせつ》

人物《じんぶつ》や時代《じだい》のくわしい解《かい》説《せつ》や意外《いがい》なエピソードを、陰山先生《かげやませんせい》がわかりやすく解説《かいせつ》します。

学《まな》んだ日《ひ》

ページごとに、学《まな》んだ日《ひ》付《づけ》を記録《きろく》できます。くり返《かえ》し学《まな》ぶことで、達成感《たっせいかん》もアップします。

キーワード

取《と》り上《あ》げた人物《じんぶつ》にかかわりの深《ふか》い出来事《できごと》や歴史用語《れきしようご》について解説《かいせつ》。

この時代《じだい》の世界《せかい》の人物《じんぶつ》

取《と》り上《あ》げた人物《じんぶつ》と同《おな》じ時代《じだい》に生《い》きた世界《せかい》の有名人物《ゆうめいじんぶつ》を紹介《しょうかい》。

もくじ

6章《しょう》 江戸時代《えどじだい》 ②

7章《しょう》 明治時代《めいじじだい》

8章《しょう》 大正《たいしょう》～昭和時代《しょうわじだい》

おうちの方へ

この本は、マンガで楽しみながら歴史上の人物の人生や歴史上の出来事を学べる作りになっています。

①マンガで人物についての基礎知識を知る

②キーワードで人物に関連する出来事や用語を覚える

③解説を読み、人物が生きた時代や起きた出来事の背景を学ぶ

という流れをくり返しながら進めていくことができます。

一通り読み終えたら、別冊として巻末に付いている「反復ドリル」で、この本で学んだことを総復習しましょう。

そして、大切なのは**何度も反復する**ことです。1回ではなかなか覚えられなくても、2回目、3回目…と、回を重ねるごとに着実に記憶は定着していきます。

ページの左端にある「学んだ日」欄に日付を書いて、お子様の達成感を喚起しながら進めてみてください。

1 章《しょう》

弥生時代《やよいじだい》

紀元前《きげんぜん》4世紀《せいき》ごろ～3世紀《せいき》中《なか》ごろ

古墳時代《こふんじだい》

3世紀《せいき》中《なか》ごろ～7世紀《せいき》ごろ

飛鳥時代《あすかじだい》

592年《ねん》ごろ～710年《ねん》

奈良時代《ならじだい》

710年《ねん》～794年《ねん》

弥生時代《やよいじだい》　古墳時代《こふんじだい》　飛鳥時代《あすかじだい》　奈良時代《ならじだい》

ここはどんな時代《じだい》??

「日本《にほん》」の始《はじ》まりの時《じ》代《だい》。天皇中心《てんのうちゅうしん》の政治《せいじ》の仕組《しく》みがつくられていったよ

1 米《こめ》がやってきた！

弥生時代《やよいじだい》に、海外《かいがい》から米作《こめづく》りが伝《つた》わったんだ。すると、その米《こめ》や、作《つく》るための土地《とち》をめぐって争《あらそ》いが起《お》こるようになった。争《あらそ》いに勝《か》った人《ひと》たちは周《まわ》りの人《ひと》びとを従《したが》える豪族《ごうぞく》になり、さらに「国《くに》」をつくり、王《おう》となったよ。

ここを読《よ》もう

卑弥呼《ひみこ》（→ P20）

2 天皇《てんのう》という地位《ちい》が生《う》まれた！

王《おう》たちが争《あらそ》ううち、一番強《いちばんつよ》い王《おう》が残《のこ》った。その王《おう》を大《おお》王《きみ》と言《い》い、後《のち》に天皇《てんのう》と呼《よ》ばれるようになったよ。天皇《てんのう》は豪族《こうぞく》たちと協力《きょうりょく》したり、対立《たいりつ》したりしながら、天皇《てんのう》中心《ちゅうしん》の政治《せいじ》の仕組《しく》み（朝廷《ちょうてい》）を整《ととの》えていったよ。

ここを読《よ》もう
聖徳太子《しょうとくたいし》（→P22）、蘇我馬子《そがのうまこ》（→P24）、天智天皇《てんじてんのう》（→P30）

3 海外《かいがい》とも交流《こうりゅう》していた！

このころから、中国《ちゅうごく》や朝鮮半島《ちょうせんはんとう》との交流《こうりゅう》は盛《さか》んだったよ。特《とく》に、朝鮮半島《ちょうせんはんとう》から伝《つた》わった仏教《ぶっきょう》は日本《にほん》に大《おお》きな影響《えいきょう》を与《あた》えた。中国《ちゅうごく》に遣隋使《けんずいし》を派遣《はけん》したし、海外《かいがい》から日本《にほん》に移《うつ》り住《す》んだ人《ひと》（渡来人《とらいじん》）もたくさんいたよ。

ここを読《よ》もう
小野妹子《おののいもこ》（→P26）、聖武天皇《しょうむてんのう》（→P34）、鑑真《がんじん》（→P38）

学んだ日
／
／
／
／
／

1 卑弥呼《ひみこ》

？～？年《ねん》／出身地《しゅっしんち》：不明《ふめい》

争《あらそ》う国《くに》ぐにをまとめた邪馬台国《やまたいこく》の女王《じょおう》

①2世紀後半《せいきこうはん》から、いくつかの国《くに》ぐにが争《あらそ》っていた。

②卑弥呼《ひみこ》は神《かみ》のお告《つ》げを聞《き》くことができた。

③人《ひと》びとにしたわれ、邪馬台国《やまたいこく》の王《おう》に推《すい》せんされる。

④争《あらそ》いはしずまり、30あまりの国《くに》を従《したが》えることに。

⑤王《おう》となってからは人前《ひとまえ》に出《で》ず、弟《おとうと》が政《せい》治《じ》を行《おこな》っていた。

⑥中国《ちゅうごく》の魏《ぎ》に使《つか》いを送《おく》り、倭王《わおう》の称号《しょうごう》と金印《きんいん》をもらった。

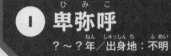

邪馬台国《やまたいこく》はどこにあったんでしょうか。

九州《きゅうしゅう》地方《ちほう》や近畿《きんき》地方《ちほう》など、いろいろな説《せつ》があるんだけど、いまだになぞに包《つつ》まれているんだ。「大和《やまと》」と「邪馬《やま》」の響《ひび》きが似《に》ているので、実《じつ》は大和朝廷《やまとちょうてい》と一《いっ》体《たい》だったんじゃないかという説《せつ》もあるんだよ。

遺跡《いせき》は残《のこ》っていないのかな。

佐賀県《さがけん》の吉野ケ里遺跡《よしのがりいせき》の一部《いちぶ》が同《おな》じ弥生時代《やよいじだい》の遺跡《いせき》だということはわかっているよ。ここから矢《や》がささった人《ひと》の骨《ほね》が発掘《はっくつ》されていることから、この時代《じだい》は激《はげ》しい戦争《せんそう》の時代《じだい》だったということがわかっている。

それは意外《いがい》ですね…。縄文時代《じょうもんじだい》は狩《か》りをしていたから激《はげ》しいイメージで、弥生時代《やよいじだい》は農業《のうぎょう》をしていたからおだやかな感《かん》じがします。

農業《のうぎょう》をする人《ひと》たちが海外《かいがい》から来《き》て、それまで住《す》んでいた人《ひと》を追《お》い出《だ》してしまったという説《せつ》もある。海外《かいがい》で戦《たたか》いがあって、それに敗《やぶ》れた人《ひと》びとが日本《にほん》にやってきて、農業《のうぎょう》を始《はじ》めた。こうした流《なが》れがあって、縄文時代《じょうもんじだい》から弥生時代《やよいじだい》に一気《いっき》に変《か》わっていったんだ。そんなときに、**卑弥呼《ひみこ》**が出《で》てきてリーダーになり、中国《ちゅうごく》とも交流《こうりゅう》したんだ。

キーワード

邪馬台国《やまたいこく》
3世紀《せいき》ごろの日本《にほん》にあった国《くに》。場所《ばしょ》はよくわかっておらず、九州地方《きゅうしゅうちほう》にあったという説《せつ》と近畿地方《きんきちほう》にあったという説《せつ》がある。

魏《ぎ》
現在《げんざい》の中国北部《ちゅうごくほくぶ》を治《おさ》めていた国《くに》。卑弥呼《ひみこ》に、日本《にほん》の王《おう》であると認《みと》める「親魏倭王《しんぎわおう》」の称号《しょうごう》をおくった。

学んだ日
／
／
／
／
／

2 聖徳太子《しょうとくたいし》（厩戸王《うまやどのおう》）

574～622年《ねん》／出身地《しゅっしんち》：奈良県《ならけん》？

「十七条《じゅうしちじょう》の憲法《けんぽう》」などを定《さだ》めて天《てん》皇中心《のうちゅうしん》の国《くに》を目指《めざ》した政治家《せいじか》

①馬小屋《うまごや》の前《まえ》で生《う》まれたので、厩戸王《うまやどのおう》と名付《なづ》けられる。

②子《こ》どものころからとてもかしこかった。

③10人《にん》の話《はなし》を一度《いちど》に聞《き》くこともできた。

④天皇《てんのう》に代《か》わって政治《せいじ》を行《おこな》う摂政《せっしょう》の地位《ちい》につき、蘇我馬子《そがのうまこ》らと朝廷《ちょうてい》を取《と》りしきる。

⑤天皇中心《てんのうちゅうしん》の国《くに》にするための制度《せいど》づくりを進《すす》める。

⑥志《こころざし》なかばで49才《さい》で亡《な》くなる。

聖徳太子《しょうとくたいし》という人《ひと》はいなかった、という説《せつ》もあるんですよね。

厩戸王《うまやどのおう》という人《ひと》はいたけれども、聖徳太子《しょうとくたいし》と呼《よ》ばれるようになったのはかなり後《あと》のことだからね。

正確《せいかく》に言《い》うと、聖徳太子《しょうとくたいし》が行《おこな》ったと言《い》われていることが、本当《ほんとう》に彼《かれ》1人《り》で行《おこな》ったことなのか、うたがっている人《ひと》たちがいるんだ。

どんなことをしたんですか。

例《たと》えば**「十七条の憲法《じゅうしちじょうのけんぽう》」**っていうのは、日本《にほん》の政治《せいじ》の方向性《ほうこうせい》を決《き》めていこうっていう政治《せいじ》の改《かい》革《かく》なんだ。

そして**冠位十二階《かんいじゅうにかい》**っていうのは、一部《いちぶ》の豪族《ごうぞく》たちや権力者《けんりょくしゃ》ではなく、いろいろな人《ひと》たちを政《せい》治《じ》に参加《さんか》させるという、政治《せいじ》のやり方《かた》の改革《かいかく》なんだ。

もう1つ、仏教《ぶっきょう》を積極的《せっきょくてき》に取《と》り入《い》れるというのは、考《かん》え方《かた》の改《かい》革《かく》と言《い》えるね。

この後《あと》の日本《にほん》にも大《おお》きな影響《えいきょう》を与《あた》えたんですね。

そうだね。日本《にほん》の政治《せいじ》の基本《きほん》をつくったと言《い》えるくらい、大《おお》きなことをした人《ひと》だったんだよ。

スーパーマンみたいですね！

キーワード

冠位十二階《かんいじゅうにかい》

朝廷《ちょうてい》の役人《やくにん》の地位《ちい》を12の段階《だんかい》に分《わ》けたもの。身分《みぶん》に関係《かんけい》なく、能力《のうりょく》に応《おう》じて地位《ちい》が与《あた》えられた。

「十七条の憲法《じゅうしちじょうのけんぽう》」

豪族《ごうぞく》や役人《やくにん》が守《まも》るべきことをまとめた法律《ほうりつ》。「みんなが仲良《なかよ》くする」「仏教《ぶっきょう》の信仰《しんこう》」「天皇《てんのう》の言《い》うことに従《したが》う」などが決《き》められた。

学んだ日
／
／
／
／
／

3 蘇我馬子《そがのうまこ》

？～626年《ねん》／出身地《しゅっしんち》：奈良県《ならけん》？

強《つよ》い力《ちから》を持《も》ち、聖徳太子《しょうとくたいし》とともに大和朝廷《やまとちょうてい》の政治《せいじ》を行《おこな》った豪族《ごうぞく》

①蘇我氏《そがし》のトップとなり、強《つよ》い権力《けんりょく》を持《も》つ。

②ライバルの物部氏《もののべし》をほろぼす。

③崇峻天皇《すしゅんてんのう》を殺《ころ》し、さらに権力《けんりょく》を強《つよ》める。

④自分《じぶん》のめいを推古天皇《すいこてんのう》にする。

⑤しかし、かしこい聖徳太子《しょうとくたいし》が摂政《せっしょう》になり、協力《きょうりょく》して政治《せいじ》を行《おこな》う。

⑥太子《たいし》の死後《しご》は、ますます強《つよ》い力《ちから》を持《も》った。

蘇我氏《そがし》は「**豪族**《ごうぞく》」だと言《い》われていますが、豪族《ごうぞく》や貴族《きぞく》って、そもそも何《なん》ですか。

貴族《きぞく》と呼《よ》ばれる人《ひと》たちが出《で》てくるのは、もう少《すこ》し後《あと》のことだ。まず、豪族《ごうぞく》は地方《ちほう》の権力者《けんりょくしゃ》のこと。地方《ちほう》で自分《じぶん》たち自身《じしん》の領地《りょうち》を持《も》っているんだ。

なるほど。土地《とち》を持《も》っているんですね。

天皇《てんのう》の指示《しじ》に従《したが》わなくても十分《じゅうぶん》な食料《しょくりょう》や武力《ぶりょく》を持《も》っているんだけど、自分《じぶん》たちがほろぼされないように天皇家《てんのうけ》に協力《きょうりょく》して、地《ち》位《い》を安定《あんてい》させていたんだ。

それでは、貴族《きぞく》とはどういうものですか。

貴族《きぞく》の代表《だいひょう》といえば、これも後《あと》で出《で》てくる「藤原氏《ふじわらし》」だね。彼《かれ》ら貴族《きぞく》は、天皇中心《てんのうちゅうしん》の政治《せいじ》の中《なか》で重要《じゅうよう》な地位《ちい》につくことで、権《けん》力《りょく》を持《も》っていくんだ。

なるほど。**蘇我馬子**《そがのうまこ》は聖徳太子《しょうとくたいし》とは仲良《なかよ》くしていたんですか。

そうだね。聖徳太子《しょうとくたいし》と表面上《ひょうめんじょう》では協力《きょうりょく》して、蘇我氏《そがし》の朝廷内《ちょうていない》での地位《ちい》を確立《かくりつ》していったよ。だけど太子《たいし》の死後《しご》、権力《けんりょく》が強《つよ》くなりすぎて、蘇我氏《そがし》は中大兄皇《なかのおおえのおう》子《じ》たちにほろぼされてしまうんだ。

キーワード

豪族《ごうぞく》

各地方《かくちほう》で多《おお》くの土地《とち》や兵《へい》や人《ひと》びとを支配《しはい》した一族《いちぞく》。大和朝廷《やまとちょうてい》の政治《せいじ》の仕組《しく》みを支《ささ》えた。

推古天皇《すいこてんのう》

日本《にほん》で初《はじ》めての女性天皇《じょせいてんのう》で、聖徳太子《しょうとくたいし》を摂政《せっしょう》に命《めい》じた。蘇我馬子《そがのうまこ》のめいで、聖徳太子《しょうとくたいし》のおばにあたる。

学んだ日

／

／

／

／

／

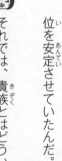

4 小野妹子《おののいもこ》

?〜?年《ねん》／出身地《しゅっしんち》：滋賀県《しがけん》

遣隋使《けんずいし》として日本《にほん》と中国《ちゅうごく》の橋《はし》わたしをした役人《やくにん》

①聖徳太子《しょうとくたいし》に命《めい》じられ、遣隋使《けんずいし》となる。

②隋《ずい》の皇帝《こうてい》、煬帝《ようだい》に会《あ》う。

③煬帝《ようだい》は、手紙《てがみ》の内容《ないよう》が失礼《しつれい》だと怒《おこ》った。

④隋《ずい》と対等《たいとう》な関係《かんけい》になるため、太子《たいし》はわざと失礼《しつれい》に書《か》いた。

⑤煬帝《ようだい》からの返信《へんしん》を朝鮮半島《ちょうせんはんとう》でぬすまれる。

⑥隋《ずい》の使者《ししゃ》を連《つ》れて日本《にほん》に帰《かえ》る。

小野妹子《おののいもこ》って、男《おとこ》の人《ひと》だったんだ！

そうだよ。**遣隋使《けんずいし》**として、当時《とうじ》の中国《ちゅうごく》にわたった人物《じんぶつ》だね。

どうして遣隋使《けんずいし》を派遣《はけん》する必要《ひつよう》があったんですか。

妹子《いもこ》が生《い》きた時代《じだい》は、聖徳太子《しょうとくたいし》が政治《せいじ》をしていて、国内《こくない》は安定《あんてい》していたんだ。
しかし、海外《かいがい》に目《め》を向《む》けると、朝鮮半島《ちょうせんはんとう》では国《くに》ぐにが争《あらそ》っているし、中国《ちゅうごく》には**隋《ずい》**という大《おお》きな国《くに》もある。外国《がいこく》に対《たい》して日本《にほん》の存在《そんざい》をきちんと示《しめ》すということが大事《だいじ》だったんだ。
それに加《くわ》えて、当時《とうじ》の中国《ちゅうごく》は、世界《せかい》で最《もっと》も文化《ぶんか》・技術《ぎじゅつ》が進《すす》んだ国《くに》だった。
中国《ちゅうごく》の文化《ぶんか》を取《と》り入《い》れて国《くに》を豊《ゆた》かにしようという狙《ねら》いもあっただろうね。

こんな昔《むかし》の時代《じだい》に、聖徳太子《しょうとくたいし》はすごいことを考《かんが》えて実行《じっこう》していたんですね。

この時代《じだい》の人《ひと》びとも日本《にほん》だけにとどまらない視点《してん》で物事《ものごと》を考《かんが》えていたってことだね。
ちなみに小野妹子《おののいもこ》は滋賀県《しがけん》の小《お》野《の》、現在《げんざい》の大津市《おおつし》のあたりの生《う》まれだと言《い》われているよ。

キーワード

隋《ずい》
6世紀《せいき》から7世紀《せいき》にかけて中国《ちゅうごく》を治《おさ》めた国《くに》。第《だい》2代《だい》皇帝《こうてい》である煬帝《ようだい》のときに国内《こくない》で反乱《はんらん》が起《お》き、唐《とう》という国《くに》にほろぼされた。

遣隋使《けんずいし》
朝廷《ちょうてい》が、中国《ちゅうごく》の隋《ずい》の文化《ぶんか》や政治《せいじ》を学《まな》ぶために送《おく》った使者《ししゃ》。船《ふね》には留学生《りゅうがくせい》も乗《の》っていて、隋《ずい》で学《まな》んだ後《あと》で帰国《きこく》した。

学んだ日
／
／
／
／
／

5 中臣鎌足《なかとみのかまたり》

614～669年《ねん》／出身地《しゅっしんち》：奈良県《ならけん》？

中大兄皇子《なかのおおえのおうじ》（天智天皇《てんじてんのう》）とともに大化《たいか》の改新《かいしん》を行《おこな》った豪族《ごうぞく》

①強《つよ》い力《ちから》を持《も》っていた蘇我氏《そがし》と対立《たいりつ》していた家《いえ》に生《う》まれる。

②中大兄皇子《なかのおおえのおうじ》と意気投合《いきとうごう》し、蘇我氏《そがし》を討《う》つことを決意《けつい》。

③乙巳《いっし》の変《へん》を起《お》こし、蘇我氏《そがし》をほろぼす。

④大化《たいか》の改新《かいしん》を進《すす》める皇子《おうじ》を助《たす》ける。

⑤亡《な》くなる前日《ぜんじつ》に、天智天皇《てんじてんのう》となった皇《おう》子《じ》から「藤原《ふじわら》」の姓《せい》をもらう。

⑥鎌足《かまたり》の子孫《しそん》は、平安時代《へいあんじだい》に最盛期《さいせいき》をむかえる。

平安時代《へいあんじだい》に大《おお》きな権力《けんりょく》を持《も》った藤原道長《ふじわらのみちなが》や平等院鳳凰堂《びょうどういんほうおうどう》を建《た》てた頼通《よりみち》の祖先《そせん》は、中臣鎌足《なかとみのかまたり》なんだ。鎌足《かまたり》が天智天皇《てんじてんのう》から「藤《ふじ》原《わら》」の姓《せい》をもらったことが、**藤《ふじ》原氏《わらし》**の始《はじ》まりなんだ。

大化《たいか》の改新《かいしん》で蘇我氏《そがし》から天皇家《てんのうけ》に権力《けんりょく》を取《と》り戻《もど》したのに、大化《たいか》の改新《かいしん》に協力《きょうりょく》した鎌足《かまたり》の一族《いちぞく》にまた力《ちから》が集《あつ》まってしまったんですか。

その通《とお》りだね。結局《けっきょく》、別《べつ》の豪族《ごうぞく》である藤原氏《ふじわらし》が地位《ちい》を得《え》て、後《のち》に貴族《きぞく》として大《おお》きな力《ちから》を持《も》つことになるんだ。朝廷《ちょうてい》では天皇《てんのう》が政治《せいじ》の中心《ちゅうしん》だったわけだけど、天皇家《てんのうけ》だけが力《ちから》を持《も》って、強力《きょうりょく》なリーダーシップで政治《せいじ》を行《おこな》っていたわけじゃない。実際《じっさい》に政《せい》治《じ》を取《と》りしきる豪族《ごうぞく》や貴族《きぞく》が必《ひつ》要《よう》だった。地位《ちい》は天皇《てんのう》にあるけれど、力《ちから》は豪族《ごうぞく》や貴族《きぞく》にあるという仕組《しく》みになっていたんだ。

豪族《ごうぞく》は地方《ちほう》に土地《とち》を持《も》っていたと聞《き》きましたが、貴族《きぞく》はどうだったんですか。

貴族《きぞく》の多《おお》くも**荘園《しょうえん》**という土地《とち》を持《も》って、そこから大《おお》きな収入《しゅうにゅう》を得《え》ていったんだ。荘園《しょうえん》については藤原道長《ふじわらのみちなが》のところでくわしく説明《せつめい》するよ。

キーワード

大化《たいか》の改新《かいしん》

蘇我氏《そがし》をほろぼした乙巳《いっし》の変《へん》の後《あと》、中大兄皇子《なかのおおえのおうじ》が行《おこな》った政治改革《せいじかいかく》。天皇《てんのう》を中心《ちゅうしん》とする政治《せいじ》を進《すす》めた。

藤原氏《ふじわらし》

藤原《ふじわら》の姓《せい》をもらった中臣鎌足《なかとみのかまたり》を始《はじ》まりとする一族《いちぞく》。平安時代《へいあんじだい》の藤原道長《ふじわらのみちなが》のときに最《もっと》も大《おお》きな力《ちから》を持《も》った。

学んだ日
／
／
／
／
／

大化《たいか》の改新《かいしん》を進《すす》め、天皇中心《てんのうちゅうしん》の
政治《せいじ》の仕組《しく》みを整《ととの》えた天皇《てんのう》

6 天智天皇《てんじてんのう》（中大兄皇子《なかのおおえのおうじ》）

626〜671年《ねん》／出身地《しゅっしんち》：奈良県《ならけん》

①蘇我氏《そがし》をほろぼし、大化《たいか》の改新《かいしん》を進《すす》める。

②公地公民制《こうちこうみんせい》を定《さだ》め、土地《とち》や人《ひと》はすべて国《くに》のものとなった。

③朝鮮半島《ちょうせんはんとう》の百済《くだら》を助《たす》けるために兵《へい》を送《おく》り、戦《たたか》った。

④しかし大敗《たいはい》し、のちに九州地方《きゅうしゅうちほう》の海岸《かいがん》の守《まも》りを固《かた》めた。

⑤天智天皇《てんじてんのう》となった後《あと》は息子《むすこ》の大友皇子《おおとものおうじ》をあとつぎにしようとする。

⑥天皇《てんのう》になってわずか３年《ねん》で亡《な》くなった。

中大兄皇子《なかのおおえのおうじ》と言《い》えば、蘇我氏《そがし》をほろぼして、**大化《たいか》の改新《かいしん》**という改革《かいかく》を実行《じっこう》した人物《じんぶつ》ですよね。

その通《とお》り。大化《たいか》の改新《かいしん》では、土《と》地《ち》を**公地公民制《こうちこうみんせい》**にしたことがポイントなんだ。

公地公民制《こうちこうみんせい》…なんだか難《むずか》しそうな言葉《ことば》だなぁ。

つまり、すべての土地《とち》と人《ひと》を天《てん》皇《のう》のものにするということだよ。これで豪族《ごうぞく》が勝手《かって》に動《うご》けないように、権力《けんりょく》を封《ふう》じることができるんだ。

それまでは、土地《とち》はだれのものだったんですか。

豪族《ごうぞく》たちが地方《ちほう》にたくさんの私《し》有地《ゆうち》を持《も》っていて、勝手《かって》に土地《とち》を耕《たがや》したり、生産《せいさん》したりしていたんだ。

たくさん土地《とち》を耕《たがや》せば、好《す》きなだけごはんが食《た》べられますね！

そうすると、蘇我氏《そがし》のように土《と》地《ち》を権力《けんりょく》の土台《どだい》にして、政治《せいじ》にも口出《くちだ》しするような力《ちから》を持《も》つ豪《ごう》族《ぞく》が現《あらわ》れたんだ。

蘇我氏《そがし》をほろぼして、天皇中心《てんのうちゅうしん》の国《くに》にするためには、土地《とち》を取《と》り戻《もど》す必要《ひつよう》があったんですね。

キーワード

公地公民制《こうちこうみんせい》

大化《たいか》の改新《かいしん》の政策《せいさく》の１つで豪族《ごうぞく》の土地《とち》と人《ひと》をすべて天皇《てんのう》のものとした。土地《とち》は「班田収授法《はんでんしゅうじゅのほう》」で人《ひと》びとに貸《か》し出《だ》した。

白村江《はくそんこう》の戦《たたか》い（もしくは白村江《はくすきのえ》の戦《たたか》い）

朝鮮半島《ちょうせんはんとう》の国《くに》・百済《くだら》を助《たす》けるため、半島《はんとう》で行《おこな》われた戦《たたか》い。日本《にほん》は唐《とう》などの軍《ぐん》と戦《たたか》ったが、大敗《たいはい》した。

学んだ日

／

／

／

／

／

7 天武天皇《てんむてんのう》（大海人皇子《おおあまのおうじ》）

631?～686年《ねん》／出身地《しゅっしんち》：奈良県《ならけん》

天智天皇《てんじてんのう》の弟《おとうと》で、壬申《じんしん》の乱《らん》に勝《しょう》利《り》した天皇《てんのう》

①大化《たいか》の改新《かいしん》を進《すす》める兄《あに》の天智天皇《てんじてんのう》を支《ささ》える。

②しかし天智天皇《てんじてんのう》は息子《むすこ》の大友皇子《おおとものおうじ》をあとつぎにしようとする。

③病気《びょうき》になった天智天皇《てんじてんのう》に、僧《そう》になると申《もう》し出《で》る。

④天智天皇《てんじてんのう》の死後《しご》、大友皇子《おおとものおうじ》が天皇《てんのう》になると決《き》まったが…

⑤天皇《てんのう》になるため、兵《へい》を挙《あ》げて壬申《じんしん》の乱《らん》を起《お》こす。

⑥争《あらそ》いに勝《か》ち、天武天皇《てんむてんのう》となる。

天武天皇《てんむてんのう》は、**壬申《じんしん》の乱《らん》**に勝《か》って、天皇《てんのう》になったんですね。

そうだよ。壬申《じんしん》の乱《らん》は、この時代《じだい》で最大《さいだい》の内乱《ないらん》だと言《い》われているよ。

とても激《はげ》しい戦《たたか》いだったんですね…。

壬申《じんしん》の乱《らん》によって、どんなことが起《お》こったかわかるかな。

ええっと…、天武天皇《てんむてんのう》が天智天皇《てんじてんのう》のあとつぎということになり、大《おお》きな力《ちから》を持《も》ったんですよね。

その通《とお》り。この乱《らん》が起《お》こるまでも、天皇《てんのう》が大和朝廷《やまとちょうてい》のトップにいたわけだけれど、しっかりと権力《けんりょく》が集中《しゅうちゅう》していたわけではないんだ。しかし、この内乱《ないらん》がきっかけになって、より強《つよ》い権力《けんりょく》が天皇《てんのう》に集中《しゅうちゅう》していくんだ。

そういえば、『**古事記《こじき》**』や『**日本書紀《にほんしょき》**』が作《つく》られたのは、天武天皇《てんむてんのう》の時代《じだい》ですよね。

いいことに気《き》がついたね。日本《にほん》の歴史《れきし》を記《しる》す書物《しょもつ》を作《つく》るという、一大国家《いちだいこっか》プロジェクトを動《うご》かせるほどに、大和朝廷《やまとちょうてい》が安定《あんてい》してきていたということだね。

キーワード

大友皇子《おおとものおうじ》（648〜672年《ねん》）

天智天皇《てんじてんのう》の息子《むすこ》。壬申《じんしん》の乱《らん》で大海人皇子《おおあまのおうじ》に敗《やぶ》れて亡《な》くなった。乱《らん》の前《まえ》に天皇《てんのう》に即位《そくい》していたという説《せつ》もある。

壬申《じんしん》の乱《らん》

大海人皇子《おおあまのおうじ》と大友皇子《おおとものおうじ》による、天皇《てんのう》の地位《ちい》をめぐる戦《たたか》い。大海人皇子《おおあまのおうじ》が勝《か》ち、天武天皇《てんむてんのう》となった。

学んだ日

／

／

／

／

／

8 聖武《しょうむ》天皇《てんのう》

701～756年《ねん》／出身地《しゅっしんち》：奈良県《ならけん》

仏教《ぶっきょう》を深《ふか》く信《しん》じ、東大寺《とうだいじ》の大仏《だいぶつ》や国分寺《こくぶんじ》を造《つく》った天皇《てんのう》

①天皇《てんのう》になったとき、ききんや病気《びょうき》がはやっていた。

②貴族《きぞく》たちの争《あらそ》いも多《おお》く、天皇《てんのう》は悩《なや》んだ。

③５年間《ねんかん》で４回《かい》も都《みやこ》を引《ひ》っ越《こ》す。

④でも、世《よ》の中《なか》は良《よ》くならなかった。

⑤東大寺《とうだいじ》や、国分寺《こくぶんじ》・国分尼寺《こくぶんにじ》を建《た》てるよう命《めい》じ…

⑥仏教《ぶっきょう》の教《おし》えが広《ひろ》まり、世《よ》の中《なか》が良《よ》くなるように願《ねが》った。

あれほど立派《りっぱ》な**東大寺**《とうだいじ》の大仏《だいぶつ》なんだけど、大仏《だいぶつ》が完成《かんせい》したときに、みんなが喜《よろこ》んだという記録《きろく》が残《のこ》っていないんだ。どうしてだと思《おも》う？

ええっと…造《つく》るのが大変《たいへん》で、みんな疲《つか》れてしまったとか。

実《じつ》は、大仏造《だいぶつづく》りにおいて、日本《にほん》で最初《さいしょ》の公害《こうがい》が発生《はっせい》していたという説《せつ》があるんだ。

公害《こうがい》!? 何《なに》か毒《どく》が出《で》たんですか。

東大寺《とうだいじ》の大仏《だいぶつ》は銅《どう》でできているんだけど、造《つく》られた当時《とうじ》、表面《ひょうめん》には金箔《きんぱく》が貼《は》られてキラキラと輝《かがや》いていたんだ。だけど、そのやり方《かた》が問題《もんだい》だった。金《きん》を貼《は》るときに、蒸発《じょうはつ》させた水銀《すいぎん》を使《つか》ったんだ。

水銀《すいぎん》って有毒《ゆうどく》ですよね…。

その通《とお》り。有毒《ゆうどく》な水銀《すいぎん》の蒸気《じょうき》が奈良市内《ならしない》にものすごい勢《いきお》いで広《ひろ》がったんじゃないかと言《い》われている。
病《やまい》がはやってそれを落《お》ち着《つ》かせるために大仏《だいぶつ》を造《つく》ったという話《はなし》もあるけれど、実《じつ》は反対《はんたい》で、大《だい》仏《ぶつ》の完成《かんせい》が近《ちか》づくとともに、都《みやこ》に病《やまい》がはやり出《だ》したのかもしれない。本当《ほんとう》のところはなぞに包《つつ》まれているよ。

キーワード

国分寺《こくぶんじ》・国分尼寺《こくぶんにじ》

どちらも741年《ねん》、聖武天皇《しょうむてんのう》の命《めい》により各国《かっこく》に1つずつ建《た》てられた寺《てら》と尼寺《あまでら》（女性《じょせい》の僧《そう》のみがいる寺《てら》）。

東大寺《とうだいじ》

聖武天皇《しょうむてんのう》が全国《ぜんこく》の国分寺《こくぶんじ》の中心《ちゅうしん》として位置《いち》づけ、建《た》てた寺《てら》。大仏《だいぶつ》のある大仏殿《だいぶつでん》は世界最大級《せかいさいだいきゅう》の木造建築《もくぞうけんちく》。

学んだ日
／
／
／
／
／

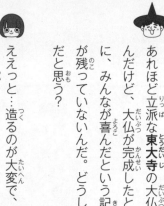

9 行基《ぎょうき》

668～749年《ねん》／出身地《しゅっしんち》：大阪府《おおさかふ》

貧《まず》しい人《ひと》びとを助《たす》け、東大寺《とうだいじ》の大仏造《だいぶつづく》りに協力《きょうりょく》した僧《そう》

①ため池《いけ》や橋《はし》を各地《かくち》で造《つく》り…

②食《た》べものなどを貧《まず》しい人《ひと》びとに与《あた》え、尊敬《そんけい》されていた。

③朝廷《ちょうてい》から布教《ふきょう》を禁止《きんし》されても、やめなかった。

④聖武天皇《しょうむてんのう》に大仏造《だいぶつづく》りへの協力《きょうりょく》をたのまれる。

⑤人《ひと》びとへ大仏造《だいぶつづく》りへの参加《さんか》や寄付《きふ》をつのった。

⑥大仏《だいぶつ》の完成前《かんせいまえ》に亡《な》くなる。

行基《ぎょうき》は人《ひと》びとにすごく人気《にんき》があったんですよね。

そうだね。**仏教《ぶっきょう》**をいろいろなところに広《ひろ》めて、人《ひと》びとの高《たか》い支持《しじ》を得《え》ていたそうだよ。仏教《ぶっきょう》で国《くに》を良《よ》くしたいと考《かんが》えていた聖武天皇《しょうむてんのう》は、行基《ぎょうき》の人気《にんき》も借《か》りて、一緒《いっしょ》に仏教《ぶっきょう》を広《ひろ》めようとしたんだ。

人気《にんき》を利用《りよう》したかったのかしら。

行基《ぎょうき》も仏教《ぶっきょう》を世《よ》の中《なか》に広《ひろ》めたいという思《おも》いは同《おな》じなので、**大仏造《だいぶつづく》り**に協力《きょうりょく》するんだ。「行基《ぎょうき》が言《い》うんだから」ということで協力《きょうりょく》した人《ひと》たちもいたのかもしれない。

それなのに、公害《こうがい》が発生《はっせい》してしまったんだとしたら、辛《つら》いことだなぁ。

公害《こうがい》で都《みやこ》は荒《あ》れ、ほかの地域《ちいき》も大仏造《だいぶつづく》りのために高《たか》い税《ぜい》を払《はら》わされて、大変《たいへん》だったかもね。ちなみに大仏《だいぶつ》は全高《ぜんこう》15メートルととても大《おお》きいから、型《かた》を造《つく》って8回《かい》に分《わ》けて銅《どう》を流《なが》し込《こ》んだと言《い》われているよ。戦《いくさ》による火災《かさい》で2度《ど》焼《や》けていて、今見《いまみ》られるのは江戸時代《えどじだい》に造《つく》り直《なお》されたものだけど、奈良《なら》時代《じだい》に造《つく》られたところも残《のこ》っているよ。よく見《み》ると、ちがいがあるから、見《み》つけてみよう。

キーワード

東大寺《とうだいじ》の大仏《だいぶつ》

聖武天皇《しょうむてんのう》が743年《ねん》に造《つく》るよう命《めい》じた大仏《だいぶつ》で、752年《ねん》に完成《かんせい》。現在《げんざい》の大仏《だいぶつ》は江戸時代《えどじだい》に修復《しゅうふく》されたもの。

大仏造《だいぶつづく》りの規模《きぼ》

全国《ぜんこく》から工事《こうじ》のために多《おお》くの人《ひと》が集《あつ》められ、工事《こうじ》にはのべ260万人《まんにん》が参加《さんか》したという。これは当時《とうじ》の日本《にほん》の人口《じんこう》の約《やく》4割《わり》に及《およ》ぶ。

学んだ日
／
／
／
／
／

唐《とう》から日本《にほん》にわたって正《ただ》しい仏《ぶっ》教《きょう》を広《ひろ》めた中国《ちゅうごく》の僧《そう》

⑩ 鑑真《がんじん》

688～763年《ねん》／出身地《しゅっしんち》：中国《ちゅうごく》

①8世紀《せいき》ごろ、日本《にほん》の仏教《ぶっきょう》は乱《みだ》れつつあった。

②中国《ちゅうごく》にいる鑑真《がんじん》に来日《らいにち》をお願《ねが》いする。

③しかし、中国《ちゅうごく》で日本行《にほんい》きを禁止《きんし》されたり…

④嵐《あらし》にあったりして来日《らいにち》に5回《かい》も失敗《しっぱい》。

⑤6回目《かいめ》でやっと来日《らいにち》。両目《りょうめ》はほぼ見《み》えなくなっていた。

⑥奈良《なら》に唐招提寺《とうしょうだいじ》を建《た》て、多《おお》くの弟子《でし》を育《そだ》てた。

鑑真《がんじん》は日本《にほん》に**仏教**《ぶっきょう》の教《おし》えを広《ひろ》めたくてやってきたんですか。

そうだね。当時《とうじ》、日本《にほん》ではいろいろなところにお寺《てら》が建《た》てられていたんだけど、正《ただ》しい仏教《ぶっきょう》の教《おし》えを広《ひろ》める先生《せんせい》や、きちんと修行《しゅぎょう》をした僧《そう》、つまりお坊《ぼう》さんがいなかったんだ。そういう人《ひと》を日本《にほん》が必要《ひつよう》としていたんだね。

日本《にほん》のために来《き》てくれたんですね！

中国《ちゅうごく》の側《がわ》でも鑑真《がんじん》は高《たか》い地位《ちい》の僧《そう》だから、日本《にほん》に行《い》くのを止《と》められたみたいだけど、**遣唐使**《けんとうし》の熱心《ねっしん》な誘《さそ》いもあって、来《き》てくれたんだ。

遭難《そうなん》してもなんとか生《い》き延《の》びたと聞《き》きました。

そうだよ。実《じつ》は、鑑真《がんじん》には薬《くすり》や医療《いりょう》の知識《ちしき》があったようだ。5回目《かいめ》の渡航《とこう》のとき、暴風雨《ぼうふうう》にあって、ベトナムの近《ちか》くの海南《かいなん》島《とう》に漂着《ひょうちゃく》して、結局《けっきょく》1年間《ねんかん》住《す》んでいたことがあるんだけど、そこで自分《じぶん》の知識《ちしき》を島《しま》の人《ひと》びとに伝《つた》えたという記録《きろく》が残《のこ》っているよ。航海中《こうかいちゅう》に病気《びょうき》やけがになっても、自分《じぶん》たちで治《なお》したんじゃないかな。その後《ご》、6回目《かいめ》の渡航《とこう》で沖縄《おきなわ》、種子島《たねがしま》、屋久島《やくしま》という順《じゅん》にたどって、ようやく鹿児島《かごしま》に着《つ》いたんだ。

キーワード

唐《とう》

隋《ずい》に代《か》わって中国《ちゅうごく》を約《やく》300年《ねん》にわたり治《おさ》めた国《くに》。

唐招提寺《とうしょうだいじ》

来日《らいにち》した鑑真《がんじん》が759年《ねん》に建《た》てた寺《てら》。鑑真《がんじん》が座《すわ》っている姿《すがた》を彫《ほ》った「鑑真和上坐像《がんじんわじょうざぞう》」が有名《ゆうめい》。

学んだ日

／

／

／

／

／

時《じ》代《だい》がまるわかり！ 年表《ねんぴょう》

弥生時代《やよいじだい》

2世紀後半《せいきこうはん》ごろ
国同士《くにどうし》が争《あらそ》うようになる。
後《のち》に邪馬台国《やまたいこく》の卑弥呼《ひみこ》が平定《へいてい》する

239年《ねん》
卑弥呼《ひみこ》が中国《ちゅうごく》の魏《ぎ》から、親魏倭王《しんぎわおう》の称号《しょうごう》と金印《きんいん》をもらう

古墳時代《こふんじだい》

3世紀後半《せいきこうはん》ごろ
大和朝廷《やまとちょうてい》が国内《こくない》を統一《とういつ》する

200　300　400

トピックス

！ 激《はげ》しい！ 仏教《ぶっきょう》をめぐる争《あらそ》い

仏教《ぶっきょう》が日本《にほん》に入《はい》ってきたとき、仏教《ぶっきょう》を取《と》り入《い》れるかどうかで、大和朝廷《やまとちょうてい》の意見《いけん》が真《ま》っ二《ぷた》つになった。「取《と》り入《い》れよう」と考《かんが》えたのが蘇我氏《そがし》や聖《しょう》徳太子《とくたいし》。逆《ぎゃく》に「取《と》り入《い》れない」と反対《はんたい》したのが物部氏《もののべし》。蘇我氏《そがし》と物部氏《もののべし》の争《あらそ》いは仏教《ぶっきょう》をめぐる争《あらそ》いでもあったんだ。

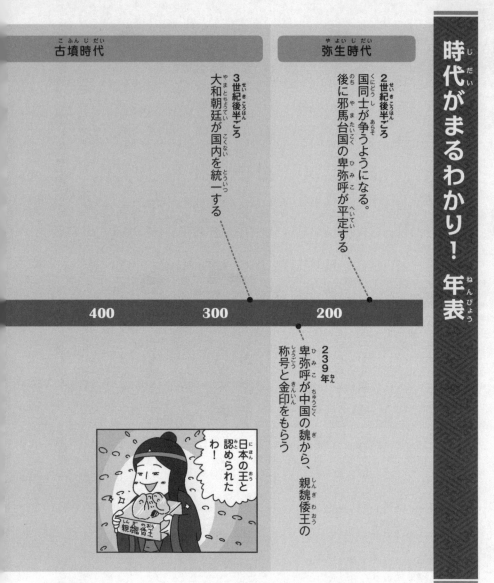

飛鳥時代《あすかじだい》

奈良時代《ならじだい》

500　600　700　800

5世紀《せいき》なかばごろ
大阪府堺市《おおさかふさかいし》に日本最大《にほんさいだい》の前方後円墳《ぜんぽうこうえんふん》が造《つく》られる

538年《ねん》ごろ
朝鮮半島《ちょうせんはんとう》から仏教《ぶっきょう》が伝《つた》わる ！

587年《ねん》
蘇我馬子《そがのうまこ》が物部氏《もののべし》をほろぼす

593年《ねん》
聖徳太子《しょうとくたいし》が摂政《せっしょう》となる

607年《ねん》
小野妹子《おののいもこ》が遣隋使《けんずいし》として派遣《はけん》される

645年《ねん》
中大兄皇子《なかのおおえのおうじ》・中臣鎌足《なかとみのかまたり》らが蘇我氏《そがし》をほろぼす（乙巳《いっし》の変《へん》）！

645年《ねん》
大化《たいか》の改新《かいしん》が始《はじ》まる

672年《ねん》
壬申《じんしん》の乱《らん》が起《お》き、天武天皇《てんむてんのう》が即位《そくい》する

710年《ねん》
平城京《へいじょうきょう》に都《みやこ》が移《うつ》る

712年《ねん》
日本《にほん》で最《もっと》も古《ふる》い歴史書《れきししょ》『古事記《こじき》』が作《つく》られる

752年《ねん》
奈良《なら》の東大寺《とうだいじ》に大仏《だいぶつ》が造《つく》られる

753年《ねん》
鑑真《がんじん》が中国《ちゅうごく》の唐《とう》から日本《にほん》に来《く》る

学んだ日

／

／

／

／

／

！ トピックス 女性《じょせい》をめぐる兄弟《きょうだい》げんか？

中大兄皇子《なかのおおえのおうじ》と大海人皇子《おおあまのおうじ》の兄弟《きょうだい》は、額田王《ぬかたのおおきみ》という女性《じょせい》をめぐって争《あらそ》ったという説《せつ》がある。もともと大海人皇子《おおあまのおうじ》の后《きさき》だったけれど、あまりの美《うつく》しさに中大兄皇子《なかのおおえのおうじ》が夢中《むちゅう》になり、無理《むり》やり自分《じぶん》の后《きさき》にしたらしい。よっぽどきれいだったんだろうね。

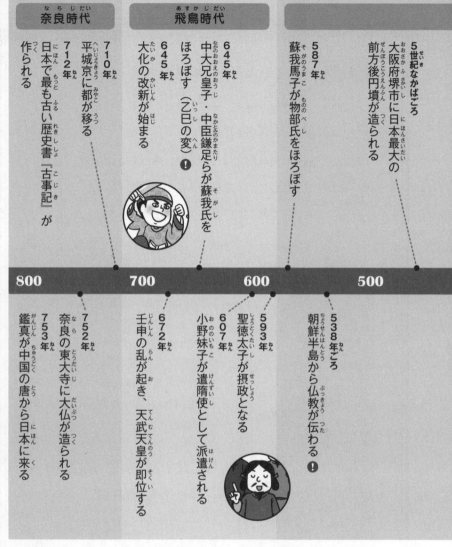

コラム 行《い》ってみよう！　有名《ゆうめい》な古墳《こふん》

古墳時代《こふんじだい》の「古墳《こふん》」とは、大王《おおきみ》や豪族《ごうぞく》のお墓《はか》のこと。３世紀《せいき》なかばごろから造《つく》られ始《はじ》めました。

古墳《こふん》は、造《つく》られた時期《じき》によって形《かたち》も大《おお》きさもさまざま。近《ちか》くに行《い》く機会《きかい》があったら、ぜひ立《た》ち寄《よ》ってみてください。

有名《ゆうめい》な古墳《こふん》としては、次《つぎ》のようなものがあります。

名前《なまえ》	場所《ばしょ》	特徴《とくちょう》
箸墓古墳《はしはかこふん》	奈良県《ならけん》 桜井市《さくらいし》	３世紀中《せいきなか》ごろ～後半《こうはん》に造《つく》られた前方後円墳《ぜんぽうこうえんふん》。邪馬台国《やまたいこく》の卑弥呼《ひみこ》のお墓《はか》であるという説《せつ》もあります。
大仙陵古墳《だいせんりょうこふん》	大阪府《おおさかふ》 堺市《さかいし》	仁徳天皇《にんとくてんのう》のお墓《はか》であると伝《つた》えられていますが、ちがうとする説《せつ》もあります。日本《にほん》で最大《さいだい》の古墳《こふん》です。
石舞台古墳《いしぶたいこふん》	奈良県《ならけん》 高市郡《たかいちぐん》 明日香村《あすかむら》	横穴式《よこあなしき》の石《いし》の部屋《へや》が有名《ゆうめい》。蘇我馬子《そがのうまこ》のお墓《はか》であるという説《せつ》が有力《ゆうりょく》です。
高松塚古墳《たかまつづかこふん》	奈良県《ならけん》 高市郡《たかいちぐん》 明日香村《あすかむら》	あざやかな色彩《しきさい》の壁画《へきが》で有名《ゆうめい》です。だれのお墓《はか》かについては、さまざまな説《せつ》があり、議論《ぎろん》が続《つづ》いています。

2章《しょう》

平安時代《へいあんじだい》

794年《ねん》〜1185年《ねん》

平安時代《へいあんじだい》

ここはどんな時代《じだい》？？

貴族《きぞく》たちが活躍《かつやく》し、女性《じょせい》による文学《ぶんがく》も生《う》まれた時代《じだい》だよ！

1 貴族《きぞく》が強《つよ》い力《ちから》を持《も》った！

平安時代《へいあんじだい》は、天皇中心《てんのうちゅうしん》の政治《せいじ》の仕組《しく》み。でも、同時《どうじ》に天皇《てんのう》に仕《つか》えた貴族《きぞく》たちが強《つよ》い力《ちから》を持《も》った時代《じだい》でもあるんだ。特《とく》に強《つよ》かったのが藤原氏《ふじわらし》。天皇以上《てんのういじょう》の力《ちから》を持《も》ったときもあった。

ここを読《よ》もう
菅原道真《すがわらのみちざね》（→ P48）、藤原道長《ふじわらのみちなが》（→ P54）

平安

2 日本独自《にほんどくじ》の文化《ぶんか》ができた！

奈良時代《ならじだい》までは、日本《にほん》の文化《ぶんか》は中国《ちゅうごく》や朝鮮半島《ちょうせんはんとう》の影響《えいきょう》を大《おお》きく受《う》けていた。でも、平安時代《へいあんじだい》はかな文字《もじ》が生《う》まれたり、紫式部《むらさきしきぶ》や清少納言《せいしょうなごん》たちの優《すぐ》れた文学《ぶんがく》が書《か》かれたりと、日本独自《にほんどくじ》の文化《ぶんか》が生《う》まれたんだ。

ここを読《よ》もう
清少納言《せいしょうなごん》（→P52）、紫式部《むらさきしきぶ》（→P56）

3 武士《ぶし》が生《う》まれた！

平安時代《へいあんじだい》は「武士《ぶし》」という職業《しょくぎょう》が生《う》まれた。地方《ちほう》の豪《ごう》族《ぞく》が土地《とち》を守《まも》るためだったり、下級貴族《かきゅうきぞく》が都《みやこ》の安全《あんぜん》を守《まも》るためだったり、なった理由《りゆう》はいろいろ。彼《かれ》らは力《ちから》をつけ、特《とく》に平清盛《たいらのきよもり》は貴族《きぞく》をしのぐ力《ちから》を持《も》ったよ。

ここを読《よ》もう
平 将門《たいらのまさかど》（→P50）、平 清盛《たいらのきよもり》（→P58）

学んだ日
／
／
／
／
／

唐《とう》に留学《りゅうがく》して密教《みっきょう》を学《まな》び、真言《しんごん》宗《しゅう》を開《ひら》いた僧《そう》

11 空海《くうかい》

774～835年《ねん》／出身地《しゅっしんち》：香川県《かがわけん》

①初《はじ》めは役人《やくにん》になるために京都《きょうと》で学《まな》んでいたが…

②より多《おお》くの人《ひと》びとを救《すく》うために僧《そう》になる。

③遣唐使《けんとうし》とともに唐《とう》にわたり、密教《みっきょう》を学《まな》ぶ。

④日本《にほん》に帰《かえ》ってきて、真言宗《しんごんしゅう》を広《ひろ》める。

⑤ため池《いけ》の修理《しゅうり》などを行《おこな》う、技術者《ぎじゅつしゃ》でもあった。

⑥字《じ》がうまいことでも有名《ゆうめい》だった。

空海《くうかい》が開《ひら》いたのは、**真言宗**《しんごんしゅう》という仏教《ぶっきょう》ですね。

その通《とお》り。平安時代《へいあんじだい》には、ほかに**最澄**《さいちょう》という僧《そう》が**天台宗**《てんだいしゅう》を開《ひら》いたよ。

この時代《じだい》、仏教《ぶっきょう》はもともとの正《ただ》しい教《おし》えから離《はな》れてしまい、僧《そう》たちの生活《せいかつ》も乱《みだ》れていたんだ。それをなげいた空海《くうかい》や最澄《さいちょう》が中国《ごく》にわたって教《おし》えを学《まな》び、新《あら》たな仏教《ぶっきょう》を広《ひろ》めたんだ。

なるほど。ところで、仏教《ぶっきょう》にもいろいろな種類《しゅるい》があるんですね。

そうだね。空海《くうかい》や最澄《さいちょう》が広《ひろ》めた平安時代《へいあんじだい》の仏教《ぶっきょう》と、鎌倉時代《かまくらじだい》の仏教《ぶっきょう》はまったくちがうんだ。空海《くうかい》や最澄《さいちょう》の仏教《ぶっきょう》は「密教《みっきょう》」と言《い》われるもので、インドのヒンドゥー教《きょう》の影響《えいきょう》も受《う》けているよ。

中国《ちゅうごく》だけじゃないんですね。

そうだね。厳《きび》しい修行《しゅぎょう》をしたり、神秘的《しんぴてき》なまじないのようなことをしたりしていたよ。
こうした密教《みっきょう》の力《ちから》で世《よ》の中《なか》を平《へい》和《わ》にしようと、天皇《てんのう》の政治《せいじ》にも取《と》り入《い》れられたんだ。
一方《いっぽう》、鎌倉時代《かまくらじだい》に広《ひろ》がった浄土《じょうど》宗《しゅう》や浄土真宗《じょうどしんしゅう》は、より庶民《しょみん》のためのもので、念仏《ねんぶつ》を唱《とな》えることなどで救《すく》われるとしたんだ。

キーワード

真言宗《しんごんしゅう》
空海《くうかい》が開《ひら》いた仏教《ぶっきょう》の1つ。唐《とう》で学《まな》んだ密教《みっきょう》を日本風《にほんふう》にアレンジしており、皇族《こうぞく》や貴族《きぞく》に支持《しじ》された。

高野山《こうやさん》
空海《くうかい》が、朝廷《ちょうてい》に真言宗《しんごんしゅう》の道場《どうじょう》の設立《せつりつ》をお願《ねが》いし、ゆずり受《う》けた地域《ちいき》。真言宗《しんごんしゅう》の総本山《そうほんざん》である金剛峯寺《こんごうぶじ》が造《つく》られた。

学んだ日
／
／
／
／
／

⑫ 菅原道真《すがわらのみちざね》

845～903年《ねん》／出身地《しゅっしんち》：？

遣唐使《けんとうし》の中止《ちゅうし》を提案《ていあん》したが太宰《だざい》府《ふ》（福岡県《ふくおかけん》）に流《なが》された貴族《きぞく》

①小《ち》さいころからかしこく、難《むずか》しい試験《しけん》に合格《ごうかく》する。

②政治《せいじ》の世界《せかい》でも活躍《かつやく》し、出世《しゅっせ》していく。

③唐《とう》の政治《せいじ》が不安定《ふあんてい》なため、894年《ねん》に遣《けん》唐使《とうし》の中止《ちゅうし》を求《もと》める。

④身《み》におぼえのない罪《つみ》で太宰府《だざいふ》（福岡《ふくおか》県《けん》）に流《なが》されて亡《な》くなる。

⑤死後《しご》、京都《きょうと》で天変地異《てんぺんちい》が起《お》き、道真《みちざね》のたたりとおそれられる。

⑥今《いま》は、学問《がくもん》の神《かみ》さまとしてまつられている。

菅原道真《すがわらのみちざね》は、**遣唐使《けんとうし》を中止《ちゅうし》**したんですよね。

そうだね。当時《とうじ》、戦乱《せんらん》で荒《あ》れていた唐《とう》にわたるのは危険《きけん》だと、遣唐使《けんとうし》の中止《ちゅうし》を提案《ていあん》したんだ。おかげで唐《とう》の争《あらそ》いに巻《ま》き込《こ》まれなくて済《す》んだわけだけど、国内《こくない》では多《おお》くの敵《てき》を作《つく》ってしまった。

遣唐使《けんとうし》を中止《ちゅうし》したくない人《ひと》がたくさんいたのかな。

道真《みちざね》は天皇《てんのう》のお気《き》に入《い》りでどんどん出世《しゅっせ》していた。藤原氏《ふじわらし》などの以前《いぜん》から力《ちから》を持《も》っていた貴族《きぞく》たちは、自分《じぶん》たちの地位《ちい》がおびやかされるのではとおそれていた。彼《かれ》らがまず大《おお》きな敵《てき》だった。

また、遣唐使《けんとうし》をやめることは、今《いま》で言《い》うと、日本《にほん》とアメリカの貿易《ぼうえき》をやめてしまうようなものなんだ。

遣唐使《けんとうし》は物《もの》の輸出入《ゆしゅつにゅう》、つまり貿《ぼう》易《えき》の役目《やくめ》もあったから、それでもうけていた人《ひと》びとから、うらみを買《か》ってしまった可能性《かのうせい》もある。

太宰府《だざいふ》に流《なが》されたのも、それらが理由《りゆう》なんでしょうか。

大《おお》いにありうると思《おも》うよ。道真《みちざね》をじゃまに思《おも》った人《ひと》びとに追《お》い出《だ》されてしまったんだね。道真《みちざね》の遣唐使中止《けんとうしちゅうし》という提案《ていあん》は、それくらい大《おお》きな出来事《できごと》だったんだ。

キーワード

太宰府《だざいふ》

九州《きゅうしゅう》にあった、朝廷《ちょうてい》の機関《きかん》。菅原道真《すがわらのみちざね》が流《なが》され、そこで亡《な》くなった。

遣唐使《けんとうし》

朝廷《ちょうてい》が、中国《ちゅうごく》の唐《とう》に派遣《はけん》した使者《ししゃ》。船《ふね》には多《おお》くの留《りゅう》学生《がくせい》が乗《の》り、帰国《きこく》して政治《せいじ》や仏教《ぶっきょう》の世界《せかい》で活躍《かつやく》した。

学んだ日

／

／

／

／

／

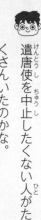

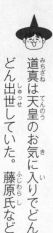

関東地方《かんとうちほう》で大《おお》きな力《ちから》を持《も》ち、
朝廷《ちょうてい》に反乱《はんらん》を起《お》こした武士《ぶし》

⑬ 平将門《たいらのまさかど》

？～940年《ねん》／出身地《しゅっしんち》：？

①天皇《てんのう》の血《ち》を引《ひ》く武士《ぶし》として、関東《かんとう》で育《そだ》つ。

②土地争《とちあらそ》いに巻《ま》き込《こ》まれて戦《たたか》うことに。

③戦《たたか》いに勝《か》ち続《つづ》け、関東《かんとう》じゅうを治《おさ》める。

④新皇《しんのう》と名乗《なの》り、朝廷《ちょうてい》からの独立《どくりつ》を試《こころ》みる。

⑤940年《ねん》、朝廷《ちょうてい》に敗《やぶ》れて戦死《せんし》する。

⑥関東《かんとう》の人《ひと》びとを中心《ちゅうしん》に人気《にんき》があり、各地《かくち》でまつられている。

平将門《たいらのまさかど》のたたりという話《はなし》を聞《き》いたことがあるんですが…。

将門《まさかど》は関東《かんとう》でヒーローのようにまつられた。その反面《はんめん》、呪《のろ》いの伝説《でんせつ》も多《おお》く伝《つた》えられているんだ。

だけど、討《う》ち死《じ》にした**武士**《ぶし》はたくさんいるのに、将門《まさかど》に限《かぎ》って呪《のろ》いやたたりの話《はなし》が多《おお》く言《い》い伝《つた》えられているのはふしぎだ。当時《とうじ》の権力者《けんりょくしゃ》は、2度《ど》とこのような反乱《はんらん》が起《お》きないように、将《まさ》門《かど》をたたりを起《お》こすような存在《そんざい》にしようとしたとも考《かんが》えられる。

それはどうしてですか。

平将門《たいらのまさかど》の乱《らん》は、初《はじ》めて天皇家《てんのうけ》に対《たい》して逆《さか》らった、クーデターのようなものだったからだ。

将門《まさかど》は土地《とち》争《あらそ》いに巻《ま》き込《こ》まれたんじゃないんですか。

最初《さいしょ》はね。でも、戦《たたか》いに勝《か》った将門《まさかど》は、新皇《しんのう》と名乗《なの》った。これは、天皇家《てんのうけ》の地位《ちい》をゆるがしかねないことだった。だって、1つの国《くに》に王《おう》は2人《り》もいらないからね。

つまり、朝廷《ちょうてい》からしてみたら、将門《まさかど》は立派《りっぱ》な反乱者《はんらんしゃ》の大親分《おおおやぶん》というわけだ。たたりの伝説《でんせつ》は、こうしたことも関係《かんけい》しているのかもしれないね。

キーワード

武士《ぶし》

武芸《ぶげい》を専門《せんもん》とする一族《いちぞく》の集団《しゅうだん》。地方《ちほう》の豪族《ごうぞく》や都《みやこ》にいる下級《かきゅう》貴族《きぞく》が武装《ぶそう》して団結《だんけつ》することで生《う》まれた。

平将門《たいらのまさかど》の乱《らん》

平将門《たいらのまさかど》が関東《かんとう》地方《ちほう》の豪族《ごうぞく》たちをせめ、「新皇《しんのう》」を名《な》乗《の》って朝廷《ちょうてい》からの独立《どくりつ》を目指《めざ》した反乱《はんらん》。940年《ねん》にほろぼされた。

平安

学んだ日

／

／

／

／

／

⑭ 清少納言《せいしょうなごん》

?〜?年《ねん》／出身地《しゅっしんち》：京都府《きょうとふ》？

随筆《ずいひつ》『枕草子《まくらのそうし》』を書《か》いた女流作家《じょりゅうさっか》

①歌人《かじん》の家《いえ》に生《う》まれ、小《ちい》さいころから文章《ぶんしょう》が得意《とくい》。

②天皇《てんのう》の后《きさき》、定子《ていし》に仕《つか》えることに。

③かしこく物知《ものし》りだったので、たよりにされた。

④仕事《しごと》の合間《あいま》に随筆《ずいひつ》『枕草子《まくらのそうし》』を書《か》く。

⑤自然《しぜん》や人《ひと》びとの気持《きも》ちを細《こま》やかに記《しる》した作品《さくひん》だ。

⑥定子《ていし》の死後《しご》、宮廷《きゅうてい》を去《さ》る。その後《ご》の人生《じんせい》はよくわからない。

清少納言《せいしょうなごん》も**紫式部《むらさきしきぶ》**も天皇《てんのう》の后《きさき》に仕《つか》えていたんですよね。

清少納言《せいしょうなごん》も紫式部《むらさきしきぶ》も一条天皇《いちじょうてんのう》の后《きさき》に仕《つか》えたんだけど、清少納言《せいしょうなごん》は定子《ていし》、紫式部《むらさきしきぶ》は彰子《しょうし》という別《べつ》の后《きさき》に仕《つか》えたよ。紫式部《むらさきしきぶ》が日記《にっき》の中《なか》で清少納言《せいしょうなごん》のことをチクリと批判《ひはん》しているよ。実際《じっさい》には会《あ》ったことがなかったようだけど、ライバル意識《いしき》を持《も》っていたようだね。

女性同士《じょせいどうし》、火花《ひばな》を散《ち》らしていたんですね！（怖《こわ》いなあ…）

奈良時代《ならじだい》から平安時代《へいあんじだい》の中期《ちゅうき》くらいまでに、天皇《てんのう》を中心《ちゅうしん》とした政治《せいじ》のやり方《かた》は整《ととの》ったんだ。そうすると、だれが天皇家《てんのうけ》との関係《かんけい》を深《ふか》めて力《ちから》を持《も》つのかという、周辺《しゅうへん》での争《あらそ》いが起《お》きてくる。その争《あらそ》いは女性《じょせい》にもあったんだ。当時《とうじ》の貴族《きぞく》の女性《じょせい》たちは、政治《せいじ》の世界《せかい》でも重要《じゅうよう》な存在《そんざい》だったんだよ。

平安時代《へいあんじだい》の女性《じょせい》は豪華《ごうか》な衣装《いしょう》を身《み》につけておしとやかにしているイメージですが、権力争《けんりょくあらそ》いにも参加《さんか》していたんですね。

そうだね。自分《じぶん》をみがいて高《たか》い教養《きょうよう》を身《み》につけ、天皇家《てんのうけ》の妻《つま》となったり、后《きさき》に仕《つか》えたりと、いろいろ活躍《かつやく》していたよ。

キャリアウーマンって昔《むかし》からいたんですね！

キーワード

随筆《ずいひつ》
自分《じぶん》の体験《たいけん》や思《おも》ったことを、自由《じゆう》に書《か》いた文章《ぶんしょう》のこと。

『枕草子《まくらのそうし》』
清少納言《せいしょうなごん》が定子《ていし》に仕《つか》えていたときに書《か》き上《あ》げた随筆《ずいひつ》で、『源氏物語《げんじものがたり》』と並《なら》ぶ平安時《へいあんじ》代《だい》を代表《だいひょう》する文学《ぶんがく》。

学んだ日
／
／
／
／
／

摂関政治《せっかんせいじ》を行《おこな》い、藤原氏《ふじわらし》が最《もっと》も栄《さか》えたときの貴族《きぞく》

⑮ 藤原道長《ふじわらのみちなが》

966～1027年《ねん》／出身地《しゅっしんち》：京都府《きょうとふ》

①兄《あに》たちが亡《な》くなり、急《きゅう》に藤原氏《ふじわらし》のトップとなる。

②長女《ちょうじょ》を天皇《てんのう》の妻《つま》にさせる。

③長女《ちょうじょ》に男《おとこ》の子《こ》が生《う》まれ、道長《みちなが》はおじいさん（祖父《そふ》）になる。

④孫《まご》が天皇《てんのう》となった後《あと》、代《か》わりに政治《せいじ》を行《おこな》うことに。

⑤その後《ご》も孫《まご》がつぎつぎと天皇《てんのう》となり、朝廷《ちょうてい》で強《つよ》い権力《けんりょく》を持《も》つ。

⑥この時代《じだい》に藤原氏《ふじわらし》は最《もっと》も栄《さか》え、その力《ちから》の強《つよ》さを自《みずか》ら和歌《わか》にした。

藤原氏《ふじわらし》は、娘《むすめ》を天皇家《てんのうけ》の妻《つま》にさせたから権力《けんりょく》を持《も》ったんでしょうか。

それはどちらかというと、権力《けんりょく》を失《うしな》わないようにするために行《おこな》ったもので、藤原氏《ふじわらし》が力《ちから》を持《も》った原因《げんいん》は「**荘園**《しょうえん》」にあるんだ。以前《いぜん》、「公地公民制《こうちこうみんせい》」という言《こと》葉《ば》が出《で》てきたのを覚《おぼ》えてる？

すべての土地《とち》と人《ひと》は天皇《てんのう》のものということにしたんですよね。

その通《とお》り。だけど、政治《せいじ》が安定《あんてい》してくると人口《じんこう》が増《ふ》え、土地《とち》が足《た》りなくなってくる。そこで、自分《じぶん》で切《き》り開《ひら》いた土地《とち》は自分《じぶん》のものにしてよいというルールを作《つく》ったりして、公地公民《こうちこうみん》の原則《げんそく》を変《か》えていったんだ。地方《ちほう》の豪族《ごうぞく》などは、たくさんの土地《とち》を切《き》り開《ひら》いた。これが荘園《しょうえん》の始《はじ》まりだよ。

自分《じぶん》で土地《とち》を持《も》てたんですね。

だけど、ひょっとすると何《なん》らかの理由《りゆう》で、土地《とち》を取《と》り上《あ》げられてしまうかもしれない。そこで彼《かれ》らは朝廷《ちょうてい》の中《なか》で重要《じゅうよう》な役割《やくわり》を占《し》めている藤原氏《ふじわらし》に土地《とち》を寄付《きふ》したんだ。豪族《ごうぞく》たちは、土地《とち》が保証《ほしょう》される代《か》わりに、お金《かね》を藤原氏《ふじわらし》にはらった。こうして藤原氏《ふじわらし》にどんどんお金《かね》が集《あつ》まって、気《き》づいたら日本一《にほんいち》の大金持《おおがねも》ちになっていたんだ。

う、うらやましい…。

キーワード

摂関政治《せっかんせいじ》

藤原氏《ふじわらし》が天皇《てんのう》の親《しん》せきになり、天《てん》皇《のう》に代《か》わって政治《せいじ》を行《おこな》う体制《たいせい》。

藤原道長《ふじわらのみちなが》がP54でよんだ和歌《わか》

「この世《よ》をば　わが世《よ》とぞ思《おも》ふ　望《もち》月《づき》の　欠《か》けたることも　なしと思《おも》へば」とよんだ。

学んだ日

／

／

／

／

／

小説《しょうせつ》『源氏物語《げんじものがたり》』を書《か》いた女流《じょりゅう》作家《さっか》

16 紫式部《むらさきしきぶ》

?〜?年《ねん》／出身地《しゅっしんち》：?

①結婚《けっこん》・出産《しゅっさん》するが、夫《おっと》が先《さき》に亡《な》くなる。

②悲《かな》しみから逃《のが》れるために『源氏物語《げんじものがたり》』を書《か》き始《はじ》める。

③藤原道長《ふじわらのみちなが》の娘《むすめ》・彰子《しょうし》の家庭教師《かていきょうし》として仕《つか》える。

④『源氏物語《げんじものがたり》』は貴族《きぞく》たちに大人気《だいにんき》となる。

⑤清少納言《せいしょうなごん》のことはライバル視《し》していた。

⑥『源氏物語《げんじものがたり》』完成後《かんせいご》、宮廷《きゅうてい》を去《さ》る。その後《ご》の人生《じんせい》はよくわからない。

紫式部《むらさきしきぶ》といえば、**『源氏物語《げんじものがたり》』**の作者《さくしゃ》として有名《ゆうめい》だね。千年以上《せんねんいじょう》経《た》った今《いま》でも世界《せかい》じゅうで読《よ》まれている、大《だい》ベストセラーだよ。

そういえば、かるた大会《たいかい》のときに見覚《みおぼ》えが…。

いいところに気《き》がついたね。かるた大会《たいかい》のときに使《つか》われている小倉百人一首《おぐらひゃくにんいっしゅ》に紫式部《むらさきしきぶ》の歌《うた》が取《と》り上《あ》げられているよ。藤原定家《ふじわらのていか》という歌人《かじん》が京都《きょうと》の小倉山《おぐらやま》というところで優《すぐ》れた和歌《わか》を百首選《ひゃくしゅえら》んだので、小倉百人一首《おぐらひゃくにんいっしゅ》と言《い》われているよ。天智天皇《てんじてんのう》や清少納言《せいしょうなごん》の和歌《わか》も取《と》り上《あ》げられているね。

物語《ものがたり》だけじゃなくて、歌《うた》をよむ才能《さいのう》もあるなんて、すごい。

ほかにも**『紫式部日記《むらさきしきぶにっき》』**など、優《すぐ》れた作品《さくひん》を残《のこ》しているよ。ちなみに、彼女《かのじょ》はもともと藤式部《とうのしきぶ》と呼《よ》ばれていたんだ。ある人《ひと》が『源氏物語《げんじものがたり》』の登場人物《とうじょうじんぶつ》、若紫《わかむらさき》にちなんで「このあたりに若紫《わかむらさき》さんはいらっしゃいますか」と彼女《かのじょ》に話《はな》しかけたことから、紫式部《むらさきしきぶ》と呼《よ》ばれるようになったそうだよ。

なんだか平安時代《へいあんじだい》の会話《かいわ》ってロマンチックですね。

キーワード

『源氏物語《げんじものがたり》』
紫式部《むらさきしきぶ》が書《か》いた長編小説《ちょうへんしょうせつ》。貴族《きぞく》の光源氏《ひかるげんじ》が、多《おお》くの女性《じょせい》と恋《こい》に落《お》ちていくストーリー。

かな文字《もじ》
中国《ちゅうごく》から伝《つた》わった漢字《かんじ》をもとに、日本《にほん》で作《つく》られた文字《じ》。ひらがなとカタカナの2種類《しゅるい》がある。

学んだ日
／
／
／
／
／

17 平清盛《たいらのきよもり》

1118～1181年《ねん》／出身地《しゅっしんち》：？

太政大臣《だじょうだいじん》となり、政治《せいじ》の実権《じっけん》をにぎった武士《ぶし》

①父《ちち》のあとをつぎ、平家《へいけ》のトップとなる。

②保元《ほうげん》・平治《へいじ》の乱《らん》に勝《か》ち、武士《ぶし》としてもトップに。

③幼《おさな》い源頼朝《みなもとのよりとも》の命《いのち》は助《たす》ける。

④その後《ご》も出世《しゅっせ》し、武士《ぶし》で初《はじ》めて貴族《きぞく》のトップである太政大臣《だじょうだいじん》の地位《ちい》になる。

⑤高《たか》い地位《ちい》は平家《へいけ》が独占《どくせん》して、強《つよ》い力《ちから》を持《も》つが…

⑥成長《せいちょう》した頼朝《よりとも》らが反乱《はんらん》の兵《へい》を挙《あ》げる中《なか》、病《やまい》で亡《な》くなる。

平氏《へいし》は、どうして力《ちから》を持《も》つようになったんですか。

平氏《へいし》や**源氏**《げんじ》は、もとは荘園《しょうえん》を警《けい》備《び》していた武士《ぶし》だったんだ。だけど、この時代《じだい》は天皇家《てんのうけ》の争《あらそ》いが起《お》こって、それぞれの勢《せい》力《りょく》が武力《ぶりょく》をあてにして平氏《へいし》と源《げん》氏《じ》に味方《みかた》をたのんだ。それで保元《ほうげん》の乱《らん》、平治《へいじ》の乱《らん》を戦《たたか》った結果《けっか》、源氏《げんじ》に勝《か》った平氏《へいし》が権力《けんりょく》をにぎったんだ。このとき平清盛《たいらのきよもり》がすごかったのは、国内《こくない》で力《ちから》を持《も》っただけではなく、港《みなと》を造《つく》って中国《ちゅうごく》の**宋**《そう》と貿《ぼう》易《えき》をしたことだよ。

国内《こくない》でトップになることだけじゃなくて、海外《かいがい》のことも考《かんが》えていたんですね。

武士《ぶし》の大将《たいしょう》というだけではなく、国自体《くにじたい》をどう運営《うんえい》していくべきかをしっかり考《かんが》えていたんだね。だけど、清盛《きよもり》の後《あと》に続《つづ》いた人《ひと》たちが良《よ》くなかった。急《きゅう》に国《くに》のトップになったもんだから、ぜいたくに走《はし》っちゃって…。結局《けっきょく》みんなからすごく嫌《きら》われて、そこを見《み》て取《と》った源氏《げんじ》にほろぼされてしまうんだ。

平清盛《たいらのきよもり》自体《じたい》はすごい人物《じんぶつ》だったのに、うまくいかないものだなぁ。

キーワード

平氏《へいし》**と源氏**《げんじ》

どちらも天皇《てんのう》の血《ち》を引《ひ》く武士《ぶし》の集団《しゅうだん》。はじめは天皇《てんのう》や荘園《しょうえん》の警備《けいび》を行《おこな》っていたが、次第《しだい》に強《つよ》い力《ちから》を持《も》つようになった。

日宋貿易《にっそうぼうえき》

清盛《きよもり》が、中国《ちゅうごく》を治《おさ》めていた宋《そう》との間《あいだ》で行《おこな》った貿易《ぼうえき》。遣唐使《けんとうし》以来初《いらいはじ》めて国交《こっこう》を開《ひら》いて貿易《ぼうえき》し、平氏《へいし》に大《おお》きな富《とみ》をもたらした。

学んだ日

／

／

／

／

／

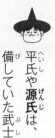

時代《じだい》がまるわかり！ 年表《ねんぴょう》

794年《ねん》
平安京《へいあんきょう》に都《みやこ》が移《うつ》る

806年《ねん》
空海《くうかい》が唐《とう》から帰国《きこく》して真言宗《しんごんしゅう》を開《ひら》く

894年《ねん》
菅原道真《すがわらのみちざね》の提案《ていあん》で遣唐使《けんとうし》を中止《ちゅうし》する

905年《ねん》
紀貫之《きのつらゆき》らが最初《さいしょ》の勅撰和歌集《ちょくせんわかしゅう》『古今和歌集《こきんわかしゅう》』を作《つく》る

940年《ねん》
平将門《たいらのまさかど》の乱《らん》が起《お》きるが、2カ月《げつ》でほろぼされる

800　900

トピックス 清少納言《せいしょうなごん》はイケメン好《ず》き？

清少納言《せいしょうなごん》が『枕草子《まくらのそうし》』で、僧《そう》について「説教《せっきょう》してくれる僧《そう》は、顔《かお》が良《よ》くないと。僧《そう》の（かっこいい）顔《かお》を見《み》ていると、説教《せっきょう》もありがたく感《かん》じられるわ」なんて書《か》いているんだ。当時《とうじ》の女性《じょせい》もイケメン好《ず》きだったみたいだね。

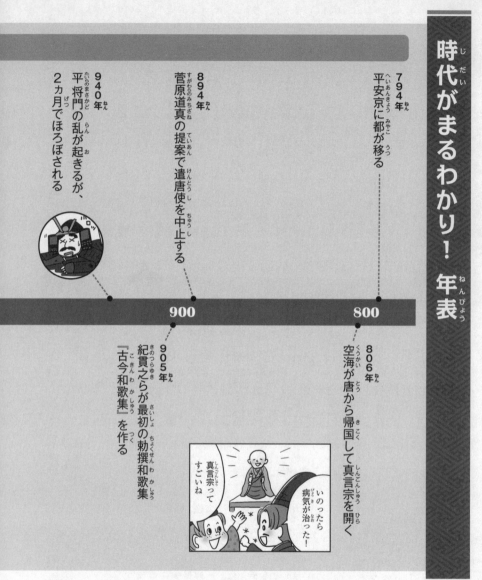

平安時代《へいあんじだい》

1000　1100　1200

996年《ねん》ごろ
清少納言《せいしょうなごん》が日本《にほん》で初《はじ》めての随筆《ずいひつ》『枕草子《まくらのそうし》』を書《か》く ❗

1016年《ねん》
藤原道長《ふじわらのみちなが》が摂政《せっしょう》となり、栄華《えいが》を極《きわ》める ❗

1008年《ねん》ごろ
紫式部《むらさきしきぶ》が長編小説《ちょうへんしょうせつ》『源氏物語《げんじものがたり》』を書《か》く

1086年《ねん》
白河天皇《しらかわてんのう》が上皇《じょうこう》となり院政《いんせい》を始《はじ》める

1156年《ねん》
保元《ほうげん》の乱《らん》が起《お》き、後白河天皇《ごしらかわてんのう》や平清盛《たいらのきよもり》が勝利《しょうり》する

1159年《ねん》
平治《へいじ》の乱《らん》が起《お》き、平清盛《たいらのきよもり》が源《みなもとのよしとも》 義朝を破《やぶ》る

1167年《ねん》
平清盛《たいらのきよもり》が武士《ぶし》で初《はじ》めて太政大臣《だじょうだいじん》となる

1180年《ねん》
源《みなもとのよりとも》 頼朝が伊豆《いず》で兵《へい》を挙《あ》げる

1185年《ねん》
壇《だん》ノ浦《うら》の戦《たたか》いで源氏《げんじ》が勝利《しょうり》し、平氏《へいし》がほろびる

❗ トピックス　野菜不足《やさいぶそく》！　貴族《きぞく》の食事《しょくじ》

平安時代《へいあんじだい》の貴族《きぞく》がふだん何《なに》を食《た》べていたか？　当時《とうじ》のメニューを見《み》ると、お米以外《こめいがい》は魚介類《ぎょかいるい》や肉《にく》・乾物《かんぶつ》が多《おお》く、野菜《やさい》が少《すく》なかったことがわかる。栄養《えいよう》のバランスは悪《わる》く、藤原道長《ふじわらのみちなが》は年《とし》を取《と》ってから糖尿病《とうにょうびょう》に苦《くる》しんだらしい。やっぱり野菜《やさい》は食《た》べなきゃね！

学んだ日
／
／
／
／
／

コラム 『古今和歌集《こきんわかしゅう》』の歌人《かじん》たち

905年《ねん》に作《つく》られた『古今和歌集《こきんわかしゅう》』は、日本《にほん》で初《はじ》めての勅撰和歌《ちょくせんわか》集《しゅう》です。勅撰《ちょくせん》とは、天皇《てんのう》の命《めい》で作《つく》られたという意味《いみ》です。

『古今和歌集《こきんわかしゅう》』に収《おさ》められた歌《うた》は1111首《しゅ》。有名《ゆうめい》な歌人《かじん》としては、こんな人《ひと》たちがいました。

名前《なまえ》	生没年《せいぼつねん》	特徴《とくちょう》
紀貫之《きのつらゆき》	？～945？年《ねん》	『古今和歌集《こきんわかしゅう》』をまとめた人《ひと》でもあります。日本《にほん》で初《はじ》めての日記文学《にっきぶんがく》『土佐日記《とさにっき》』を書《か》いたことでも有名《ゆうめい》。
小野小町《おののこまち》	？～？年《ねん》	くわしい人生《じんせい》はまったくわかっていませんが、その美《うつく》しさがとても有名《ゆうめい》な女流歌人《じょりゅうかじん》。各地《かくち》に伝説《でんせつ》が伝《つた》わっています。
在原業平《ありわらのなりひら》	825～880年《ねん》	美男子《びだんし》だったことでも有名《ゆうめい》な歌人《かじん》。『古今和歌集《こきんわかしゅう》』とほぼ同《おな》じ時期《じき》に書《か》かれたとされる物語《ものがたり》『伊勢物語《いせものがたり》』の主人公《しゅじんこう》のモデルであると言《い》われています。
清原深養父《きよはらのふかやぶ》	？～？年《ねん》	清少納言《せいしょうなごん》のひいおじいさん（曽祖父《そうそふ》）。おじいさん（祖父《そふ》）とする説《せつ》もあります。

3章《しょう》

鎌倉《かまくら》時代《じだい》

1185年《ねん》ごろ～1333年《ねん》

室町《むろまち》時代《じだい》

1336年《ねん》～1573年《ねん》ごろ

鎌倉時代《かまくらじだい》　室町時代《むろまちじだい》

ここはどんな時代《じだい》？？

武士《ぶし》が幕府《ばくふ》を開《ひら》き、武《ぶ》士中心《しちゅうしん》の政治《せいじ》の仕組《しく》みをつくった時代《じだい》だよ！

1 武士《ぶし》が幕府《ばくふ》を開《ひら》いた！

源《みなもとの》 頼朝《よりとも》は京都《きょうと》からはなれた鎌倉《かまくら》（神奈川県《かながわけん》）で、朝廷《ちょうてい》とは別《べつ》の、武士《ぶし》たちが政治《せいじ》を行《おこな》う仕組《しく》みをつくった。こうした武士《ぶし》による政権《せいけん》を幕府《ばくふ》と言《い》い、江戸時代《えどじだい》までの長《なが》い間《あいだ》、武士《ぶし》が日本《にほん》の政治《せいじ》の中心《ちゅうしん》となるんだ。

ここを読《よ》もう

源《みなもとの》 頼朝《よりとも》（→P66）、足利尊氏《あしかがたかうじ》（→P76）

2 天皇《てんのう》と朝廷《ちょうてい》も健在《けんざい》だった！

天皇《てんのう》や朝廷《ちょうてい》がなくなったわけではない。幕府《ばくふ》のトップは「征夷大将軍《せいいたいしょうぐん》」という地位《ちい》を朝廷《ちょうてい》からもらっていて、朝廷《ちょうてい》のほうが格《かく》が上《うえ》だった。後鳥羽上皇《ごとばじょうこう》や後醍醐天皇《ごだいごてんのう》など、武士《ぶし》に対抗《たいこう》した皇族《こうぞく》もいたよ。

ここを読《よ》もう

北条政子《ほうじょうまさこ》（→ P70）、足利尊氏《あしかがたかうじ》（→ P76）

3 室町文化《むろまちぶんか》が生《う》まれた！

室町時代《むろまちじだい》は、現在《げんざい》の日本《にほん》の生活《せいかつ》に根《ね》づいている文化《ぶんか》が生《う》まれた時代《じだい》でもあるんだ。和風建築《わふうけんちく》のもとになった銀閣《ぎんかく》の書院造《しょいんづくり》の部屋《へや》や、能《のう》、水墨画《すいぼくが》など、今《いま》でも人《ひと》びとに親《した》しまれているよ。

ここを読《よ》もう

足利義満《あしかがよしみつ》（→ P78）、世阿弥《ぜあみ》（→ P80）、足利義政《あしかがよしまさ》（→ P82）
雪舟《せっしゅう》（→ P86）

鎌倉・室町

学んだ日
／
／
／
／
／

18 源頼朝《みなもとのよりとも》

1147～1199年《ねん》／出身地《しゅっしんち》：愛知県《あいちけん》

平氏《へいし》をほろぼし、鎌倉幕府《かまくらばくふ》を開《ひら》いた武士《ぶし》

①平治《へいじ》の乱《らん》に敗《やぶ》れ、伊豆《いず》（静岡県《しずおかけん》）に流《なが》される。

②伊豆《いず》で北条政子《ほうじょうまさこ》と結婚《けっこん》する。

③兵《へい》を挙《あ》げ、壇《だん》ノ浦《うら》（山口県《やまぐちけん》）で平家《へいけ》をほろぼす。

④鎌倉《かまくら》（神奈川県《かながわけん》）にて幕府《ばくふ》を開《ひら》く。

⑤武士《ぶし》を中心《ちゅうしん》とした政治体制《せいじたいせい》を整《ととの》える。

⑥落馬《らくば》した傷《きず》がもとで亡《な》くなったと言《い》われている。

鎌倉幕府《かまくらばくふ》はいつできたんですか。

今《いま》は「いいはこつくろう」で1185年《ねん》としている教科書《きょうかしょ》もあるね。君《きみ》たちのお父《とう》さんお母《かあ》さんは「いいくにつくろう鎌倉幕府《かまくらばくふ》」で1192年《ねん》が鎌倉幕府《かまくらばくふ》の成立《せいりつ》だと習《なら》ったはずだよ。

どうして変《か》わったんですか。

1185年《ねん》には**壇《だん》ノ浦《うら》の戦《たたか》い**で平氏《へいし》がほろび、源氏《げんじ》が武士《ぶし》のトップになるんだ。この年《とし》、源頼朝《みなもとのよりとも》は地方《ちほう》に**守護《しゅご》**と**地頭《じとう》**を置《お》くんだけど、これは地方《ちほう》の土地《とち》を管理《かんり》するのが頼朝《よりとも》になったことを意味《いみ》するんだ。そのことに朝廷側《ちょうていがわ》は何《なに》も対応《たいおう》できていないわけだから、ここで権力《けんりょく》が源氏《げんじ》に移《うつ》った、つまり鎌《かま》倉幕府成立《くらばくふせいりつ》は1185年《ねん》だという見方《みかた》もできるわけだ。

その後《ご》、1192年《ねん》に天皇《てんのう》から征夷大将軍《せいいたいしょうぐん》に命《めい》じられるんですね。

そうだね。征夷大将軍《せいいたいしょうぐん》は、よく「将軍《しょうぐん》」と略《りゃく》されるけれど、軍事部門《ぐんじぶもん》のトップの地位《ちい》だ。頼朝《よりとも》がその地位《ちい》についたのが1192年《ねん》。つまり、政治経済《せいじけいざい》のトップになった1185年《ねん》と軍事部門《ぐんじぶもん》のトップになった1192年《ねん》、この2段階《だんかい》で鎌倉幕府《かまくらばくふ》ができていくんだ。

キーワード

鎌倉幕府《かまくらばくふ》
源頼朝《みなもとのよりとも》が開《ひら》いた、武士《ぶし》が中心《ちゅうしん》の政権《せいけん》。幕府《ばくふ》は家来《けらい》に土地《とち》を与《あた》え（御恩《ごおん》）、家来《けらい》は軍事《ぐんじ》を負担《ふたん》（奉公《ほうこう》）した。

守護《しゅご》と地頭《じとう》
どちらも鎌倉幕府《かまくらばくふ》の役職《やくしょく》。守護《しゅご》は国《くに》ごとに命《めい》じられ、国《くに》の警備《けいび》を行《おこな》った。地頭《じとう》は税金《ぜいきん》の取《と》り立《た》てや、土地《とち》を管理《かんり》した。

学んだ日
／
／
／
／
／

19 源義経《みなもとのよしつね》

1159～1189年《ねん》／出身地《しゅっしんち》：京都府《きょうとふ》

源 頼朝《みなもとのよりとも》の弟《おとうと》で、壇《だん》ノ浦《うら》の戦《たたか》いで平氏《へいし》をほろぼした武士《ぶし》

①幼《おさな》いころ、京都《きょうと》の鞍馬寺《くらまでら》に預《あず》けられる。

②平泉《ひらいずみ》（岩手県《いわてけん》）の藤原秀衡《ふじわらのひでひら》のもとに身《み》を寄《よ》せる。

③兵《へい》を挙《あ》げた頼朝《よりとも》とともに平家《へいけ》をほろぼす。

④頼朝《よりとも》と仲《なか》たがいし、追《お》われる身《み》となる。

⑤藤原秀衡《ふじわらのひでひら》のもとに逃《に》げる。

⑥秀衡《ひでひら》の息子《むすこ》、泰衡《やすひら》にせめ込《こ》まれて自害《じがい》する。

頼朝《よりとも》と義経《よしつね》の兄弟《きょうだい》は最初《さいしょ》は一緒《いっしょ》に戦《たたか》っていたのに、仲たがいしてしまうんですね。

そうだね。義経《よしつね》は軍才《ぐんさい》があって、司令長官《しれいちょうかん》として**平氏《へいし》**をどんどん打《う》ち破《やぶ》っていった。頼朝《よりとも》は後《うし》ろのほうで指揮《しき》していた。
そういう点《てん》では義経《よしつね》のほうが人《にん》気《き》があったんだ。だれかが頼朝《よりとも》をそそのかしたのかどうかはわからないけれど、頼朝《よりとも》は人気者《にんきもの》の義経《よしつね》がじゃまに感《かん》じられるようになったのかもしれないね。

義経《よしつね》も、自分《じぶん》のほうができるのに、と思《おも》っていたんでしょうか。

野心《やしん》はあっただろうね。頼朝《よりとも》の許可《きょか》なく検非違使《けびいし》という高《たか》い位《くらい》を**朝廷《ちょうてい》**からもらったりしたからね。
武家《ぶけ》の中心《ちゅうしん》は頼朝《よりとも》ということになっているのに、頼朝《よりとも》の知《し》らないところで役職《やくしょく》を受《う》けてしまったんだ。

わー、頼朝《よりとも》を怒《おこ》らせちゃったんですね。

信頼《しんらい》していた弟《おとうと》がいつのころから「勝手《かって》に動《うご》く危険人物《きけんじんぶつ》」ということになっていったんだね。

「お兄《にい》ちゃんごめん！」と謝《あやま》っていたら、歴史《れきし》は変《か》わっていたのかも…。

キーワード

奥州藤原氏《おうしゅうふじわらし》
藤原清衡《ふじわらのきよひら》・基衡《もとひら》・秀衡《ひでひら》の３代《だい》にわたり、東北地方《とうほくちほう》で強《つよ》い力《ちから》を持《も》った豪族《ごうぞく》。４代目《だいめ》の泰衡《やすひら》のときに源頼朝《みなもとのよりとも》にほろぼされた。

壇《だん》ノ浦《うら》の戦《たたか》い
1185年《ねん》に壇《だん》ノ浦《うら》（山口県《やまぐちけん》）で行《おこな》われた戦《たたか》い。源氏《げんじ》が勝《か》ち、平氏《へいし》はほろんだ。

学んだ日
／
／
／
／
／

20 北条政子《ほうじょうまさこ》

1157～1225年《ねん》／出身地《しゅっしんち》：静岡県《しずおかけん》

尼将軍《あましょうぐん》と呼《よ》ばれ、鎌倉幕府《かまくらばくふ》を支《ささ》えた源頼朝《みなもとのよりとも》の妻《つま》

①頼朝《よりとも》と結婚《けっこん》する。嫉妬深《しっとぶか》くて有名《ゆうめい》だったと言《い》われている。

②頼朝《よりとも》の死後《しご》、出家《しゅっけ》する。

③２人《り》の子《こ》どもを勢力争《せいりょくあらそ》いで亡《な》くす。

④京都《きょうと》から新《あら》たに将軍《しょうぐん》をむかえて、自分《じぶん》が政治《せいじ》を補佐《ほさ》する。

⑤ 1221年《ねん》、後鳥羽上皇《ごとばじょうこう》が承久《じょうきゅう》の乱《らん》を起《お》こす。

⑥御家人《ごけにん》たちを団結《だんけつ》させる演説《えんぜつ》を行《おこな》い、幕府《ばくふ》を勝利《しょうり》に導《みちび》く。

北条政子《ほうじょうまさこ》は、とても強《つよ》い女性《じょせい》だったんですよね。

頼朝《よりとも》が亡《な》くなった後《あと》、政治《せいじ》をしたからね。**承久《じょうきゅう》の乱《らん》**では、リーダーシップを発揮《はっき》してピンチを切《き》り抜《ぬ》けたんだ。

承久《じょうきゅう》の乱《らん》は、後鳥羽上皇《ごとばじょうこう》が起《お》こしたんですよね。どうしてでしょうか。

頼朝《よりとも》と政子《まさこ》の子《こ》どもが亡《な》くなって源氏《げんじ》の力《ちから》が弱《よわ》くなったすきに、もとの天皇中心《てんのうちゅうしん》の政治《せいじ》に戻《もど》したいという勢力《せいりょく》が出《で》てきたんだね。

朝廷側《ちょうていがわ》はチャンスだったわけですね。

そうだね。ただ、いざ戦《たたか》おうと思《おも》ったときに、朝廷《ちょうてい》はいわゆる武士団《ぶしだん》というものを形成《けいせい》していないから、だれかを雇《やと》わないといけない。武士団《ぶしだん》は自分《じぶん》たちにとって得《とく》か損《そん》かで動《うご》くから、本気《ほんき》で天皇家《てんのうけ》を応援《おうえん》する人《ひと》たちが非常《ひじょう》に少《すく》なかったんだ。

それじゃあ、戦《たたか》いの結果《けっか》はわかりきっていたのかも…。

そうだね。政子《まさこ》の大演説《だいえんぜつ》で武士《ぶし》たちがやる気《き》になったというエピソードが有名《ゆうめい》だけど、勝負《しょうぶ》は見《み》えていたのかもしれないね。

キーワード

承久《じょうきゅう》の乱《らん》

朝廷《ちょうてい》の後鳥羽上皇《ごとばじょうこう》が、鎌倉幕府《かまくらばくふ》をほろぼすために兵《へい》を挙《あ》げた反乱《はんらん》。敗《やぶ》れた後鳥羽上皇《ごとばじょうこう》は隠岐島《おきのしま》（島根県《しまねけん》）に流《なが》された。

御家人《ごけにん》

鎌倉幕府《かまくらばくふ》との間《あいだ》に、御恩《ごおん》と奉公《ほうこう》の関係《かんけい》を結《むす》んだ武士《ぶし》たちのこと。

学んだ日
／
／
／
／
／

中国《ちゅうごく》の元《げん》の攻撃《こうげき》を２度《ど》にわたり
退《しりぞ》けた武士《ぶし》

㉑ 北条時宗《ほうじょうときむね》

1251～1284年《ねん》／出身地《しゅっしんち》：神奈川県《かながわけん》

①中国《ちゅうごく》・元《げん》の皇帝《こうてい》フビライが日本支配《にほんしはい》を計画《けいかく》する。

②執権《しっけん》だった北条時宗《ほうじょうときむね》のもとに手紙《てがみ》が届《とど》く。

③元《げん》がせめてくる。火薬《かやく》を使《つか》った攻撃《こうげき》に苦戦《くせん》する。

④しかし、途中《とちゅう》で元《げん》の軍《ぐん》が引《ひ》き上《あ》げる。

⑤７年後《ねんご》、ふたたび元《げん》がせめ込《こ》んでくる。

⑥しかし暴風雨《ぼうふうう》に襲《おそ》われ、再《ふたた》び元《げん》は撤退《てったい》する。

北条時宗《ほうじょうときむね》は8代目《だいめ》の**執権**《しっけん》だったんですね。

そうだよ。北条政子《ほうじょうまさこ》の父《ちち》、つまり源頼朝《みなもとのよりとも》の義理《ぎり》の父《ちち》にあたる北条時政《ほうじょうときまさ》が鎌倉幕府《かまくらばくふ》の最初《さいしょ》の執権《しっけん》だったんだ。

執権《しっけん》は将軍《しょうぐん》を補佐《ほさ》する立場《たちば》だったんだけど、どんどん権力《けんりょく》を握《にぎ》っていったんだよ。

将軍《しょうぐん》の力《ちから》はどうして弱《よわ》くなってしまったんですか。

3代《だい》将軍《しょうぐん》の実朝《さねとも》が鶴岡八幡宮《つるがおかはちまんぐう》(神奈川県《かながわけん》)で暗殺《あんさつ》され、源氏《げんじ》の将軍《しょうぐん》がいなくなってしまったころから、将軍《しょうぐん》よりも執権《しっけん》の力《ちから》が強《つよ》くなってしまったんだ。

実朝《さねとも》が暗殺《あんさつ》された後《あと》は、だれが将軍《しょうぐん》になったんでしょうか。

源氏《げんじ》とつながりのある貴族《きぞく》の藤原頼経《ふじわらのよりつね》という人《ひと》をむかえたんだけど、実際《じっさい》には執権《しっけん》の**北条氏**《ほうじょうし》が力《ちから》を持《も》ったんだ。それからは、将軍《しょうぐん》とは名《な》ばかりで、執権《しっけん》が政治《せいじ》を動《うご》かす状態《じょうたい》になっていったよ。

なんだか将軍《しょうぐん》がかわいそう…。

執権《しっけん》たちの中《なか》でも時宗《ときむね》は優《すぐ》れたリーダーだったと言《い》われているよ。

キーワード

フビライ(1215～1294年《ねん》)
中国《ちゅうごく》を治《おさ》めていた元《げん》の初代皇帝《しょだいこうてい》。もともとはモンゴル帝国《ていこく》の第《だい》5代皇帝《だいこうてい》で、中国《ちゅうごく》に都《みやこ》を移《うつ》して国名《こくめい》も「元《げん》」に改《あらた》めた。

元寇《げんこう》
元《げん》の皇帝《こうてい》・フビライが2度行《どおこな》った日本《にほん》への攻撃《こうげき》。最初《さいしょ》の攻撃《こうげき》を「文永《ぶんえい》の役《えき》」、2度目《どめ》を「弘安《こうあん》の役《えき》」という。

学んだ日
／
／
／
／
／

22 竹崎季長《たけざきすえなが》

1246～?年《ねん》／出身地《しゅっしんち》：熊本県《くまもとけん》

元寇《げんこう》で活躍《かつやく》し、自分《じぶん》の姿《すがた》を絵巻《えまき》物《もの》にえがかせた武士《ぶし》

①肥後国《ひごのくに》（熊本県《くまもとけん》）の御家人《ごけにん》だった。

②元寇《げんこう》の文永《ぶんえい》の役《えき》では先陣《せんじん》を切《き》って戦《たたか》う。

③しかし、幕府《ばくふ》からほうびは得《え》られなかった。

④あきらめきれず、鎌倉《かまくら》へ行《い》って幕府《ばくふ》にうったえた。

⑤７年後《ねんご》に起《お》きた弘安《こうあん》の役《えき》でも活躍《かつやく》する。

⑥自分《じぶん》の活躍《かつやく》を「蒙古襲来絵詞《もうこしゅうらいえことば》」にえがいてもらう。

季長《すえなが》は2回《かい》の**元寇**《げんこう》を戦《たたか》ったんですね。元《げん》の軍隊《ぐんたい》は強《つよ》くなかったんですか。

幕府《ばくふ》は苦戦《くせん》したけれど、元《げん》にも弱点《じゃくてん》はあったみたいだよ。元《げん》というのは、当時《とうじ》中国《ちゅうごく》を支配《しはい》していたモンゴル民族《みんぞく》の国《くに》で、騎馬戦《きばせん》に強《つよ》かったんだ。だけど、日本《にほん》をせめるには、海《うみ》の上《うえ》の戦《たたか》いで勝《か》たなければいけない。だから、海上戦《かいじょうせん》に強《つよ》い朝《ちょう》鮮《せん》の水軍《すいぐん》が元《げん》の指示《しじ》で戦《たたか》ったんだ。

水軍《すいぐん》はどうしても日本《にほん》をせめたいという気持《きも》ちじゃなかったということでしょうか。

元《げん》にせめるよう言《い》われているだけだから、やる気《き》はあまりなかったのかもしれないね。早《はや》いうちに全員《ぜんいん》が上陸《じょうりく》して、陸地《りくち》に陣地《じんち》を構《かま》えていたら良《よ》かったんだけど、そういう作戦《さくせん》もなく、神風《かみかぜ》と言《い》われた台風《たいふう》の影響《えいきょう》もあって、引《ひ》き上《あ》げるんだ。

日本《にほん》はラッキーでしたね。

運《うん》も味方《みかた》したんだね。ちなみに、弘安《こうあん》の役《えき》に備《そな》えて造《つく》った**元寇防塁**《げんこうぼうるい》という石垣《いしがき》は、九州北部《きゅうしゅうほくぶ》に今《いま》も残《のこ》っているよ。

それだけ頑丈《がんじょう》でよくできていたんですね。

キーワード

一所懸命《いっしょけんめい》
御家人《ごけにん》が自分《じぶん》の土地《とち》を守《まも》り、増《ふ》やすために命《いのち》がけで争《あらそ》うこと。後《のち》に「命《いのち》がけで取《と》り組《く》むこと」すべてを指《さ》すようになった。

「蒙古襲来絵詞」《もうこしゅうらいえことば》
竹崎季長《たけざきすえなが》が自分《じぶん》の元寇《げんこう》での活躍《かつやく》をえがかせた絵巻物《えまきもの》。

学んだ日
／
／
／
／
／

23 足利尊氏《あしかがたかうじ》

1305～1358年《ねん》／出身地《しゅっしんち》：？

鎌倉幕府《かまくらばくふ》をほろぼし、室町幕府《むろまちばくふ》を開《ひら》いた武士《ぶし》

①もともとは鎌倉幕府《かまくらばくふ》の御家人《ごけにん》だった。

②最初《さいしょ》は幕府《ばくふ》をたおそうとする後醍醐天皇《ごだいごてんのう》と戦《たたか》う。

③途中《とちゅう》で天皇《てんのう》の側《がわ》につき、幕府《ばくふ》をたおす。天皇《てんのう》から「尊氏《たかうじ》」の名《な》をもらう。

④しかし、天皇《てんのう》の政治《せいじ》（建武《けんむ》の中興《ちゅうこう》）は武士《ぶし》に冷《つめ》たかった。

⑤天皇《てんのう》を京都《きょうと》から追《お》い出《だ》して新《あら》たな朝廷《ちょうてい》（北朝《ほくちょう》）を立《た》て、室町幕府《むろまちばくふ》もつくる。

⑥しかし天皇《てんのう》も吉野《よしの》（奈良県《ならけん》）に南朝《なんちょう》を立《た》て、2つの朝廷《ちょうてい》ができる。

鎌倉《かまくら》幕府《ばくふ》を開《ひら》いた源《みなもとの》頼朝《よりとも》も、室町幕府《むろまちばくふ》を開《ひら》いた**足利尊氏**《あしかがたかうじ》も、**征夷大将軍**《せいいたいしょうぐん》になっていますね。そもそも、征夷大将軍《せいいたいしょうぐん》ってなんでしょうか。

征夷大将軍《せいいたいしょうぐん》っていうのは、天皇《てんのう》が臣下《しんか》に与《あた》える役職《やくしょく》の一《ひと》つだよ。「征夷《せいい》」というのは、蝦夷《えみし》を討《う》つという意味《いみ》。

蝦夷《えみし》って何《なん》ですか。

かつて東北《とうほく》や北海道《ほっかいどう》には、朝廷《ちょうてい》に支配《しはい》されない蝦夷《えみし》と呼《よ》ばれる人《ひと》びとがいたんだ。彼《かれ》らを従《したが》わせるため、天皇《てんのう》は軍《ぐん》のトップに征夷大将軍《せいいたいしょうぐん》という役職《やくしょく》を与《あた》えて、送《おく》り出《だ》したんだ。

頼朝《よりとも》や尊氏《たかうじ》は、蝦夷《えみし》にせめ込《こ》んだわけではないですよね。

そうだね。頼朝《よりとも》は「大将軍《たいしょうぐん》」という新《あら》たな役職《やくしょく》を望《のぞ》んだそうだけど、朝廷《ちょうてい》は「征夷大将軍《せいいたいしょうぐん》」というこれまでにあったものを与《あた》えたんだ。

朝廷側《ちょうていがわ》も意地《いじ》があったのかしら。

そうかもね。頼朝《よりとも》のころから、武士《ぶし》の最高位《さいこうい》であり、実際《じっさい》のところ日本《にほん》のリーダーという意味《いみ》合《あ》いに変《か》わっていくんだ。

キーワード

建武《けんむ》の中興《ちゅうこう》
後醍醐天皇《ごだいごてんのう》が行《おこな》った政治改革《せいじかいかく》。天皇中心《てんのうちゅうしん》の政治《せいじ》を目《め》指《ざ》したが、武士《ぶし》の反発《はんぱつ》が大《おお》きかった。

室町幕府《むろまちばくふ》
足利尊氏《あしかがたかうじ》が京都《きょうと》で開《ひら》いた武士《ぶし》による政権《せいけん》。朝廷《ちょうてい》では北朝《ほくちょう》を支持《しじ》し、後醍醐天皇《ごだいごてんのう》の南朝《なんちょう》と対立《たいりつ》した。

学んだ日
／
／
／
／
／

北朝《ほくちょう》と南朝《なんちょう》を統一《とういつ》し、別荘《べっそう》として金閣《きんかく》を建《た》てた将軍《しょうぐん》

24 足利義満《あしかがよしみつ》

1358～1408年《ねん》／出身地《しゅっしんち》：京都府《きょうとふ》

①10才《さい》のときに将軍《しょうぐん》となる。

②京都《きょうと》に豪華《ごうか》な住《す》まい（花《はな》の御所《ごしょ》）を建《た》てて政治《せいじ》を行《おこな》う。

③分《わ》かれていた北朝《ほくちょう》と南朝《なんちょう》を統一《とういつ》させる。

④将軍《しょうぐん》を子《こ》どもにゆずって太政大臣《だじょうだいじん》となる。

⑤京都《きょうと》の北山《きたやま》に別荘《べっそう》の金閣《きんかく》を建《た》てる。

⑥中国《ちゅうごく》の明《みん》と貿易《ぼうえき》を行《おこな》い、大《おお》きな利益《りえき》を得《え》た。

義満《よしみつ》の時代《じだい》は、花《はな》の御所《ごしょ》や**金閣**《きんかく》など、豪華《ごうか》な建物《たてもの》を建《た》てていますね。

室町幕府《むろまちばくふ》はお金持《かねも》ちだったんでしょうか。

そうだね。**日明貿易**《にちみんぼうえき》で大《おお》きな富《とみ》を得《え》たと言《い》われているよ。経済《けいざい》活動《かつどう》が得意《とくい》だったんだろうね。

日明貿易《にちみんぼうえき》ではどんな物《もの》を売《う》り買《か》いしていたんですか。

日本《にほん》からは金《きん》や銀《ぎん》、銅《どう》などを輸《ゆ》出《しゅつ》して、明《みん》からは糸《いと》や織物《おりもの》などの加工品《かこうひん》を輸入《ゆにゅう》していたよ。

日本《にほん》はもともと、金《きん》や銀《ぎん》がたくさんとれたんだ。

そうなんですか！ 意外《いがい》です。

世界的《せかいてき》に見《み》て、最《もっと》も金《きん》や銀《ぎん》のとれる国《くに》の1つだったと言《い》ってもいい。例《たと》えば島根県《しまねけん》の**石見銀山**《いわみぎんざん》は世界遺産《せかいいさん》になっているね。マルコ・ポーロが『東方見聞《とうほうけんぶん》録《ろく》』で日本《にほん》のことを「黄金《おうごん》の国《くに》ジパング」と書《か》いているけれど、本当《ほんとう》にその通《とお》りだったんだ。ところが江戸時代《えどじだい》に貿易《ぼうえき》したときに、大量《たいりょう》に金銀《きんぎん》が海外《かいがい》に出《で》ていってしまったんだ。

もったいないことをしてしまいましたね…。

キーワード

金閣《きんかく》

足利義満《あしかがよしみつ》が京都《きょうと》の北山《きたやま》に造《つく》った別荘《べっそう》で、建物《たてもの》の内外《ないがい》に金箔《きんぱく》が貼《は》られている。

日明貿易《にちみんぼうえき》

足利義満《あしかがよしみつ》が中国《ちゅうごく》を支配《しはい》する明《みん》との間《あいだ》で行《おこな》った貿易《ぼうえき》。勘合《かんごう》というお札《ふだ》を用《もち》いたので、勘合貿易《かんごうぼうえき》とも言《い》う。

学んだ日

／

／

／

／

／

『風姿花伝《ふうしかでん》』を書《か》き、能《のう》を芸術《げいじゅつ》に高《たか》めた能楽師《のうがくし》

25 世阿弥《ぜあみ》

1363～1443年《ねん》／出身地《しゅっしんち》：？

①父《ちち》の観阿弥《かんあみ》とともに京都《きょうと》で能《のう》の舞台《ぶたい》に立《た》つ。

②３代将軍《だいしょうぐん》の足利義満《あしかがよしみつ》にとても気《き》に入《い》られる。

③父《ちち》の死後《しご》も研究《けんきゅう》し、能《のう》を完成《かんせい》させる。

④能《のう》の研究書《けんきゅうしょ》『風姿花伝《ふうしかでん》』を書《か》く。

⑤６代将軍《だいしょうぐん》の足利義教《あしかがよしのり》に嫌《きら》われて佐渡《さど》（新潟県《にいがたけん》）に流《なが》される。

⑥その後《ご》、貧《まず》しいまま亡《な》くなる。

室町時代《むろまちじだい》は**民衆文化**《みんしゅうぶんか》が発展《はってん》した時代《じだい》でもあるんだ。中央《ちゅうおう》の幕府《ばくふ》の力《ちから》が弱《よわ》まって、庶民《しょみん》が力《ちから》をたくわえ始《はじ》めたんだ。

村人《むらびと》が力《ちから》をあわせて農業《のうぎょう》を行《おこな》ったり、それまで一日《いちにち》2度《ど》だった食事《しょくじ》が3度《ど》になったりと、庶民《しょみん》の生活《せいかつ》が変《か》わっていくんだ。

食事《しょくじ》が2回《かい》だなんて、聞《き》いただけでお腹《なか》が減《へ》りそう…。

盆踊《ぼんおど》りが誕生《たんじょう》したのも室町時代《むろまちじだい》だ。それから戦国時代《せんごくじだい》の間《あいだ》に一《いっ》気《き》に広《ひろ》がっていったみたいだよ。

室町時代《むろまちじだい》の後半《こうはん》から戦国時代《せんごくじだい》にかけては戦《たたか》いが多《おお》かったと思《おも》うのですが、盆踊《ぼんおど》りなどもできていたんですね。

そうだね。それには日本独特《にほんどくとく》の戦《たたか》い方《かた》も関係《かんけい》しているよ。日本《にほん》は土地《とち》が狭《せま》いから、争《あらそ》いのたびに田畑《たはた》を荒《あ》れさせていたら、生産《せいさん》ができない。争《あらそ》いが起《お》こっても、その土地《とち》のトップだけが交代《こうたい》して、田畑《たはた》はこれまで通《どお》り農民《のうみん》に耕《たがや》してもらって利益《りえき》を得《え》る、というような戦《たたか》い方《かた》が多《おお》かったんだ。

農民《のうみん》は争《あらそ》いに参加《さんか》しなかったんですか。

刀《かたな》を持《も》ち出《だ》して争《あらそ》いに参加《さんか》する人《ひと》もいたんだけど、そうでない人《ひと》びともいて、彼《かれ》らは山《やま》の上《うえ》にひなんしたりしていたようだよ。

キーワード

能《のう》
踊《おど》りと音楽《おんがく》を中心《ちゅうしん》とした劇《げき》の1つ。声《こえ》と演奏《えんそう》に合《あ》わせて出演《しゅつえん》する人《ひと》が踊《おど》り、物語《ものがたり》が進《すす》む。江戸《えど》時代《じだい》までは猿楽《さるがく》と言《い》った。

『風姿花伝』《ふうしかでん》
世阿弥《ぜあみ》が書《か》いた能《のう》の研究書《けんきゅうしょ》。美術《びじゅつ》を論《ろん》じた本《ほん》としても評価《ひょうか》が高《たか》い。

学んだ日
／
／
／
／
／

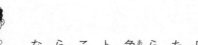

26 足利義政《あしかがよしまさ》

芸術《げいじゅつ》を愛《あい》し、銀閣《ぎんかく》を建《た》てた将軍《しょうぐん》

1436～1490年《ねん》／出身地《しゅっしんち》：京都府《きょうとふ》

①亡《な》くなった兄《あに》の後任《こうにん》として8才《さい》で将軍《しょうぐん》になる。

②周《まわ》りに口出《くちだ》しされて政治《せいじ》への興味《きょうみ》を失《うしな》う。

③京都《きょうと》で応仁《おうにん》の乱《らん》が起《お》きても知《し》らんぷり。

④東山《ひがしやま》に銀閣《ぎんかく》を建《た》て、芸術《げいじゅつ》に没頭《ぼっとう》する。

ほかにもいた！こんな人物《じんぶつ》

芸術《げいじゅつ》を愛《あい》した大名《だいみょう》たち

大内義隆《おおうちよしたか》（1507～1551年《ねん》）

文化人《ぶんかじん》を保護《ほご》し、「小京都《しょうきょうと》」山口《やまぐち》の文化《ぶんか》の最盛期《さいせいき》をもたらす。来日《らいにち》したザビエルの布教《ふきょう》を許可《きょか》するなど、西洋文化《せいようぶんか》の輸入《ゆにゅう》にも熱心《ねっしん》だった。後《のち》に家臣《かしん》におそわれ自害《じがい》する。

古田重然《ふるたしげなり》（1543～1615年《ねん》）

千利休《せんのりきゅう》の弟子《でし》で、茶《ちゃ》の湯《ゆ》を発展《はってん》させた戦国大名《せんごくだいみょう》。「織部《おりべ》」の別名《べつめい》がある。

銀閣《ぎんかく》って、金閣《きんかく》に比《くら》べて地味《じみ》ですね…。金閣《きんかく》みたいにキラキラさせなかったのはどうしてですか。

そこが良《よ》いという声《こえ》もあるけどね。銀閣《ぎんかく》がキラキラしていない理由《りゆう》には、いくつか説《せつ》があるよ。
銀閣《ぎんかく》というのは後《あと》で付《つ》けられた愛称《あいしょう》で、本当《ほんとう》の名前《なまえ》は**慈照寺《じしょうじ》**というんだけど、もとから銀箔《ぎんぱく》を貼《は》ることなど考《かんが》えていなかったという説《せつ》。
それから、財政難《ざいせいなん》で銀箔《ぎんぱく》を貼《は》ることができなかったという説《せつ》もあるんだ。

義満《よしみつ》の時代《じだい》はお金《かね》があったのに、この時代《じだい》にはお金《かね》がなくなっていたんですね。

そうだね。銀閣《ぎんかく》が建《た》てられたのは**応仁《おうにん》の乱《らん》**の後《あと》だから、幕府《ばくふ》のパワーも落《お》ちていたんだ。

義満《よしみつ》は貿易《ぼうえき》でもうけていたと聞《き》きましたが、このころはどうだったんでしょうか。

応仁《おうにん》の乱《らん》で国《くに》が乱《みだ》れて、幕府《ばくふ》が貿易《ぼうえき》を行《おこな》うのが難《むずか》しくなると、倭寇《わこう》と呼《よ》ばれる海賊《かいぞく》の動《うご》きが活《かっ》発《ぱつ》になってしまったんだ。

幕府《ばくふ》にとっては厳《きび》しい時代《じだい》だったんですね。

キーワード

銀閣《ぎんかく》
足利義政《あしかがよしまさ》が京都《きょうと》の東山《ひがしやま》に別荘《べっそう》として建《た》てた建物《たてもの》。完《かん》成《せい》する直前《ちょくぜん》に義政《よしまさ》は亡《な》くなる。

室町文化《むろまちぶんか》
室町時代《むろまちじだい》の文化《ぶんか》で、足利義満《あしかがよしみつ》の時代《じだい》と義政《よしまさ》の時代《じだい》に栄《さか》えた。建築《けんちく》、絵画《かいが》など、現在《げんざい》の日本《にほん》の文化《ぶんか》のもととなっている。

学んだ日
／
／
／
／
／

応仁《おうにん》の乱《らん》の原因《げんいん》を引《ひ》き起《お》こした
足利義政《あしかがよしまさ》の妻《つま》

27 日野富子《ひのとみこ》

1440～1496年《ねん》／出身地《しゅっしんち》：京都府《きょうとふ》

①足利義政《あしかがよしまさ》の妻《つま》となる。

②政治《せいじ》に興味《きょうみ》のない義政《よしまさ》は弟《おとうと》・義視《よしみ》をあとつぎに指名《しめい》する。

③富子《とみこ》は男《おとこ》の子《こ》・義尚《よしひさ》を産《う》み、あとつぎにしようとする。

④両者《りょうしゃ》や守護大名《しゅごだいみょう》たちが対立《たいりつ》して、応仁《おうにん》の乱《らん》が起《お》こる。

⑤途中《とちゅう》で義尚《よしひさ》が将軍《しょうぐん》となり、富子《とみこ》は大喜《おおよろこ》び。

⑥お金《かね》もうけにも精《せい》を出《だ》し、たくさんの富《とみ》を手《て》にする。

応仁《おうにん》の乱《らん》で京都《きょうと》はめちゃくちゃになってしまったんですか。

そうだね。幕府《ばくふ》の「花《はな》の御所《ごしょ》」も壊《こわ》れてしまった。「京都《きょうと》の人《ひと》が『先《さき》の大戦《たいせん》』というと、応仁《おうにん》の乱《らん》のことを指《さ》す」という話《はなし》もあって、これはあながち、うそじゃない。
それくらい応仁《おうにん》の乱《らん》が京都《きょうと》の人《ひと》びとにもたらした心《こころ》の傷《きず》は大《おお》きかったんだ。
ちなみに京都《きょうと》には西陣《にしじん》という場《ば》所《しょ》があるけれど、応仁《おうにん》の乱《らん》で富《とみ》子《こ》に味方《みかた》した西軍《せいぐん》の陣地《じんち》があったところだよ。

東軍《とうぐん》の陣地《じんち》はどのあたりだったんでしょう。

現在《げんざい》の上京区《かみぎょうく》にある同志社大学《どうししゃだいがく》のあたりだよ。西軍《せいぐん》と東軍《とうぐん》はとても近《ちか》くでにらみ合《あ》っていたんだ。
そんな場所《ばしょ》で11年間《ねんかん》も争《あらそ》いを続《つづ》けたから、京都《きょうと》が焼《や》け野原《のはら》になってしまった。

幕府《ばくふ》は止《と》めることもできなかったんですね。

それだけの力《ちから》がなかったということだね。こうした無政府状態《むせいふじょうたい》から、自分《じぶん》たちで領地《りょうち》をうまく治《おさ》める者《もの》たちが出《で》てきて、**戦国《せんごく》武将《ぶしょう》**が活躍《かつやく》するんだ。

戦国時代《せんごくじだい》の始《はじ》まりですね！

キーワード

応仁《おうにん》の乱《らん》
足利義政《あしかがよしまさ》の弟《おとうと》・義視《よしみ》と日野富子《ひのとみこ》の対立《たいりつ》などが原因《げんいん》で起《お》きた内乱《ないらん》。約《やく》11年間続《ねんかんつづ》き、京都《きょうと》は荒《あ》れはてた。

守護大名《しゅごだいみょう》
室町時代《むろまちじだい》の守護《しゅご》は土地《とち》を支配《しはい》して強《つよ》い力《ちから》を持《も》つようになり、守護大名《しゅごだいみょう》と呼《よ》ばれるようになった。

学んだ日
／
／
／
／
／

日本《にほん》独自《どくじ》の水墨画《すいぼくが》の画風《がふう》をつくりだした画家《がか》

28 雪舟《せっしゅう》

1420～1506年《ねん》／出身地《しゅっしんち》：岡山県《おかやまけん》

①子《こ》どものころに寺《てら》に預《あず》けられる。

②当時《とうじ》から絵《え》がとても上手《じょうず》だった。

③京都《きょうと》の寺《てら》に移《うつ》り、水墨画《すいぼくが》を学《まな》ぶ。

④日本《にほん》ではもちろん、留学《りゅうがく》した中国《ちゅうごく》でも高《たか》く評価《ひょうか》される。

⑤帰国後《きこくご》は、日本《にほん》じゅうを歩《ある》いて絵《え》をえがいた。

⑥ 80才《さい》を過《す》ぎても絵《え》をえがき続《つづ》けた。

雪舟《せっしゅう》はどうやって中国《ちゅうごく》に留学《りゅうがく》したんでしょうか。

現在《げんざい》の山口県《やまぐちけん》のあたりを治《おさ》めていた大内氏《おおうちし》という人物《じんぶつ》の保護《ほご》を受《う》けて、明《みん》にわたったようだよ。

幕府《ばくふ》ではなく、大内氏《おおうちし》に助《たす》けてもらったんですね。

当時《とうじ》は室町幕府《むろまちばくふ》の力《ちから》が弱《よわ》まっていたからね。雪舟《せっしゅう》は帰国後《きこくご》も、**応仁《おうにん》の乱《らん》**で荒《あ》れはてた京都《きょうと》をさけて、大内氏《おおうちし》のサポートのもとで**水墨画《すいぼくが》**の創作《そうさく》にはげんだ。ほかにも大内氏《おおうちし》のところには多《おお》くの文化人《ぶんかじん》が集《あつ》まったよ。

ちなみに24代目《だいめ》の大内弘世《おおうちひろよ》は京《きょう》都《と》に似《に》た町《まち》づくりを進《すす》めたから、山口市《やまぐちし》は「小京都《しょうきょうと》」と呼《よ》ばれるようになったんだ。

どうして大内氏《おおうちし》は雪舟《せっしゅう》を助《たす》けたんでしょう。

大内氏《おおうちし》は文化《ぶんか》に理解《りかい》がある人物《じんぶつ》で雪舟《せっしゅう》を評価《ひょうか》していたんだ。だけど、それだけじゃないよ。雪舟《せっしゅう》をサポートする代《か》わりに、彼《かれ》が行《い》く先《さき》ざきで見聞《みき》きする情《じょう》報《ほう》を手《て》に入《い》れていたんだ。持《も》ちつ持《も》たれつの関係《かんけい》だったのかもしれないね。雪舟《せっしゅう》が大内氏《おおうちし》のスパイだったという説《せつ》もあるくらいだよ。

スパイの画家《がか》なんて、かっこいい！

キーワード

水墨画《すいぼくが》

墨一色《すみいっしょく》でえがく絵画《かいが》。線《せん》だけでなく、墨《すみ》のぼかしで濃淡《のうたん》・明暗《めいあん》をつける。中国《ちゅうごく》で始《はじ》まり、日本《にほん》では雪舟《せっしゅう》が発展《はってん》させた。

この時代《じだい》の世界《せかい》の人物《じんぶつ》

レオナルド・ダ・ヴィンチ（1452～1519年《ねん》）

イタリアの画家《がか》で「モナリザ」が有名《ゆうめい》。絵以外《えいがい》にも、建《けん》築《ちく》や科学《かがく》などいろいろな分野《ぶんや》に才能《さいのう》を発揮《はっき》した。

学んだ日
／
／
／
／
／

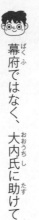

時代《じだい》がまるわかり! 年表《ねんぴょう》

鎌倉時代《かまくらじだい》

1185年《ねん》
源 頼朝《みなもとのよりとも》が鎌倉《かまくら》に幕府《ばくふ》を開《ひら》く

1219年《ねん》
第《だい》3代将軍《だいしょうぐん》の源実朝《みなもとのさねとも》が暗殺《あんさつ》され、北条政子《ほうじょうまさこ》が政治《せいじ》を代行《だいこう》する

1221年《ねん》
後鳥羽上皇《ごとばじょうこう》が承久《じょうきゅう》の乱《らん》を起《お》こすが、幕府軍《ばくふぐん》に敗《やぶ》れる

1333年《ねん》
鎌倉幕府《かまくらばくふ》がほろびる
後醍醐天皇《ごだいごてんのう》が建武《けんむ》の中興《ちゅうこう》を始《はじ》める

1200　1300

1189年《ねん》
源 義経《みなもとのよしつね》が自害《じがい》する !

1268年《ねん》
北条時宗《ほうじょうときむね》が執権《しっけん》となり、元《げん》からの要求《ようきゅう》を無視《むし》する

1274年《ねん》
元《げん》が日本《にほん》をおそう(文永《ぶんえい》の役《えき》)が、退却《たいきゃく》する

1281年《ねん》
再《ふたた》び元《げん》が日本《にほん》をおそう(弘安《こうあん》の役《えき》)が、退却《たいきゃく》する

トピックス !

源 義経《みなもとのよしつね》はモンゴルにわたった?

源 義経《みなもとのよしつね》は死《し》んだ後《あと》もすごく人気《にんき》があって、多《おお》くの人《ひと》びとが生《い》きていてほしいと願《ねが》ったから「本当《ほんとう》は死《し》なずに生《い》きのびた」という伝説《でんせつ》が広《ひろ》まった。北海道《ほっかいどう》に逃《に》げたとか、モンゴルにわたって皇帝《こうてい》チンギス・ハンになったなんて話《はなし》もある。人気《にんき》の高《たか》さがわかるね。

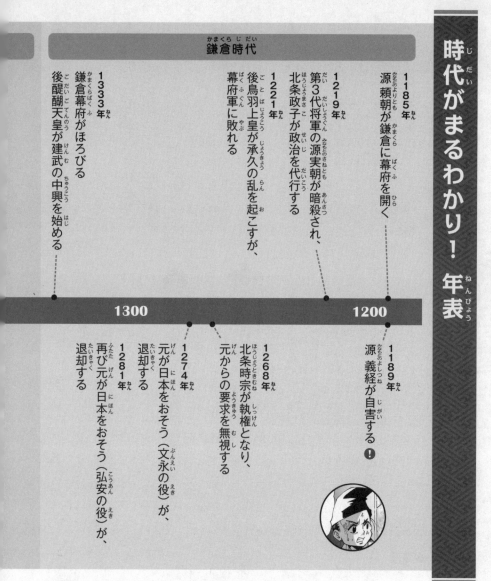

室町時代《むろまちじだい》

1336年《ねん》 足利尊氏《あしかがたかうじ》が北朝《ほくちょう》をつくり、後醍醐《ごだいご》天皇《てんのう》は吉野《よしの》へ逃がれて南朝《なんちょう》をつくる

1338年《ねん》 足利尊氏《あしかがたかうじ》が征夷大将軍《せいいたいしょうぐん》となり、京都《きょうと》に室町幕府《むろまちばくふ》を開《ひら》く

1392年《ねん》 足利義満《あしかがよしみつ》が北朝《ほくちょう》と南朝《なんちょう》を統一《とういつ》させる

1397年《ねん》 足利義満《あしかがよしみつ》が金閣《きんかく》を建《た》てる

1400

1467年《ねん》 応仁《おうにん》の乱《らん》が起《お》きる ！

1490年《ねん》 足利義政《あしかがよしまさ》が建《た》てた銀閣《ぎんかく》が完成《かんせい》する

1500

鎌倉・室町

学んだ日
／
／
／
／
／

トピックス ！ 応仁《おうにん》の乱《らん》はフクザツ！

足利義政《あしかがよしまさ》の弟《おとうと》の義視《よしみ》は当初《とうしょ》、東軍《とうぐん》にいた。対立《たいりつ》する日野富子《ひのとみこ》は当然《とうぜん》、西軍《せいぐん》だ。でも、途中《とちゅう》で義視《よしみ》は東軍《とうぐん》から逃《に》げて西軍《せいぐん》に加《くわ》わる。対立《たいりつ》する富子《とみこ》と同《おな》じ軍《ぐん》に入《はい》ったんだ。このように応仁《おうにん》の乱《らん》は多《おお》くの人《ひと》びとが入《い》り乱《みだ》れていて、複雑《ふくざつ》。今《いま》でもよくわからないことが多《おお》いんだ。

コラム　鎌倉時代《かまくらじだい》の新《あたら》しい仏教《ぶっきょう》

鎌倉時代《かまくらじだい》になると、それまで皇族《こうぞく》や貴族《きぞく》のための宗教《しゅうきょう》であった仏教《ぶっきょう》にも変化《へんか》の波《なみ》が起《お》こり、武士《ぶし》や一般《いっぱん》の庶民《しょみん》を救《すく》うための仏《ぶっ》教《きょう》がつぎつぎに生《う》まれました。主《おも》な６つは次《つぎ》の通《とお》りです。

宗派《しゅうは》	開祖《かいそ》	内容《ないよう》・特徴《とくちょう》
浄土宗《じょうどしゅう》	法然《ほうねん》	「南無阿弥陀仏《なむあみだぶつ》」と唱《とな》えることで救《すく》われるとしています。
浄土真宗《じょうどしんしゅう》	親鸞《しんらん》	「悪人《あくにん》こそが救《すく》われる対象《たいしょう》だ」とする悪人正機説《あくにんしょうきせつ》を唱《とな》えました。ほかの人《ひと》びとからは一向宗《いっこうしゅう》とも呼《よ》ばれました。
時宗《じしゅう》	一遍《いっぺん》	太鼓《たいこ》やかねを鳴《な》らして踊《おど》りながら念仏《ねんぶつ》を唱《とな》える「踊《おど》り念仏《ねんぶつ》」が有名《ゆうめい》。
法華《ほっけ》（日蓮《にちれん》）宗《しゅう》	日蓮《にちれん》	「南無妙法蓮華経《なむみょうほうれんげきょう》」と唱《とな》えることで救《すく》われるとしています。
臨済宗《りんざいしゅう》	栄西《えいさい》	悟《さと》りには坐禅《ざぜん》と、師匠《ししょう》との対話《たいわ》が必要《ひつよう》だとしています。
曹洞宗《そうとうしゅう》	道元《どうげん》	坐禅《ざぜん》と厳《きび》しい修行《しゅぎょう》で、悟《さと》りに達《たっ》するとしています。

4章《しょう》

戦国時代《せんごくじだい》

1467年《ねん》ごろ～1573年《ねん》ごろ

安土《あづち》・桃山時代《ももやまじだい》

1573年《ねん》～1603年《ねん》

戦国時代《せんごくじだい》　安土《あづち》・桃山時代《ももやまじだい》

ここはどんな時代《じだい》??

有名《ゆうめい》な戦国大名《せんごくだいみょう》たちが、天下統一《てんかとういつ》を目指《めざ》して争《あらそ》った時代《じだい》だよ！

1 室町幕府《むろまちばくふ》はまだあった！

戦国時代《せんごくじだい》と言《い》うけれど、16世紀後半《せいきこうはん》まで室町幕府《むろまちばくふ》はあって、将軍《しょうぐん》もいた。だから戦国時代《せんごくしだい》も室町時代《むろまちじだい》の一部《いちぶ》とも言《い》える。でも応仁《おうにん》の乱《らん》の後《あと》、幕府《ばくふ》の力《ちから》はまったくなく、戦国《せんごく》大名《だいみょう》たちが全国《ぜんこく》で争《あらそ》っていたんだ。

ここを読《よ》もう

毛利元就《もうりもとなり》（→P94）、武田信玄《たけだしんげん》（→P98）、織田信長《おだのぶなが》（→P104）

2 豊臣秀吉《とよとみひでよし》が天下《てんか》を統一《とういつ》！

戦国大名《せんごくだいみょう》たちの中《なか》で、20年《ねん》くらいの短《みじか》い間《あいだ》に領地《りょうち》を広《ひろ》げたのが、織田信長《おだのぶなが》だ。信長《のぶなが》は日本《にほん》の統一《とういつ》を目指《めざ》すけれど、途中《とちゅう》で亡《な》くなる。信長《のぶなが》に代《か》わって天下《てんか》を統一《とういつ》したのが、信長《のぶなが》の家来《けらい》だった豊臣秀吉《とよとみひでよし》なんだ。

ここを読《よ》もう
織田信長《おだのぶなが》（→P104）、明智光秀《あけちみつひで》（→P108）、豊臣秀吉《とよとみひでよし》（→P112）

3 西洋《せいよう》の文化《ぶんか》が伝《つた》わった！

戦国時代《せんごくじだい》はスペインやポルトガルなど西洋《せいよう》の国《くに》ぐにの船《ふね》が日本《にほん》へやってきた。鉄砲《てっぽう》がポルトガルから伝《つた》わり、キリスト教《きょう》を広《ひろ》めるために宣教師《せんきょうし》たちが日本《にほん》を訪《おとず》れた。貿易《ぼうえき》も活発《かっぱつ》に行《おこな》われたよ。

ここを読《よ》もう
ザビエル（→P96）、フロイス（→P116）、伊達政宗《だてまさむね》（→P118）

学んだ日
／
／
／
／
／

29 毛利元就《もうりもとなり》

1497～1571年《ねん》／出身地《しゅっしんち》：広島県《ひろしまけん》

中国地方《ちゅうごくちほう》の多《おお》くを支配《しはい》し、「3本《ぼん》の矢《や》」で有名《ゆうめい》な戦国大名《せんごくだいみょう》

①安芸国《あきのくに》（広島県《ひろしまけん》）の豪族《ごうぞく》の子《こ》どもとして生《う》まれる。

② 10才《さい》で城《しろ》から追《お》い出《だ》されて養母《ようぼ》のもとで育《そだ》つ。

③ 27才《さい》で毛利家《もうりけ》のあとつぎとなる。

④子《こ》どもを近《ちか》くの国《くに》に養子《ようし》に出《だ》して勢力《せいりょく》を広《ひろ》げる。

⑤厳島《いつくしま》の戦《たたか》いに勝《か》ち、中国地方《ちゅうごくちほう》の多《おお》くを治《おさ》める。

⑥亡《な》くなる直前《ちょくぜん》、3人《にん》の子《こ》どもに毛利家《もうりけ》の将来《しょうらい》を任《まか》せる。

毛利元就《もうりもとなり》は、中国地方《ちゅうごくちほう》の武将《ぶしょう》ですね。

そうだね。現在《げんざい》の広島県《ひろしまけん》や山口《やまぐち》県《けん》、そして北九州《きたきゅうしゅう》のあたりを支《し》配《はい》したよ。頭《あたま》を使《つか》った戦《たたか》いで領土《りょうど》を広《ひろ》げることに成功《せいこう》したんだ。とくに有名《ゆうめい》なのは、瀬戸内海《せとないかい》で大《おお》きな力《ちから》を持《も》っていた**村上水軍《むらかみすいぐん》**を味方《みかた》につけて逆転勝利《ぎゃくてんしょうり》した、**厳島《いつくしま》の戦《たたか》い**だね。

水軍《すいぐん》…海賊《かいぞく》か何《なに》かですか。

武力《ぶりょく》を持《も》った海賊《かいぞく》でもあり、船《ふね》で物《もの》も運《はこ》ぶ、海《うみ》のプロなんだ。元就《もとなり》は策《さく》を練《ね》り、彼《かれ》らを味方《みかた》につけることで、中国地方《ちゅうごくちほう》を支配《しはい》することができたんだ。

海《うみ》のプロなんて、かっこいい！

こうした水軍《すいぐん》の技術《ぎじゅつ》は、現代《げんだい》にも受《う》けつがれているかもしれないよ。厳島《いつくしま》の戦《たたか》いの何百年《なんびゃくねん》も後《あと》、**咸臨丸《かんりんまる》**が太平洋《たいへいよう》をわたったときに、塩飽水軍《しわくすいぐん》の末《まつ》えいたちが水夫《すいふ》を務《つと》めたんだ。村上水軍《むらかみすいぐん》も塩飽水軍《しわくすいぐん》も、瀬戸内《せとない》海《かい》が拠点《きょてん》だった。中国地方《ちゅうごくちほう》で造船業《ぞうせんぎょう》が盛《さか》んなのも、こうした影響《えいきょう》なのかもしれないね。

歴史《れきし》を身近《みぢか》に感《かん》じますね。

キーワード

戦国大名《せんごくだいみょう》

戦国時代《せんごくじだい》に国《くに》や領地《りょうち》を支配《しはい》した大名《だいみょう》。地方《ちほう》の豪族《ごうぞく》や守護大名《しゅごだいみょう》の家来《けらい》が、実力《じつりょく》でなった例《れい》も多《おお》い。

3本《ぼん》の矢《や》

毛利元就《もうりもとなり》が3人《にん》の子《こ》に、協力《きょうりょく》して毛利家《もうりけ》を守《まも》る大切《たいせつ》さを説明《せつめい》する際《さい》に用《もち》いた例《たと》え話《ばなし》。

学んだ日

／

／

／

／

／

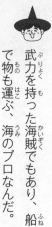

日本《にほん》に初《はじ》めてキリスト教《きょう》を伝《つた》えた宣教師《せんきょうし》

30 ザビエル

1506～1552年《ねん》／出身地《しゅっしんち》：スペイン

①スペインで生《う》まれ、1549年《ねん》に鹿児島《かごしま》に上陸《じょうりく》する。

②長崎《ながさき》や山口《やまぐち》でキリスト教《きょう》を伝《つた》える。

③天皇《てんのう》に会《あ》いに行《い》くため、京都《きょうと》を目指《めざ》す。

④しかし天皇《てんのう》に会《あ》えず、京都《きょうと》での布教《ふきょう》も失敗《しっぱい》する。

⑤来日《らいにち》の２年後《ねんご》、中国《ちゅうごく》に向《む》かう。

⑥ 1552年《ねん》、中国《ちゅうごく》で病《やまい》にたおれ、亡《な》くなる。

ザビエルが日本《にほん》にやってきたのは1549年《ねん》だけど、その少《すこ》し前《まえ》、1543年《ねん》に日本《にほん》に伝《つた》わったものが何《なに》かわかるかな。ヒントは戦《いくさ》で使《つか》うものだよ。

刀《かたな》は日本《にほん》にもあったはずだし…もしかして**鉄砲《てっぽう》**？

その通《とお》り。九州《きゅうしゅう》の南《みなみ》にある種子島《たねがしま》にポルトガルの船《ふね》がたどり着《つ》くんだ。このとき鉄砲《てっぽう》が伝《つた》わって、大坂《おおさか》や滋賀《しが》などでどんどん作《つく》られるようになっていくんだ。
鉄砲《てっぽう》を戦《いくさ》に取《と》り入《い》れた武将《ぶしょう》で有名《ゆうめい》なのは、**織田信長《おだのぶなが》**だね。**長篠《ながしの》の戦《たたか》い**で、当時《とうじ》は最強《さいきょう》と呼《よ》ばれた武田家《たけだけ》の騎馬隊《きばたい》を打《う》ち破《やぶ》ったんだ。木《き》のさくの前《まえ》にたくさんの鉄砲《てっぽう》隊《たい》を並《なら》べた戦《いくさ》の様子《ようす》が絵《え》にえがかれて残《のこ》っているよ。

日本《にほん》に伝《つた》わって数十年《すうじゅうねん》で、戦《いくさ》で使《つか》えるほどたくさんの鉄砲《てっぽう》を作《つく》ることができたんですか。

そうだね。鉄砲《てっぽう》が伝《つた》わったのは外国《がいこく》からだけど、たくさん作《つく》る技術《ぎじゅつ》は日本《にほん》で独自《どくじ》に進化《しんか》したんだ。
優《すぐ》れた職人《しょくにん》がたくさんいて、質《しつ》の高《たか》い鉄《てつ》を加工《かこう》することができたんだね。
このころ、鉄砲《てっぽう》を使用《しよう》した大《おお》がかりな戦《たたか》いは外国《がいこく》では行《おこな》われていなかったとも言《い》われている。

日本《にほん》の技術《ぎじゅつ》がそれを可能《かのう》にしたんですね。

キーワード

宣教師《せんきょうし》
キリスト教《きょう》の教《おし》えを広《ひろ》めるために遠《とお》く離《はな》れた場所《ばしょ》へ行《い》き、教《おし》えを広《ひろ》める人《ひと》びと。

イエズス会《かい》
ザビエルたちがつくったキリスト教《きょう》の修《しゅう》道会《どうかい》の1つで、世界各地《せかいかくち》へ宣教師《せんきょうし》を派遣《はけん》して布教《ふきょう》を行《おこな》った。

学んだ日
／
／
／
／
／

甲斐国《かいのくに》（山梨県《やまなしけん》）を治《おさ》め、「甲州《こうしゅう》法度次第《はっとのしだい》」を作《つく》った戦国大名《せんごくだいみょう》

31 武田信玄《たけだしんげん》

1521～1573年《ねん》／出身地《しゅっしんち》：山梨県《やまなしけん》

①父《ちち》を追《お》い出《だ》し、武田家《たけだけ》のあとつぎとなる。

②「甲州法度次第《こうしゅうはっとのしだい》」という法《ほう》を定《さだ》め、国《くに》の基本《きほん》を固《かた》める。

③川中島《かわなかじま》の戦《たたか》いで上杉謙信《うえすぎけんしん》と５回戦《かいたたか》う。

④戦《たたか》いがうまく、今川家《いまがわけ》や徳川家康《とくがわいえやす》をつぎつぎに破《やぶ》る。

⑤織田信長《おだのぶなが》と戦《たたか》う準備《じゅんび》を整《ととの》えるが…

⑥戦《たたか》う前《まえ》に病気《びょうき》で亡《な》くなる。

武田信玄《たけだしんげん》が作《つく》ったもので、今《いま》も残《のこ》っているものがあるよ。

武田信玄《たけだしんげん》といえば…信玄餅《しんげんもち》？

信玄餅《しんげんもち》は山梨県《やまなしけん》の有名《ゆうめい》なお菓子《かし》だけどね。正解《せいかい》は**信玄堤《しんげんづつみ》**という堤防《ていぼう》。農民《のうみん》たちが安心《あんしん》して農業《のうぎょう》をできるように、災害《さいがい》を防《ふせ》ぎ、水《みず》を上手《じょうず》に利用《りよう》する方法《ほうほう》を考《かんが》えたんだ。

戦《たたか》いに強《つよ》いだけじゃなく、人《ひと》びとのためになる政治《せいじ》をしたリーダーなんですね！

人気《にんき》もすごく高《たか》かったよ。織田《おだ》信長《のぶなが》が出《で》てくるまでは、武田家《たけだけ》が最《もっと》も天下統一《てんかとういつ》に近《ちか》いと思《おも》われていたんだ。

どうして天下《てんか》を取《と》れなかったんでしょうか。

信玄《しんげん》の病死《びょうし》も大《おお》きいけど、弱点《じゃくてん》といえば戦《たたか》い方《かた》、武器《ぶき》の問題《もんだい》かもしれないね。**長篠《ながしの》の戦《たたか》い**で信玄《しんげん》の息子《むすこ》・勝頼《かつより》が信長《のぶなが》に敗《やぶ》れたのは、鉄砲《てっぽう》を使《つか》った信長《のぶなが》に対抗《たいこう》できなかったからだ。武田軍《たけだぐん》は信玄《しんげん》のころと同《おな》じ騎馬隊《きばたい》で立《た》ち向《む》かったからね。新《あたら》しいものを取《と》り入《い》れて、新《あたら》しい戦《たたか》い方《かた》を生《う》み出《だ》していくという点《てん》では、信長《のぶなが》が勝《まさ》っていたんだね。

キーワード

「甲州法度次第《こうしゅうはっとのしだい》」

武田信玄《たけだしんげん》が作《つく》った法《ほう》。有名《ゆうめい》な「けんか両成敗《りょうせいばい》」のほか、領地《りょうち》の平和《へいわ》のための決《き》まりを定《さだ》めた。

学んだ日

／

／

／

／

／

川中島《かわなかじま》の戦《たたか》いで、武田信玄《たけだしんげん》と5回《かい》も戦《たたか》った戦国大名《せんごくだいみょう》

32 上杉謙信《うえすぎけんしん》

1530～1578年《ねん》／出身地《しゅっしんち》：新潟県《にいがたけん》

①長尾家《ながおけ》に生《う》まれ、兄《あに》に代《か》わって家《いえ》をつぐ。

②上杉家《うえすぎけ》の養子《ようし》となり、越後国《えちごのくに》（新潟県《にいがたけん》）を統一《とういつ》する。

③川中島《かわなかじま》の戦《たたか》いで武田信玄《たけだしんげん》と5回戦《かいたたか》う。

④信玄《しんげん》に塩《しお》を送《おく》ることもあったという。「敵《てき》に塩《しお》を送《おく》る」の語源《ごげん》になった。

⑤当時《とうじ》としてはめずらしく、一生独身《いっしょうどくしん》で過《す》ごした。

⑥1578年《ねん》、兵《へい》を挙《あ》げる前《まえ》に亡《な》くなる。

上杉謙信《うえすぎけんしん》はとても真面目《まじめ》な武《ぶ》将《しょう》だったと言《い》われているよ。
すごく熱心《ねっしん》な仏教徒《ぶっきょうと》で、一生独《いっしょうどく》身《しん》を貫《つらぬ》いたんだ。
自《みずか》らを軍神《ぐんしん》・毘沙門天《びしゃもんてん》の生《う》まれ変《か》わりだと言《い》って、戦《たたか》いのときに士気《しき》を高《たか》めたそうだ。
なぞの多《おお》い人生《じんせい》を送《おく》ったことから「実《じつ》は女性《じょせい》だったのでは？」という説《せつ》もあるんだよ。

武田信玄《たけだしんげん》と争《あらそ》った**川中島《かわなかじま》の戦《たたか》い**では、決着《けっちゃく》がつかなかったんですよね。

引《ひ》き分《わ》けということになっているけれど、実際《じっさい》に領地《りょうち》を手《て》に入《い》れたのは武田家《たけだけ》のほうだったから、信玄《しんげん》の判定勝《はんていが》ちという感《かん》じかな。

武田家《たけだけ》と上杉家《うえすぎけ》はその後《ご》、どうなったんですか。

武田家《たけだけ》は息子《むすこ》の勝頼《かつより》の代《だい》で、織《お》田信長《だのぶなが》にほろぼされてしまうんだ。
一方《いっぽう》、上杉家《うえすぎけ》は謙信《けんしん》の死後《しご》、一《いち》時的《じてき》に力《ちから》は落《お》ちたものの、謙信《けんしん》の養子《ようし》・景勝《かげかつ》があとつぎとなってがんばった。
上杉家《うえすぎけ》はその後《ご》、江戸時代《えどじだい》まで続《つづ》いていくよ。

歴史《れきし》って奥《おく》が深《ふか》いなぁ！

キーワード

川中島《かわなかじま》の戦《たたか》い

信濃国《しなののくに》（長野県《ながのけん》）の支配《しはい》をめぐり、武田信玄《たけだしんげん》と上杉謙信《うえすぎけんしん》との間《あいだ》で行《おこな》われた戦《たたか》い。12年間《ねんかん》で5回《かい》の戦《たたか》いがあった。

この時代《じだい》の世界《せかい》の人物《じんぶつ》

マルティン・ルター（1483～1546年《ねん》）

ドイツの宗教家《しゅうきょうか》。キリスト教《きょう》のカトリックを批判《ひはん》して、宗教改革《しゅうきょうかいかく》をリードした。

学んだ日
／
／
／
／
／

33 今川義元《いまがわよしもと》

1519～1560年《ねん》／出身地《しゅっしんち》：静岡県《しずおかけん》

桶狭間《おけはざま》の戦《たたか》いで織田信長《おだのぶなが》に敗《やぶ》れた戦国大名《せんごくだいみょう》

①駿河国《するがのくに》（静岡県《しずおかけん》）を治《おさ》める今川家《いまがわけ》の五男《ごなん》として生《う》まれる。

②兄《あに》たちが急《きゅう》に亡《な》くなり、家《いえ》をつぐことになる。

③三河国《みかわのくに》（愛知県《あいちけん》）のあとつぎである徳川《とくがわ》家康《いえやす》を人質《ひとじち》にむかえる。

④駿河《するが》、遠江《とおとうみ》（静岡県《しずおかけん》）、三河《みかわ》の３国《ごく》を治《おさ》める大名《だいみょう》になる。

⑤天下統一《てんかとういつ》を目指《めざ》して尾張国《おわりのくに》（愛知県《あいちけん》）に向《む》かう。

⑥しかし桶狭間《おけはざま》で織田信長《おだのぶなが》に敗《やぶ》れて戦死《せんし》する。

桶狭間《おけはざま》の戦《たたか》いは、どうして織田《おだ》信長《のぶなが》が勝《か》ったんですか。

兵士《へいし》の数《かず》は、信長《のぶなが》のほうが少《すく》なかった。資料《しりょう》によって数《かず》に差《さ》はあるが、信長軍《のぶながぐん》の兵士《へいし》は約《やく》2〜4千人《せんにん》。対《たい》する今川軍《いまがわぐん》は、2〜3万《まん》くらいだったらしいよ。

あれ？　それなら今川軍《いまがわぐん》が余裕《よゆう》で勝《か》てそうなのに…。なぜ負《ま》けたのかふしぎです。

まず、信長《のぶなが》は桶狭間《おけはざま》あたりの地形《ちけい》を事前《じぜん》にしっかり調査《ちょうさ》していて、義元《よしもと》に勝《か》つにはここで戦《たたか》うしかないと決《き》めていたらしい。

ちゃんと調《しら》べていたんですね。

さらに、信長《のぶなが》には運《うん》が向《む》いていた。実《じつ》はこの戦《たたか》いの日《ひ》、急《きゅう》にものすごく強《つよ》い雨《あめ》が降《ふ》り始《はじ》めたんだ。目《め》の前《まえ》は雨《あめ》のせいで、前《まえ》も後《うし》ろも見《み》えなくなっていた。そのとき、勝負《しょうぶ》どころと思《おも》った信《のぶ》長軍《ながぐん》が急《きゅう》にせめ込《こ》んで来《き》た。今《いま》川軍《がわぐん》はあわててしまい、信長軍《のぶながぐん》に完全《かんぜん》にやられてしまった。

天気《てんき》を味方《みかた》にするなんて、ラッキーも重《かさ》なったんですね。

戦国時代《せんごくじだい》を勝《か》ち抜《ぬ》いていくには、実力《じつりょく》も運《うん》も、必要《ひつよう》だったんだね。

キーワード

桶狭間《おけはざま》の戦《たたか》い

尾張国《おわりのくに》（愛知県《あいちけん》）にせめ込《こ》んだ今川義元《いまがわよしもと》と織田信長《おだのぶなが》の間《あいだ》で行《おこな》われた戦《たたか》い。信長《のぶなが》の不意《ふい》打《う》ちにあい、義元《よしもと》は亡《な》くなった。

この時代《じだい》の世界《せかい》の人物《じんぶつ》

エリザベス1世《せい》（1533〜1603年《ねん》）

イギリスの女王《じょおう》で、絶対王政《ぜったいおうせい》の政治体制《せいじたいせい》をつくった。またスペインの無敵艦隊《むてきかんたい》を破《やぶ》り、海外《かいがい》へ進出《しんしゅつ》した。

学んだ日

／

／

／

／

／

34 織田信長《おだのぶなが》

1534～1582年《ねん》／出身地《しゅっしんち》：愛知県《あいちけん》

天下統一《てんかとういつ》の直前《ちょくぜん》に本能寺《ほんのうじ》の変《へん》で亡《な》くなった戦国大名《せんごくだいみょう》

①小《ちい》さいころはあまり期待《きたい》されていなかった。

②しかし桶狭間《おけはざま》で今川義元《いまがわよしもと》を破《やぶ》り、多《おお》くの人《ひと》びとから注目《ちゅうもく》される。

③将軍《しょうぐん》を京都《きょうと》から追放《ついほう》して、室町幕府《むろまちばくふ》をほろぼす。

④長篠《ながしの》の戦《たたか》いで鉄砲《てっぽう》を使《つか》い、武田軍《たけだぐん》を破《やぶ》る。

⑤大《おお》きな安土城《あづちじょう》を造《つく》り、天下統一《てんかとういつ》ももうすぐだったが…

⑥本能寺《ほんのうじ》の変《へん》で明智光秀《あけちみつひで》にせめ込《こ》まれて自害《じがい》する。

織田信長《おだのぶなが》って何《なに》がすごかったんですか。

何《なに》って…すごく強《つよ》かったってことですよね。

それだけじゃない。信長《のぶなが》はキリスト教《きょう》の**宣教師**《せんきょうし》を招《まね》いて、西洋《せいよう》の政治《せいじ》や経済《けいざい》、戦争《せんそう》のやり方《かた》などいろいろなことを聞《き》いていたんだ。

ほとんどの戦国大名《せんごくだいみょう》は、敵《てき》をどうたおすかだけを気《き》にしていた。でも、信長《のぶなが》はもっと先《さき》を見《み》て、国《くに》を強《つよ》くするために何《なに》をしたら良《よ》いかを冷静《れいせい》に考《かんが》えていたんだ。

でも、最後《さいご》は**本能寺**《ほんのうじ》**の変**《へん》で亡《な》くなってしまいます。

信長《のぶなが》は冷静《れいせい》だったけれど、その分《ぶん》、人《ひと》に冷《つめ》たいところもあった。部下《ぶか》の使《つか》い方《かた》もそう。すごくがんばって尽《つ》くしてきた家臣《かしん》を、簡単《かんたん》に追放《ついほう》したり。信長《のぶなが》は自分《じぶん》がすごく頭《あたま》がいいから、周《まわ》りにもとても高《たか》いレベルを求《もと》めたんだろうね。

だから、反感《はんかん》を持《も》っていた人《ひと》はいたはずだけど、信長《のぶなが》はそれに気《き》づけなかったんじゃないかな。

頭《あたま》が良《よ》すぎたってことかもしれないですね。

キーワード

長篠《ながしの》の戦《たたか》い

織田信長《おだのぶなが》・徳川家康《とくがわいえやす》の連合軍《れんごうぐん》と武田信玄《たけだしんげん》の子《こ》・勝頼《かつより》との間《あいだ》で行《おこな》われた戦《たたか》い。信長《のぶなが》・家康軍《いえやすぐん》が大《おお》きな差《さ》をつけて勝利《しょうり》した。

楽市《らくいち》・楽座《らくざ》

城下町《じょうかまち》などで、一部《いちぶ》の商人《しょうにん》の特権《とっけん》や税《ぜい》を禁止《きんし》して、多《おお》くの商人《しょうにん》が自由《じゆう》に商売《しょうばい》をできるようにした政策《せいさく》。

学んだ日

／

／

／

／

／

35 浅井長政《あざいながまさ》

1545～1573年《ねん》／出身地《しゅっしんち》：滋賀県《しがけん》

織田信長《おだのぶなが》の妹《いもうと》を妻《つま》としたが信長《のぶなが》にほろぼされた戦国大名《せんごくだいみょう》

①北近江《きたおうみ》（滋賀県《しがけん》）の大名《だいみょう》として生《う》まれ、織田信長《おだのぶなが》と同盟《どうめい》を結《むす》ぶ。

②信長《のぶなが》にすすめられ、彼《かれ》の妹《いもうと》・市《いち》と結婚《けっこん》する。

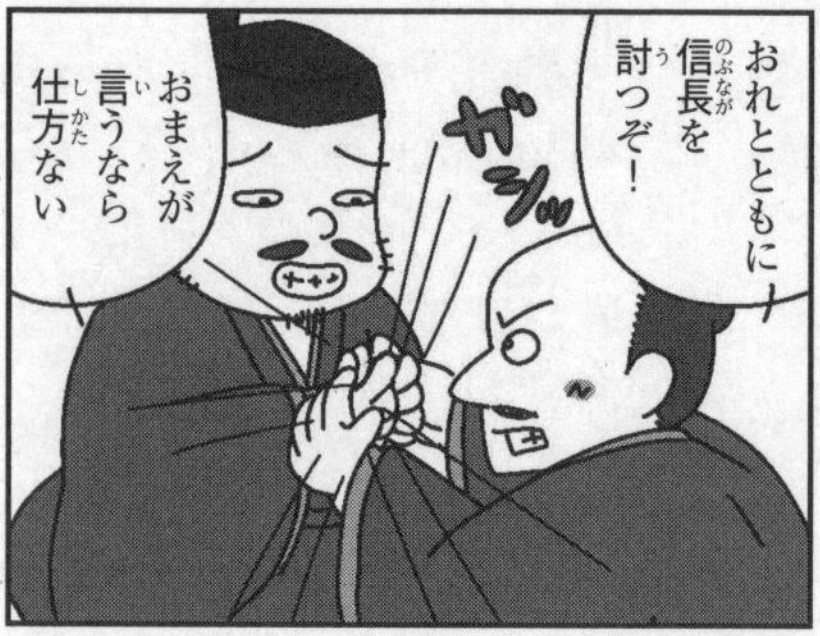

③昔《むかし》から仲《なか》の良《よ》い戦国大名《せんごくだいみょう》の朝倉義景《あさくらよしかげ》が信長《のぶなが》をせめようと計画《けいかく》する。

④義景《よしかげ》とともに信長《のぶなが》にせめ込《こ》み、姉川《あねがわ》の戦《たたか》いをしかける。

⑤その後《ご》、信長《のぶなが》に敗《やぶ》れ、小谷城《おだにじょう》で自害《じがい》する。

⑥娘《むすめ》３人《にん》はみな、有名《ゆうめい》な大名《だいみょう》の妻《つま》となる。

浅井長政《あざいながまさ》ってイケメンだったのかな？　戦国時代一番《せんごくじだいいちばん》の美人《びじん》と言《い》われた**市**《いち》が奥《おく》さんだったし。

ははは。イケメンかどうかはよくわかっていないよ。ただ、当時《とうじ》の大名《だいみょう》たちの結婚《けっこん》は**政略結婚**《せいりゃくけっこん》といって、国《くに》と国《くに》の政治的《せいじてき》なかけひきに使《つか》われた。結婚《けっこん》する2人《り》の意志《いし》は関係《かんけい》なかったんだ。長政《ながまさ》と市《いち》も政略結婚《せいりゃくけっこん》で、結婚前《けっこんまえ》はおたがい顔《がお》を見《み》たこともなかったんじゃないかな。

そんな結婚《けっこん》で、長政《ながまさ》と市《いち》は幸《しあわ》せだったのですか。

はっきりはわからないけど、2人《り》の間《あいだ》には娘《むすめ》が3人《にん》いた。その末《すえ》っ子《こ》の江《ごう》は浅井氏《あざいし》と織田氏《おだし》の仲《なか》が悪《わる》くなった時期《じき》に生《う》まれた娘《むすめ》だ。夫婦仲《ふうふなか》は良《よ》かったと思《おも》うよ。

すごくホッとしました。

長政《ながまさ》は織田信長《おだのぶなが》にせめ込《こ》まれて自害《じがい》するとき、市《いち》と3人《にん》の娘《むすめ》に「なんとか生《い》き残《のこ》ってほしい」と思《おも》い、城《しろ》から逃《に》がしているんだ。すごく家族思《かぞくおも》いの大名《だいみょう》だったのだろうね。

自分《じぶん》はやられても、家族《かぞく》だけは助《たす》けたかったんですね…優《やさ》しいですね。

キーワード

市《いち》（1547～1583年《ねん》）
織田信長《おだのぶなが》の妹《いもうと》。浅井長政《あざいながまさ》と結婚《けっこん》するが、長政《ながまさ》の死後《しご》は柴田勝家《しばたかついえ》の妻《つま》となる。最後《さいご》は勝家《かついえ》とともに自害《じがい》した。

姉川《あねがわ》の戦《たたか》い
織田信長《おだのぶなが》と、浅井長政《あざいながまさ》・朝倉義景《あさくらよしかげ》の連合軍《れんごうぐん》との戦《たたか》い。信長《のぶなが》が勝《か》ち、後《のち》に長政《ながまさ》も義景《よしかげ》も信長《のぶなが》にほろぼされた。

学んだ日
／
／
／
／
／

本能寺《ほんのうじ》の変《へん》を起《お》こし、織田信長《おだのぶなが》を自害《じがい》させた武将《ぶしょう》

36 明智光秀《あけちみつひで》

1528？～1582年《ねん》／出身地《しゅっしんち》：岐阜県《ぎふけん》

①40才《さい》を過《す》ぎてから織田信長《おだのぶなが》の部下《ぶか》となる。

②戦《いくさ》や政治《せいじ》で手柄《てがら》を立《た》て、信長《のぶなが》に気《き》に入《い》られる。

③しかし1582年《ねん》、信長《のぶなが》へのクーデターを決意《けつい》する。

④本能寺《ほんのうじ》の変《へん》を起《お》こす。

⑤おそわれた信長《のぶなが》は自害《じがい》する。

⑥しかし十数日後《じゅうすうじつご》に豊臣秀吉《とよとみひでよし》に敗《やぶ》れて亡《な》くなる。

明智光秀《あけちみつひで》は、どうして**織田信長**《おだのぶなが》をたおそうと思《おも》ったのでしょう。

はっきりした理由《りゆう》はまだわからないんだ。だから、多《おお》くの人《ひと》がいろいろな説《せつ》を言《い》っている。個《こ》人的《じんてき》にうらみがあったとか、室《むろ》町幕府《まちばくふ》と裏《うら》でつながっていたとか。

家来《けらい》だった人《ひと》が殺《ころ》そうとしたんだから、やっぱりうらんでいたのかも。

可能性《かのうせい》はあるね。信長《のぶなが》は怒《おこ》りっぽくて、家来《けらい》にかんしゃくを起《お》こすことも多《おお》かったから。あと、信長《のぶなが》は冷《つめ》たいところがあって、たくさん手柄《てがら》があった人《ひと》でも失敗《しっぱい》すると簡単《かんたん》に追放《ついほう》したりした。このころ、光秀《みつひで》は四《し》国《こく》をせめていたけれど、あまりうまくいっていなかった。いつか自分《じぶん》も見捨《みす》てられるという不安《ふあん》があったのかもしれない。

追《お》い込《こ》まれていたのかもしれませんね。

光秀《みつひで》は、**豊臣秀吉**《とよとみひでよし》や**徳川家康**《とくがわいえやす》と裏《うら》でつながっていて、彼《かれ》らの指《し》示《じ》で動《うご》いたなんて説《せつ》もあるよ。真相《しんそう》がわからないほうが、いろいろ想像《そうぞう》できて楽《たの》しいかもね。

キーワード

本能寺《ほんのうじ》**の変**《へん》

京都《きょうと》の本能寺《ほんのうじ》にいた織田信長《おだのぶなが》を、明智光秀《あけちみつひで》がおそったクーデター。信長《のぶなが》は寺《てら》に火《ひ》を放《はな》って自《みずか》ら命《いのち》を絶《た》った。

三日天下《みっかてんか》

明智光秀《あけちみつひで》が織田信長《おだのぶなが》をおそってからわずか十数日《じゅうすうじつ》で豊臣秀吉《とよとみひでよし》に敗《やぶ》れたことを指《さ》す言葉《ことば》。

37 柴田勝家《しばたかついえ》

1522～1583年《ねん》／出身地《しゅっしんち》：愛知県《あいちけん》

賤ヶ岳《しずがたけ》の戦《たたか》いで豊臣秀吉《とよとみひでよし》にほろぼされた戦国大名《せんごくだいみょう》

①信長《のぶなが》の父《ちち》・信秀《のぶひで》のころから織田家《おだけ》に仕《つか》えていた。

②信秀《のぶひで》の死後《しご》、信長《のぶなが》の弟《おとうと》をあとつぎにしようとするが失敗《しっぱい》する。

③その後《ご》は信長《のぶなが》に従《したが》って、多《おお》くの戦《たたか》いで手柄《てがら》を立《た》てる。

④信長《のぶなが》の死後《しご》、あとつぎを決《き》める清洲会議《きよすかいぎ》で豊臣秀吉《とよとみひでよし》と対立《たいりつ》する。

⑤信長《のぶなが》の妹《いもうと》・市《いち》と結婚《けっこん》する。

⑥賤ヶ岳《しずがたけ》の戦《たたか》いで秀吉《ひでよし》に敗《やぶ》れ、市《いち》と自害《じがい》する。

豊臣秀吉《とよとみひでよし》が明智光秀《あけちみつひで》をたおした後《あと》、織田信長《おだのぶなが》の家来《けらい》で最《もっと》も大《おお》きな力《ちから》を持《も》っていたのはだれだと思《おも》う？

そりゃあ、秀吉《ひでよし》ですよね。

実《じつ》は**柴田勝家《しばたかついえ》**なんだ。領地《りょうち》も多《おお》いし、信長《のぶなが》の父《ちち》の代《だい》から織田家《おだけ》に仕《つか》えていたからね。でも、織田家《おだけ》のあとつぎを決《き》める**清洲会議《きよすかいぎ》**で、秀吉《ひでよし》との立場《たちば》は逆転《ぎゃくてん》する。あとつぎは秀吉《ひでよし》が推《すい》せんした信長《のぶなが》の孫《まご》になったし、信長《のぶなが》の領地《りょうち》の多《おお》くを秀吉《ひでよし》が引《ひ》きついだから、領地《りょうち》の多《おお》さも秀吉《ひでよし》が上回《うわまわ》ってしまった。

なぜそうなったのですか。

まず秀吉《ひでよし》は光秀《みつひで》をたおした本人《ほんにん》だから、発言力《はつげんりょく》が大《おお》きかった。あと、秀吉《ひでよし》は会議《かいぎ》のほかの出席者《しゅっせきしゃ》2人《り》と事前《じぜん》に打《う》ち合《あ》わせをしていて、自分《じぶん》の意見《いけん》が通《とお》るように調整《ちょうせい》していたといううわさもある。

頭《あたま》がいいというか、ずるがしこいというか…。

そうかもね。でも、こういう目的《もくてき》のためには手段《しゅだん》を選《えら》ばないような頭《あたま》の良《よ》さがあるから、秀吉《ひでよし》は**天下統一《てんかとういつ》**を成《な》しとげたと言《い》えるだろうね。

キーワード

清洲会議《きよすかいぎ》

織田信長《おだのぶなが》の死後《しご》、あとつぎを決《き》めるために開《ひら》いた会議《かいぎ》。豊臣秀吉《とよとみひでよし》と柴田勝家《しばたかついえ》が対立《たいりつ》するが、秀吉《ひでよし》の意見《いけん》が通《とお》った。

賤ヶ岳《しずがたけ》の戦《たたか》い

柴田勝家《しばたかついえ》と豊臣秀吉《とよとみひでよし》の間《あいだ》で行《おこな》われた戦《たたか》い。秀吉《ひでよし》が勝《か》ち、勝家《かついえ》は敗《やぶ》れて市《いち》と自害《じがい》する。

学んだ日

／

／

／

／

／

織田信長《おだのぶなが》に代《か》わって天下統一《てんかとういつ》を成《な》しとげた武将《ぶしょう》

38 豊臣秀吉《とよとみひでよし》

1537～1598年《ねん》／出身地《しゅっしんち》：愛知県《あいちけん》

①貧《まず》しい家《いえ》に生《う》まれる。

②織田信長《おだのぶなが》に気《き》に入《い》られて出世《しゅっせ》する。

③信長《のぶなが》の死後《しご》、天下統一《てんかとういつ》に向《む》けて動《うご》き出《だ》す。

④太閤検地《たいこうけんち》と刀狩《かたながり》を行《おこな》い、支配《しはい》のための仕組《しく》みづくりを進《すす》める。

⑤北条氏《ほうじょうし》をほろぼし、天下統一《てんかとういつ》を成《な》しとげる。

⑥朝鮮《ちょうせん》にも出兵《しゅっぺい》したが、戦《いくさ》の途中《とちゅう》で亡《な》くなる。

豊臣秀吉《とよとみひでよし》は戦《たたか》いに勝《か》ち続《つづ》けて**天**《てん》**下統一**《かとういつ》を成《な》しとげたけれど、戦《たたか》い方《かた》も興味深《きょうみぶか》いんだ。

剣《けん》とかやりを持《も》っての一騎打《いっきう》ちとか？

いや。秀吉《ひでよし》は貧《まず》しい家《いえ》の出《で》で、きちんとした武芸《ぶげい》を学《まな》んでいないから剣《けん》ややりは苦手《にがて》だったみたいだ。彼《かれ》の戦《たたか》い方《かた》で興味深《きょうみぶか》いのは、**兵糧**《ひょうろう》**ぜめ**だ。

どういう戦《たたか》い方《かた》ですか。

敵《てき》が城《しろ》や領地《りょうち》から出《で》られないようにして、食料《しょくりょう》や武器《ぶき》を補給《ほきゅう》させないようにする戦《たたか》い方《かた》だ。食料《しょくりょう》は足《た》りなくなるし武器《ぶき》もなくなるから、どんどん敵《てき》は弱《よわ》っていく。時間《じかん》はかかるけれど、自分《じぶん》の軍《ぐん》に死者《ししゃ》を出《だ》さないで済《す》むからね。

自分《じぶん》たちに死者《ししゃ》を出《だ》さないで勝《か》つなんて、すばらしい！

でも、兵糧《ひょうろう》ぜめされたほうは大《たい》変《へん》だ。秀吉《ひでよし》が鳥取城《とっとりじょう》を兵糧《ひょうろう》ぜめにしたときは食料不足《しょくりょうぶそく》で死《し》ぬ人《ひと》がたくさんいたから、「鳥取《とっとり》のうえ殺《ごろ》し」なんて言《い》われている。やはり戦《たたか》いはひさんなもので、すばらしい戦《たたか》いなんてないということだよ。

キーワード

天下統一《てんかとういつ》
日本《にほん》すべてを１人《り》の者《もの》が絶対的《ぜったいてき》な力《ちから》で治《おさ》めること。

太閤検地《たいこうけんち》**・刀狩**《かたながり》
豊臣秀吉《とよとみひでよし》が行《おこな》った政策《せいさく》。検地《けんち》は全国《ぜんこく》で行《おこな》った米《こめ》の生産量《せいさんりょう》の調査《ちょうさ》。刀狩《かたながり》は武士以外《ぶしいがい》の人《ひと》びとから武器《ぶき》を取《と》り上《あ》げた。

学んだ日
／
／
／
／
／

「わび茶《ちゃ》」を完成《かんせい》させ、茶《ちゃ》の湯《ゆ》の芸術性《げいじゅつせい》を高《たか》めた茶人《ちゃじん》

39 千利休《せんのりきゅう》

1522～1591年《ねん》／出身地《しゅっしんち》：大阪府《おおさかふ》

①商人《しょうにん》の家《いえ》に生《う》まれ、若《わか》いころから茶《ちゃ》の湯《ゆ》に親《した》しむ。

②織田信長《おだのぶなが》の茶《ちゃ》の湯《ゆ》の先生《せんせい》になる。

③信長《のぶなが》の死後《しご》は豊臣秀吉《とよとみひでよし》と親《した》しくなる。

④「わび」を重視《じゅうし》したわび茶《ちゃ》を完成《かんせい》させる。

⑤その後《ご》、秀吉《ひでよし》との関係《かんけい》が悪化《あっか》する。

⑥ 1591年《ねん》、秀吉《ひでよし》に切腹《せっぷく》を命《めい》じられる。

利休《りきゅう》は茶人《ちゃじん》だからあまり政治《せいじ》と関係《かんけい》ないように思《おも》えますが、なぜ切腹《せっぷく》させられたんでしょう。お茶《ちゃ》の席《せき》で豊臣秀吉《とよとみひでよし》を怒《おこ》らせたとか？

その可能性《かのうせい》はあるね。秀吉《ひでよし》は黄《おう》金《ごん》の茶室《ちゃしつ》を造《つく》って豪華《ごうか》な茶器《ちゃき》をそろえたけど、利休《りきゅう》が考《かんが》える「**わび茶《ちゃ》**」の考《かんが》え方《かた》とはまったく逆《ぎゃく》だった。お茶《ちゃ》の席《せき》で対立《たいりつ》したのかもしれないね。

豪華《ごうか》な茶室《ちゃしつ》なんて、うらやましいけどなー。

ちなみに利休《りきゅう》が政治《せいじ》と関係《かんけい》ないかというと、そうではない。利《り》休《きゅう》が生《う》まれた大坂《おおさか》の堺《さかい》は当時《とうじ》、日本有数《にほんゆうすう》の大《おお》きな港《みなと》。利休《りきゅう》の父《ちち》は堺《さかい》で有名《ゆうめい》な商人《しょうにん》の1人で、利《り》休自身《きゅうじしん》も堺《さかい》で大《おお》きな力《ちから》を持《も》っていたとされるよ。
いわば、利休《りきゅう》は堺《さかい》を代表《だいひょう》する存《そん》在《ざい》だったようだ。

なるほど。

また、**茶《ちゃ》の湯《ゆ》**は密室《みっしつ》で行《おこな》われるので、あまり聞《き》かれたくない大《たい》切《せつ》な政治《せいじ》の話《はなし》をするのにぴったりの場《ば》でもあった。
だから、利休《りきゅう》はますます政治《せいじ》力《りょく》が強《つよ》くなっていったという説《せつ》がある。密室《みっしつ》だから、証拠《しょうこ》は残《のこ》っていないけれどもね。

キーワード

茶《ちゃ》の湯《ゆ》
湯《ゆ》をわかして抹茶《まっちゃ》を作《つく》り、客《きゃく》にふるまうこと。当時《とうじ》は金持《かねも》ちの遊《あそ》びで、豪華《ごうか》な茶室《ちゃしつ》や道具《どうぐ》を競《きそ》い合《あ》った。

わび茶《ちゃ》
茶《ちゃ》の湯《ゆ》から遊《あそ》びを取《と》りはらい、豪華《ごうか》な茶室《ちゃしつ》や道具《どうぐ》よりも客《きゃく》をもてなす心《こころ》を大事《だいじ》にした形式《けいしき》。

学んだ日
／
／
／
／
／

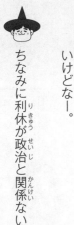

当時《とうじ》の日本《にほん》のことを書《か》き残《のこ》した
イエズス会《かい》の宣教師《せんきょうし》

40 フロイス

1532～1597年《ねん》／出身地《しゅっしんち》：ポルトガル

① 16才《さい》でイエズス会《かい》に入《い》り、アジアで布教《ふきょう》することに。

②インドでザビエルに出会《であ》い、後《のち》に日本《にほん》に向《む》かう。

③日本《にほん》に到着《とうちゃく》して織田信長《おだのぶなが》と面会《めんかい》する。

④信長《のぶなが》に気《き》に入《い》られ、布教《ふきょう》を許《ゆる》される。

⑤当時《とうじ》の日本《にほん》の様子《ようす》を記《しる》した『日本史《にほんし》』などを書《か》く。

⑥豊臣秀吉《とよとみひでよし》には嫌《きら》われ、1587年《ねん》に長崎《ながさき》へ追放《ついほう》される。

戦国時代《せんごくじだい》の女性《じょせい》たちって、どういう立場《たちば》だったと思《おも》う？

やっぱり、男性《だんせい》と比《くら》べるとできないことも多《おお》くて、不自由《ふじゆう》だったのかな？

いや、当時《とうじ》の日本《にほん》の女性《じょせい》は、君《きみ》が思《おも》う以上《いじょう》に強《つよ》い立場《たちば》で、自由《じゆう》だったようだ。
男女《だんじょ》で歩《ある》くときは、女性《じょせい》が男性《だんせい》の前《まえ》を歩《ある》いていたし、父親《ちちおや》や夫《おっと》の許可《きょか》なく旅行《りょこう》もできたんだよ。

意外《いがい》ですね。まったく知《し》りませんでした。

無理《むり》もない。当時《とうじ》はごく当《あ》たり前《まえ》だったから、それを文章《ぶんしょう》に残《のこ》して後世《こうせい》に伝《つた》えた日本人《にっぽんじん》はだれもいなかった。
でも、ポルトガル人宣教師《じんせんきょうし》の**フロイス**はちがったよ。彼《かれ》は来日《らいにち》した後《あと》、西洋《せいよう》とちがう日本《にほん》の文《ぶん》化《か》や風習《ふうしゅう》にすごく興味《きょうみ》を持《も》ち、細《こま》かく記録《きろく》した。

それが今《いま》も残《のこ》っているんですね！

フロイスの記《しる》したことは、この時代《じだい》の日本《にほん》の様子《ようす》を知《し》るうえで貴重《きちょう》な資料《しりょう》となっているよ。海外《かいがい》の人《ひと》だからこそ、日本《にほん》のおもしろさがわかる。これは現代《げんだい》と同《おな》じかもしれないね。

キーワード

『日本史《にほんし》』
フロイスが西洋《せいよう》のキリスト教徒《きょうと》としての視点《してん》から日本《にほん》の事件《じけん》や文化《ぶんか》、生活《せいかつ》を記録《きろく》した書物《しょもつ》。

この時代《じだい》の世界《せかい》の人物《じんぶつ》

ウィリアム・シェイクスピア（1564～1616年《ねん》）
イギリスの劇作家《げきさっか》で『ロミオとジュリエット』など多《おお》くの作品《さくひん》を書《か》いた。

学んだ日
／
／
／
／
／

41 伊達政宗《だてまさむね》

1567～1636年《ねん》／出身地《しゅっしんち》：山形県《やまがたけん》

東北地方《とうほくちほう》を支配《しはい》し、仙台藩《せんだいはん》を開《ひら》いた戦国大名《せんごくだいみょう》

①小《ちい》さいころに病気《びょうき》にかかり、右目《みぎめ》が見《み》えなくなる。

②伊達家《だてけ》をつぎ、東北地方《とうほくちほう》で勢力《せいりょく》を広《ひろ》げる。

③天下統一《てんかとういつ》しつつあった豊臣秀吉《とよとみひでよし》に面会《めんかい》を命《めい》じられるが、行《い》くのがおくれる。

④政宗《まさむね》は死《し》を覚悟《かくご》し、切腹《せっぷく》のときに着《き》る白装束《しろしょうぞく》で秀吉《ひでよし》と会《あ》う。

⑤秀吉《ひでよし》の死後《しご》、徳川家《とくがわけ》のもとで仙台藩《せんだいはん》を開《ひら》く。

⑥ヨーロッパへ慶長遣欧使節《けいちょうけんおうしせつ》を派遣《はけん》する。

伊達政宗《だてまさむね》は1567年《ねん》生《う》まれで、ほかの戦国大名《せんごくだいみょう》よりかなり年下《としした》なんですね。

その通《とお》り。**豊臣秀吉《とよとみひでよし》**より30才下《さいした》だし、**徳川家康《とくがわいえやす》**とも20才以上《さいいじょう》はなれている。**石田三成《いしだみつなり》**よりも年《とし》下《した》なんだ。

若《わか》いから体力《たいりょく》もあるし、戦《たたか》いで有利《ゆうり》だったんでしょうか。

政宗《まさむね》の若《わか》さは、残念《ざんねん》なことでもあったんだ。政宗《まさむね》は頭《あたま》が良《よ》く、武芸《ぶげい》にも秀《ひい》でていたけれど、20才《さい》のころには豊臣秀吉《とよとみひでよし》がほぼ天《てん》下《か》を統一《とういつ》していたんだ。

生《う》まれがあと30年早《ねんはや》かったら、武田信玄《たけだしんげん》や織田信長《おだのぶなが》と戦《たたか》っていたかもしれない。

ひょっとしたら、政宗《まさむね》が天下《てんか》を統一《とういつ》していたかも？

東北地方《とうほくちほう》の大名《だいみょう》だから京都《きょうと》から遠《とお》いという不利《ふり》な条件《じょうけん》はあるけど、可能性《かのうせい》はあったかもね。でも、おそく生《う》まれたことで、政宗《まさむね》は大《おお》きな戦乱《せんらん》に巻《ま》き込《こ》まれなかった。秀吉《ひでよし》、家康《いえやす》という大《おお》物《もの》たちの下《した》ですごく上手《じょうず》に立場《たちば》を保《たも》って、伊達家《だてけ》は大《おお》きな力《ちから》を持《も》ったまま、幕末《ばくまつ》まで続《つづ》いていく。

政治《せいじ》のかけ引《ひ》きもうまかったということですね。

キーワード

独眼竜《どくがんりゅう》

幼《おさな》いころに右目《みぎめ》が見《み》えなくなった伊達政宗《だてまさむね》に対《たい》して、人《ひと》びとが尊敬《そんけい》の念《ねん》を込《こ》めて名《な》づけたあだ名《な》。

慶長遣欧使節《けいちょうけんおうしせつ》

ヨーロッパと貿易《ぼうえき》を行《おこな》うため、伊達政宗《だてまさむね》がスペインやローマ法王《ほうおう》のもとに派遣《はけん》した使節団《しせつだん》。

学んだ日

／

／

／

／

／

関ヶ原《せきがはら》の戦《たたか》いで西軍《せいぐん》の中心《ちゅうしん》として、徳川家康《とくがわいえやす》と戦《たたか》った武将《ぶしょう》

42 石田三成《いしだみつなり》

1560～1600年《ねん》／出身地《しゅっしんち》：滋賀県《しがけん》

①豊臣秀吉《とよとみひでよし》の家来《けらい》となり、そのかしこさで気《き》に入《い》られる。

②秀吉《ひでよし》の政策《せいさく》を実行《じっこう》し、出世《しゅっせ》していく。

③秀吉《ひでよし》の側近《そっきん》である五奉行《ごぶぎょう》となる。

④秀吉《ひでよし》の死後《しご》、徳川家康《とくがわいえやす》らと対立《たいりつ》する。

⑤関ヶ原《せきがはら》の戦《たたか》いで、家康《いえやす》に対抗《たいこう》する。

⑥しかし、戦《たたか》いに敗《やぶ》れて処刑《しょけい》される。

関ヶ原《せきがはら》の戦《たたか》いは、徳川家康《とくがわいえやす》率《ひき》いる東軍《とうぐん》が勝《か》ったけれど、戦《たたか》う前《まえ》は西軍《せいぐん》のほうが有利《ゆうり》だと言《い》う人《ひと》も多《おお》かったんだ。

本当《ほんとう》ですか！　それは意外《いがい》ですね。西軍《せいぐん》は裏切《うらぎ》り者《もの》が出《で》て、負《ま》けたと聞《き》きました。

そう。裏切《うらぎ》った**小早川秀秋《こばやかわひであき》**は1万《まん》5千人《せんにん》くらいの兵《へい》を持《も》っていて、西軍《せいぐん》でも1、2を争《あらそ》う兵力《へいりょく》だったから、影響《えいきょう》は大《おお》きかったようだ。
でも、戦《たたか》いが起《お》きる前《まえ》から東軍《とうぐん》は、秀秋《ひであき》に裏切《うらぎ》りをお願《ねが》いしていた。こうした東軍《とうぐん》、というか家康《いえやす》の抜《ぬ》け目《め》のなさと、西軍《せいぐん》の中心《ちゅうしん》だった石田三成《いしだみつなり》の人気《にんき》のなさが戦《たたか》いの勝敗《しょうはい》を分《わ》けたんだと思《おも》う。

どうして三成《みつなり》は人気《にんき》がなかったんですか。みんなの前《まえ》でいばりちらしていたとか？

三成《みつなり》は武将《ぶしょう》というより、秀吉《ひでよし》の政権《せいけん》の政治面《せいじめん》を担当《たんとう》していた役《やく》人《にん》みたいな人《ひと》だった。だから武《ぶ》力《りょく》で秀吉《ひでよし》に仕《つか》えた大名《だいみょう》たちとは性格《せいかく》が合《あ》わなかったし、日本《にほん》という国《くに》をどうするかという考《かんが》えも持《も》っていなかったようだ。
豊臣家《とよとみけ》にとって優秀《ゆうしゅう》な家来《けらい》だったけれど、日本《にほん》を背負《せお》って立《た》つ人《ひと》ではなかったんだろうね。

キーワード

五大老《ごたいろう》・五奉行《ごぶぎょう》

五大老《ごたいろう》は、豊臣秀吉《とよとみひでよし》の政権《せいけん》で強《つよ》い力《ちから》を持《も》った、徳川《とくがわ》家康《いえやす》ら5人《にん》の有力大名《ゆうりょくだいみょう》。五奉行《ごぶぎょう》は、秀吉《ひでよし》の側近《そっきん》として政策《せいさく》を実行《じっこう》した5人《にん》。

関ヶ原《せきがはら》の戦《たたか》い

豊臣秀吉《とよとみひでよし》の死後《しご》、徳川家康《とくがわいえやす》を中心《ちゅうしん》とする東軍《とうぐん》と、石《いし》田三成《だみつなり》を中心《ちゅうしん》とする西軍《せいぐん》によって行《おこな》われた戦《たたか》い。東《とう》軍《ぐん》が勝利《しょうり》した。

学んだ日
／
／
／
／
／

戦国時代《せんごくじだい》

1477年《ねん》
応仁《おうにん》の乱《らん》が終《お》わるが、国《くに》じゅうが乱《みだ》れて戦国《せんごく》の世《よ》の中《なか》になる❗

1500 1510 1520 1530 1540

1549年《ねん》
フランシスコ・ザビエルが日本《にほん》に来《き》てキリスト教《きょう》を伝《つた》える

トピックス❗

忍者《にんじゃ》が大活躍《だいかつやく》！

戦国時代《せんごくじだい》は、敵《てき》の情報《じょうほう》をぬすんだりするため、忍者《にんじゃ》が大活躍《だいかつやく》した。徳川《とくがわ》家康《いえやす》も、本能寺《ほんのうじ》の変《へん》があったときに忍者《にんじゃ》の助《たす》けを借《か》りて、自分《じぶん》の領地《りょうち》に帰《かえ》ったという記録《きろく》がある。家康《いえやす》の家来《けらい》の忍者《にんじゃ》で有名《ゆうめい》なのが服部半蔵《はっとりはんぞう》。2代目《だいめ》は小説《しょうせつ》や劇《げき》のキャラクターにもなっているよ。

安土《あづち》・桃山時代《ももやまじだい》

1553年《ねん》
武田信玄《たけだしんげん》と上杉謙信《うえすぎけんしん》が川中島《かわなかじま》の戦《たたか》いを始《はじ》める

1560年《ねん》
桶狭間《おけはざま》の戦《たたか》いで織田信長《おだのぶなが》が今川義元《いまがわよしもと》を破《やぶ》る

1573年《ねん》
織田信長《おだのぶなが》が将軍《しょうぐん》を京都《きょうと》から追《お》い出《だ》し、室町幕府《むろまちばくふ》がほろびる

1583年《ねん》
豊臣秀吉《とよとみひでよし》が賤ケ岳《しずがたけ》の戦《たたか》いで柴田勝家《しばたかついえ》を破《やぶ》る ❗

1600年《ねん》
関ケ原《せきがはら》の戦《たたか》いで徳川家康《とくがわいえやす》が勝利《しょうり》する

1600　1590　1580　1570　1560　1550

1555年《ねん》
毛利元就《もうりもとなり》が厳島《いつくしま》の戦《たたか》いに勝《か》って中国地方《ちゅうごくちほう》の多《おお》くを支配《しはい》する

1582年《ねん》
明智光秀《あけちみつひで》が本能寺《ほんのうじ》の変《へん》を起《お》こし、織田信長《おだのぶなが》が自害《じがい》する

1590年《ねん》
豊臣秀吉《とよとみひでよし》が全国《ぜんこく》を統一《とういつ》する

1592年《ねん》
豊臣秀吉《とよとみひでよし》が朝鮮半島《ちょうせんはんとう》にせめ込《こ》む
(文禄《ぶんろく》の役《えき》)

❗ トピックス 豊臣秀吉《とよとみひでよし》は藤原氏《ふじわらし》？ 平氏《へいし》？

豊臣秀吉《とよとみひでよし》が、織田信長《おだのぶなが》に仕《つか》え始《はじ》めたときの名前《なまえ》は「木下藤吉郎《きのしたとうきちろう》」だった。その後《ご》「羽柴秀吉《はしばひでよし》」と改名《かいめい》し、1586年《ねん》に「豊臣秀吉《とよとみひでよし》」になるけれど、その間《あいだ》に「平秀吉《たいらのひでよし》」や「藤原秀吉《ふじわらのひでよし》」を名乗《なの》った記録《きろく》もある。こうした改名《かいめい》は戦国時代《せんごくじだい》にはめずらしいことではなかったんだ。

学んだ日
／
／
／
／
／

コラム　信長《のぶなが》と秀吉《ひでよし》の子《こ》どもはどうなった？

天下統一《てんかとういつ》を目指《めざ》した織田信長《おだのぶなが》、そして天下統一《てんかとういつ》を成《な》しとげた豊臣秀吉《とよとみひでよし》。この２人はとても有名《ゆうめい》ですが、その子《こ》どもたちがどういう人《ひと》たちだったのか、見《み》てみましょう。

●織田信長《おだのぶなが》

信長《のぶなが》には、息子《むすこ》も娘《むすめ》も11～12人《にん》ぐらいいたと言《い》われていますが、実《じつ》の子《こ》か養子《ようし》なのか不明《ふめい》な子《こ》もいて、正確《せいかく》な人数《にんずう》はわかっていません。

長男《ちょうなん》の信忠《のぶただ》は、信長《のぶなが》のあとつぎとみられていましたが、本能寺《ほんのうじ》の変《へん》で信長《のぶなが》とともに亡《な》くなります。

四男《よんなん》の秀勝《ひでかつ》は、豊臣秀吉《とよとみひでよし》の養子《ようし》となりますが、若《わか》くして病死《びょうし》します。

●豊臣秀吉《とよとみひでよし》

秀吉《ひでよし》は、正室《せいしつ》のねねとの間《あいだ》に子《こ》はいませんでしたが、側室《そくしつ》の淀君《よどぎみ》（浅井長政《あざいながまさ》の娘《むすめ》・茶々《ちゃちゃ》）との間《あいだ》に、２人《り》の息子《むすこ》がいました。

長男《ちょうなん》の鶴松《つるまつ》はわずか２才《さい》で病死《びょうし》しますが、二男《じなん》の秀頼《ひでより》は、秀吉《ひでよし》のあとつぎとなります。しかし、大坂冬《おおさかふゆ》の陣《じん》・夏《なつ》の陣《じん》で徳川家康《とくがわいえやす》に敗《やぶ》れて自害《じがい》。豊臣家《とよとみけ》はほろんでしまいます。

5 章《しょう》

江戸時代《えどじだい》①

1603 年《ねん》～ 1800 年《ねん》ごろ

江戸時代《えどじだい》①（1603年《ねん》～1800年《ねん》ごろ）

ここはどんな時代《じだい》？？

徳川家康《とくがわいえやす》が江戸幕府《えどばくふ》を開《ひら》いて、武士《ぶし》の政治《せいじ》が一番安定《いちばんあんてい》した時代《じだい》だ！

1 幕府《ばくふ》が藩《はん》を支配《しはい》した！

江戸時代《えどじだい》は、江戸《えど》の幕府《ばくふ》が地方《ちほう》の藩《はん》を支配《しはい》する仕組《しく》みだった。幕府《ばくふ》は藩《はん》に厳《きび》しく、「武家諸法度《ぶけしょはっと》」という法《ほう》を守《まも》らないと、罰《ばつ》として領地《りょうち》を取《と》り上《あ》げられたりもした。海外《かいがい》との交流《こうりゅう》を制限《せいげん》する鎖国《さこく》も行《おこな》われたよ。

ここを読《よ》もう

徳川家光《とくがわいえみつ》（→P130）

2 身分《みぶん》が固定化《こていか》された！

江戸時代《えどじだい》は武士《ぶし》、農民《のうみん》、町人《ちょうにん》の身分《みぶん》のちがいがはっきりしていた。武士《ぶし》を一番高《いちばんたか》い地位《ちい》に定《さだ》めることで、幕《ば》府《ふ》の政治《せいじ》を安定《あんてい》させる目的《もくてき》があった。でも、武士《ぶし》から町人《ちょうにん》になったりする例外《れいがい》もあったよ。

ここを読《よ》もう
近松門左衛門《ちかまつもんざえもん》（→ P144）

3 文化《ぶんか》・学問《がくもん》が発達《はったつ》した！

江戸時代《えどじだい》は政治《せいじ》が安定《あんてい》したことで戦《たたか》いがなくなり、多《おお》くの人《ひと》びとにとっては平和《へいわ》な時代《じだい》だった。だから、人《にん》形浄瑠璃《ぎょうじょうるり》や浮世草子《うきよぞうし》、俳句《はいく》などの文化《ぶんか》が発展《はってん》したんだ。また、和算《わさん》などの学問《がくもん》も大《おお》きく広《ひろ》まった。

ここを読《よ》もう
井原西鶴《いはらさいかく》（→ P142）、近松門左衛門《ちかまつもんざえもん》（→ P144）
松尾芭蕉《まつおばしょう》（→ P146）、関孝和《せきたかかず》（→ P148）

学んだ日
／
／
／
／
／

43 徳川家康《とくがわいえやす》

1542～1616年《ねん》／出身地《しゅっしんち》：愛知県《あいちけん》

天下《てんか》を統一《とういつ》し、江戸幕府《えどばくふ》を開《ひら》いた戦国大名《せんごくだいみょう》

①三河国《みかわのくに》（愛知県《あいちけん》）に生《う》まれ、織田家《おだけ》や今川家《いまがわけ》の人質《ひとじち》となる。

②織田信長《おだのぶなが》と同盟《どうめい》を結《むす》び、信長《のぶなが》の死後《しご》は豊臣秀吉《とよとみひでよし》に仕《つか》える。

③秀吉《ひでよし》の死後《しご》、関ヶ原《せきがはら》の戦《たたか》いに勝《か》つ。

④ 1603年《ねん》に征夷大将軍《せいいたいしょうぐん》となり、江戸《えど》（東京都《とうきょうと》）に幕府《ばくふ》を開《ひら》く。

⑤大坂冬《おおさかふゆ》の陣《じん》・夏《なつ》の陣《じん》で豊臣家《とよとみけ》をほろぼす。

⑥徳川家《とくがわけ》の天下《てんか》を見届《みとど》けて亡《な》くなる。

「鳴《な》かぬなら　鳴《な》くまで待《ま》とう　ホトトギス」という俳句《はいく》を知《し》っているかい？

聞《き》いたことあるような…。

これは江戸時代《えどじだい》の随筆《ずいひつ》に書《か》かれていた句《く》で、**徳川家康**《とくがわいえやす》の性格《せいかく》を表現《ひょうげん》したものなんだ。同《おな》じように、**織田信長**《おだのぶなが》は「鳴《な》かぬなら　殺《ころ》してしまえ　ホトトギス」、そして**豊臣秀吉**《とよとみひでよし》は「鳴《な》かぬなら　鳴《な》かせてみせよう　ホトトギス」と表現《ひょうげん》している。

殺《ころ》すなんてすごい表現《ひょうげん》だ！

3つの句《く》は、それぞれの性格《せいかく》をとてもよく表《あらわ》しているんだ。家康《いえやす》は信長《のぶなが》、秀吉《ひでよし》が生《い》きている間《あいだ》は、野望《やぼう》を表《おもて》に出《だ》さないで2人《り》を支《ささ》え、亡《な》くなった後《あと》に天下《てんか》統一《とういつ》へ向《む》けて動《うご》き出《だ》した。まさに「待《ま》とう」がぴったりな生《い》き方《かた》だったんだ。

がまん強《づよ》い人《ひと》だったのですね。

やっぱり、すごい人《ひと》！

でも、ただ待《ま》っていただけではない。2人《り》の政治《せいじ》や人《ひと》の使《つか》い方《かた》を研究《けんきゅう》して、良《よ》い部分《ぶぶん》は取《と》り入《い》れたし、悪《わる》い部分《ぶぶん》は取《と》り入《い》れなかった。家康《いえやす》の研究《けんきゅう》の成果《せいか》が**江戸幕府**《えどばくふ》の政治《せいじ》の仕組《しく》みで、その後《ご》260年《ねん》も続《つづ》くことになるんだ。

キーワード

江戸幕府《えどばくふ》

関ケ原《せきがはら》の戦《たたか》いに勝《か》った徳川家康《とくがわいえやす》が、江戸《えど》に開《ひら》いた政権《せいけん》。各地方《かくちほう》に藩《はん》という組織《そしき》を置《お》き、それを幕府《ばくふ》が管理《かんり》する仕組《しく》み。

大坂冬の陣《おおさかふゆのじん》**・夏の陣**《なつのじん》

1614年《ねん》から15年《ねん》にかけて行《おこな》われた幕府軍《ばくふぐん》と豊臣軍《とよとみぐん》による戦《たたか》い。この戦《たたか》いで豊臣家《とよとみけ》はほろびた。

学んだ日

／

／

／

／

／

参勤交代《さんきんこうたい》や鎖国《さこく》を定《さだ》め、江戸幕《えどばく》府《ふ》の政治《せいじ》の仕組《しく》みを固《かた》めた将軍《しょうぐん》

44 徳川家光《とくがわいえみつ》

1604～1651年《ねん》／出身地《しゅっしんち》：東京都《とうきょうと》

①２代将軍《だいしょうぐん》・徳川秀忠《とくがわひでただ》の長男《ちょうなん》に生《う》まれるが、二男《じなん》のほうがかわいがられる。

②初代将軍《しょだいしょうぐん》・徳川家康《とくがわいえやす》のつるの一声《ひとこえ》で家光《いえみつ》があとつぎになる。

③３代将軍《だいしょうぐん》となり、幕府中心《ばくふちゅうしん》の政治《せいじ》を進《すす》める。

④参勤交代《さんきんこうたい》などを定《さだ》めて地方《ちほう》の大名《だいみょう》たちを厳《きび》しく支配《しはい》した。

⑤家康《いえやす》をまつった日光東照宮《にっこうとうしょうぐう》を豪華《ごうか》なものに建《た》てかえる。

⑥オランダ・朝鮮《ちょうせん》などの国以外《くにいがい》に対《たい》して鎖国《さこく》を行《おこな》う。

江戸幕府《えどばくふ》をつくったのは**徳川家康**《とくがわいえやす》だけど、その後《ご》260年以上《ねんいじょう》も続《つづ》く仕組《しく》みを完成《かんせい》させたのは子《こ》の秀忠《ひでただ》と、孫《まご》の家光《いえみつ》なんだ。

家光《いえみつ》は戦《たたか》いに出《で》たりしていないし、地味《じみ》な印象《いんしょう》です。

でも、「武家諸法度《ぶけしょはっと》」に**参勤交代**《さんきんこうたい》の制度《せいど》を加《くわ》えて、大名《だいみょう》たちに大《おお》きなお金《かね》の負担《ふたん》をさせたり、**鎖国**《さこく》を行《おこな》って海外《かいがい》との貿易《ぼうえき》を制限《せいげん》したり。大名《だいみょう》たちを厳《きび》しく支配《しはい》する幕府《ばくふ》の仕組《しく》みは、家光《いえみつ》が最終的《さいしゅうてき》に完成《かんせい》させたんだ。

なぜ、そんな仕組《しく》みをつくることができたのでしょうか。

天領《てんりょう》があったからだ。天領《てんりょう》とは幕府《ばくふ》が直接支配《ちょくせつしはい》している領地《りょうち》で、石高《こくだか》（土地《とち》の米《こめ》の生産量《せいさんりょう》）は最《もっと》も多《おお》いときで全国《ぜんこく》に400万石以上《まんごくいじょう》あった。大名《だいみょう》で一番石高《いちばんこくだか》が多《おお》かった藩《はん》の約《やく》4倍《ばい》の規模《きぼ》だ。

それはすごい！

鎌倉幕府《かまくらばくふ》も室町幕府《むろまちばくふ》も、幕府《ばくふ》が直接《ちょくせつ》土地《とち》を持《も》たなかったから地方《ちほう》の武士《ぶし》が力《ちから》を持《も》ってしまい、ほろびた。でも江戸幕府《えどばくふ》は大名《だいみょう》たちに大《おお》きな力《ちから》を持《も》たせないようにした。今《いま》までの武士《ぶし》の政権《せいけん》の失敗《しっぱい》をすべて研究《けんきゅう》してつくったから、江戸幕府《えどばくふ》は長《なが》く続《つづ》いたんだろうね。

キーワード

参勤交代《さんきんこうたい》

大名《だいみょう》が1年《ねん》ごとに領地《りょうち》と江戸《えど》を移動《いどう》し、妻《つま》とあとつぎは強制的《きょうせいてき》に江戸《えど》に住《す》まわせる制度《せいど》。「武家諸法度《ぶけしょはっと》」という幕府《ばくふ》の法《ほう》に定《さだ》められた。

鎖国《さこく》

海外《かいがい》との貿易《ぼうえき》や交流《こうりゅう》を制限《せいげん》する政策《せいさく》。キリスト教《きょう》の禁止《きんし》や藩《はん》が貿易《ぼうえき》を行《おこな》うことを防《ふせ》ぐために定《さだ》めた。

学んだ日

／

／

／

／

／

45 天草四郎《あまくさしろう》

1621？～1638年《ねん》／出身地《しゅっしんち》：熊本県《くまもとけん》？

10代《だい》の若《わか》さで島原《しまばら》の乱《らん》を率《ひき》いたキリスト教徒《きょうと》

①肥後国《ひごのくに》（熊本県《くまもとけん》）に生《う》まれ、小《ちい》さいころから有名人《ゆうめいじん》だった。

②キリスト教徒《きょうと》（キリシタン）の多《おお》い地《ち》域《いき》で育《そだ》ち、信心深《しんじんぶか》く育つ。

③住民《じゅうみん》たちは大名《だいみょう》から、厳《きび》しい年貢《ねんぐ》（米《こめ》による税《ぜい》）を要求《ようきゅう》されていた。

④ 10代《だい》なかばで反乱《はんらん》を率《ひき》い、近《ちか》くの原《はら》城跡《じょうあと》に立《た》てこもる。

⑤3～4ヵ月《げつ》にわたる戦《たたか》いの末《すえ》、反乱《はんらん》は失敗《しっぱい》に終《お》わる。

⑥江戸幕府《えどばくふ》の攻撃《こうげき》により全滅《ぜんめつ》し、四郎《しろう》は討《う》ち取《と》られる。

歴史上《れきしじょう》の激《はげ》しい戦《たたか》いといえば、何《なに》を思《おも》い浮《う》かべる？

うーん、関ヶ原《せきがはら》の戦《たたか》いは「天下《てんか》分《わ》け目《め》の戦《たたか》い」だと聞《き》いたことがあるし…。徳川家康《とくがわいえやす》が江戸幕府《えどばくふ》を開《ひら》く始《はじ》まりになった戦《たたか》いだから、たくさん死者《ししゃ》も出《で》た。激《はげ》しい戦《たたか》いだったんじゃないですか。

実《じつ》は、関ヶ原《せきがはら》の戦《たたか》いはおよそ半《はん》日《にち》で勝負《しょうぶ》がついたと言《い》われているんだ。戦いでの死者《ししゃ》は4～8千人程度《せんにんていど》だったらしいよ。それに対《たい》して、**島原《しまばら》の乱《らん》**は幕府《ばくふ》がしずめるのに3～4ヵ月《げつ》もかかっているんだ。

3～4ヵ月《げつ》…ということは、死《し》者《しゃ》もたくさん出《で》たんですか。

その通《とお》りだ。死者《ししゃ》は4万人近《まんにんちか》くにものぼったらしい。島原《しまばら》の乱《らん》での、反乱《はんらん》した側《がわ》の生《い》き残《のこ》りはほんのわずかだったと言《い》われているよ。**キリシタン**の強《つよ》い団結力《だんけつりょく》を恐《おそ》れた幕府《ばくふ》は、すべての人《ひと》を殺《ころ》そうとしたんだ。いつの時代《じだい》も、どの国《くに》でも、宗《しゅう》教《きょう》がかかわる戦《たたか》いはすさまじいものになってしまうね。

キーワード

島原《しまばら》の乱《らん》
島原藩《しまばらはん》（長崎県《ながさきけん》）などの住民《じゅうみん》が起《お》こした反乱《はんらん》。厳《きび》しい年貢《ねんぐ》の取《と》り立《た》てやキリスト教徒《きょうと》への迫害《はくがい》が原因《げんいん》。

踏絵《ふみえ》
幕府《ばくふ》がキリスト教徒《きょうと》を見《み》つけるために使用《しよう》した絵《え》。足《あし》で踏《ふ》むことができれば、キリスト教徒《きょうと》ではないと見《み》なされた。

学んだ日
／
／
／
／
／

江戸幕府《えどばくふ》に反乱《はんらん》を起《お》こしたアイヌの首長《しゅちょう》

46 シャクシャイン

？～1669年《ねん》／出身地《しゅっしんち》：北海道《ほっかいどう》

①北海道《ほっかいどう》や東北地方《とうほくちほう》には、アイヌが古《ふる》くから住《す》んでいた。

②首長《しゅちょう》のシャクシャインは、幕府《ばくふ》の松前藩《まつまえはん》に対抗《たいこう》して反乱《はんらん》を起《お》こす。

③戦《たたか》いは松前藩《まつまえはん》が優位《ゆうい》だったが、松前藩《まつまえはん》のほうから和解《わかい》を申《もう》し込《こ》まれる。

④しかし、和解《わかい》を祝《いわ》う宴会《えんかい》で松前藩《まつまえはん》に殺《ころ》される。

＼ほかにもいた！こんな人物《じんぶつ》／

アイヌにかかわる有名人《ゆうめいじん》たち

コシャマイン（？～1457年《ねん》）

シャクシャインと同《おな》じくアイヌの首長《しゅちょう》として、「コシャマインの戦《たたか》い」と呼《よ》ばれる反乱《はんらん》を起《お》こすが、敗《やぶ》れて殺《ころ》される。

松前慶広《まつまえよしひろ》（1548～1616年《ねん》）

豊臣秀吉《とよとみひでよし》や徳川家康《とくがわいえやす》に仕《つか》え、松前藩《まつまえはん》の初代藩主《しょだいはんしゅ》となる。

アイヌというと、北海道《ほっかいどう》にいたという以外《いがい》はあまりよく知《し》りません。

アイヌは文字《もじ》を持《も》たなかったとされていて、昔《むかし》の記録《きろく》が文字《もじ》で残《のこ》っていないんだ。
だからわからないことが多《おお》く、日本《にほん》やほかの国《くに》がアイヌについて書《か》いた文書《ぶんしょ》からしか、歴史《れきし》をたどれないんだ。
シャクシャインのことも、日本《にほん》側《がわ》の文書《ぶんしょ》に書《か》かれている以外《いがい》のことはあまりわかっていない。

そうなんですね。もっといろいろ知《し》りたいなあ。

でも、アイヌの言葉《ことば》が由来《ゆらい》の地《ち》名《めい》は北海道《ほっかいどう》や東北《とうほく》に多《おお》く、その地域《ちいき》に広《ひろ》く住《す》んでいたことは想《そう》像《ぞう》できる。
札幌《さっぽろ》や小樽《おたる》などの地名を聞《き》いたことはないかな。

あります！

もともと、アイヌの言葉《ことば》だったんですね！

明治時代《めいじじだい》になると日本人《にっぽんじん》が北海《ほっかい》道《どう》への開拓《かいたく》を進《すす》める。そのうちに、アイヌは日本人《にっぽんじん》との同化《どうか》が進《すす》んだ。しかし、今《いま》でもアイヌ独自《どくじ》の文化《ぶんか》を守《まも》り続《つづ》けている人《ひと》びとがいて、博物館《はくぶつかん》などもある。
北海道《ほっかいどう》に行《い》ったら、ぜひ行《い》ってみるといいと思《おも》うよ。

キーワード

アイヌ
現在《げんざい》の北海道《ほっかいどう》や東北地方《とうほくちほう》に住《す》んでいた先住民《せんじゅうみん》。日本《にほん》とは異《こと》なった言葉《ことば》や文化《ぶんか》を持《も》ち、江戸時代《えどじだい》には松前《まつまえ》藩《はん》と交易《こうえき》をしていた。

松前藩《まつまえはん》
江戸幕府《えどばくふ》で唯一《ゆいいつ》、北海道《ほっかいどう》を領地《りょうち》とした藩《はん》。現在《げんざい》の北《ほっ》海道南西部《かいどうなんせいぶ》を治《おさ》めていた。

学んだ日
／
／
／
／
／

47 宮本武蔵《みやもとむさし》

1584？～1645年《ねん》／出身地《しゅっしんち》：？

『五輪書《ごりんのしょ》』を書《か》いた江戸時代《えどじだい》の剣《けん》術家《じゅつか》

①10代《だい》のころから剣《けん》の修行《しゅぎょう》にはげみ、さまざまな敵《てき》をたおす。

②巌流島《がんりゅうじま》（山口県《やまぐちけん》）の決闘《けっとう》では佐々木小次郎《ささきこじろう》を破《やぶ》る。

③合戦《かっせん》にも参加《さんか》するが、島原《しまばら》の乱《らん》では腕《うで》を負傷《ふしょう》したという説《せつ》がある。

④兵法書《へいほうしょ》『五輪書《ごりんのしょ》』を書《か》き上《あ》げる。

ほかにもいた！こんな人物《じんぶつ》

江戸時代《えどじだい》の剣術家《けんじゅつか》たち

柳生宗矩《やぎゅうむねのり》（1571～1646年《ねん》）

徳川将軍家《とくがわしょうぐんけ》に剣術《けんじゅつ》を教《おし》える兵法指南役《へいほうしなんやく》となり、自分《じぶん》の剣《けん》の流派《りゅうは》である柳生新陰流《やぎゅうしんかげりゅう》を発展《はってん》させた。長男《ちょうなん》の三厳《みつよし》も剣豪《けんごう》「柳生十兵衛《やぎゅうじゅうべえ》」として劇《げき》や小説《しょうせつ》の題材《だいざい》となった。

千葉周作《ちばしゅうさく》（1793～1855年《ねん》）

北辰一刀流《ほくしんいっとうりゅう》をつくった剣術家《けんじゅつか》。北辰一刀流《ほくしんいっとうりゅう》は坂本龍馬《さかもとりょうま》が学《まな》んだことでも有名《ゆうめい》。

剣豪《けんごう》・宮本武蔵《みやもとむさし》！　やっぱりあこがれるなあ。

武蔵《むさし》と言《い》えば**巌流島《がんりゅうじま》の決闘《けっとう》**が有《ゆう》名《めい》だけど、相手《あいて》である**佐々木《ささき》小《こ》次郎《じろう》**の名前《なまえ》は後《あと》になって付《つ》けられたものなんだ。

え！　では本名《ほんみょう》は何《なん》と言《い》ったのですか。

実際《じっさい》の名前《なまえ》はよくわからないんだよ。武蔵《むさし》の養子《ようし》がつくった石碑《せきひ》には、巌流島《がんりゅうじま》の名前《なまえ》と同《おな》じ読《よ》みの「岩流《がんりゅう》」という名《な》の剣術家《けんじゅつか》と戦《たたか》ったと書《か》かれている。

小説《しょうせつ》や劇《げき》では佐々木小次郎《ささきこじろう》の名《な》前《まえ》で出《で》てくるから、それが広《ひろ》く知《し》られているけどね。

岩流《がんりゅう》よりは、小次郎《こじろう》のほうがいいなあ…。

小次郎《こじろう》は年齢《ねんれい》もよくわかっていない。巌流島《がんりゅうじま》の決闘《けっとう》のときに18才《さい》だったという説《せつ》が広《ひろ》まっているけれど、これは武蔵《むさし》の伝記《でんき》を書《か》いた人《ひと》の創作《そうさく》。20～30代《だい》だった武蔵《むさし》より年上《としうえ》で、60才《さい》や70才《さい》だったなんて説《せつ》もある。

それは、武蔵《むさし》のほうが体力《たいりょく》で有《ゆう》利《り》ですね。

武蔵《むさし》については、生《い》きていた当《とう》時《じ》のことはわからないことが多《おお》いんだよ。

キーワード

巌流島《がんりゅうじま》の決闘《けっとう》

宮本武蔵《みやもとむさし》と佐々木小次郎《ささきこじろう》による巌流島《がんりゅうじま》での戦《たたか》い。劇《げき》や小説《しょうせつ》などに何度《なんど》もえがかれた。

『五輪書《ごりんのしょ》』

宮本武蔵《みやもとむさし》が書《か》いた兵法書《へいほうしょ》。剣術以外《けんじゅついがい》に武士《ぶし》としての心《こころ》がまえも書《か》かれている。オリンピックを「五輪《ごりん》」と言《い》うのはこの本《ほん》が語源《ごげん》。

学んだ日

／

／

／

／

／

48 勝山《かつやま》

？～？年《ねん》／出身地《しゅっしんち》：？

男女《だんじょ》を問《と》わず大人気《だいにんき》となった、江戸時代《えどじだい》の遊女《ゆうじょ》

①最初《さいしょ》は、銭湯《せんとう》で働《はたら》いていたと言《い》われている。

②男《おとこ》のような服装《ふくそう》を身《み》にまとい、男女《だんじょ》を問《と》わず大人気《だいにんき》に。

③後《のち》に吉原《よしわら》で働くようになり、そこでも人気《にんき》ナンバーワンの遊女《ゆうじょ》となる。

④ある日《ひ》、吉原《よしわら》を辞《や》め、その後《ご》の人生《じんせい》はよくわからない。

＼ほかにもいた！こんな人物《じんぶつ》／

江戸時代《えどじだい》のファッションリーダーたち

佐野川市松《さのがわいちまつ》（1722～1762年《ねん》）

女形《おんながた》の歌舞伎役者《かぶきやくしゃ》。『高野心中《こうやしんじゅう》』という作品《さくひん》に出《で》たときの衣装《いしょう》に用《もち》いた模様《もよう》が「市松模《いちまつも》様《よう》」として大流行《だいりゅうこう》し、今《いま》でもさまざまなデザインに使《つか》われている。

瀬川菊之丞《せがわきくのじょう》（2代目《だいめ》）（1741～1773年《ねん》）

通称《つうしょう》は「路考《ろこう》」。身《み》につけるものすべてが「路考《ろこう》～」と呼《よ》ばれ、流行《りゅうこう》した歌舞伎役者《かぶきやくしゃ》。

ファッションリーダーというと、どんな人《ひと》を思《おも》い浮《う》かべる？

ええと…。ファッションモデルとか、芸能人《げいのうじん》とかですかね。

江戸《えど》時代《じだい》では、女性《じょせい》たちのファッションリーダーは吉原《よしわら》の遊女《ゆうじょ》だったんだ。
彼女《かのじょ》たちはルックスがきれいで、しぐさも上品《じょうひん》、教養《きょうよう》も高《たか》い。だから、男性《だんせい》だけでなく女性《じょせい》にとってもあこがれだったんだ。

同性《どうせい》にも好《す》かれたんですね。

中《なか》でも有名《ゆうめい》なのが**勝山《かつやま》**で、男《おとこ》ものの着物《きもの》に刀《かたな》を差《さ》した、男《おとこ》っぽい服装《ふくそう》で江戸《えど》一《いち》の人気《にんき》を得《え》た。若《わか》い女性《じょせい》はみんな彼女《かのじょ》のファッションを真似《まね》したんだ。

きっと、すごくおしゃれだったんですね。

見《み》た目《め》だけではない。遊女《ゆうじょ》たちは、武士《ぶし》や商人《しょうにん》の妻《つま》となる形《かたち》で辞《や》めることが多《おお》かったけれど、勝山《かつやま》はちがったようだ。

どう辞《や》めたんですか。

だれにも行《い》き先《さき》を知《し》らせず、ひっそりと吉原《よしわら》を辞《や》めたらしい。その後《ご》は、母親《ははおや》をくようするための旅《たび》に出《で》たという説《せつ》もあるんだ。
そんな、なぞめいた生《い》き方《かた》も、人気《にんき》の理由《りゆう》かもしれないね。

キーワード

勝山髷《かつやままげ》
勝山《かつやま》がしていたとされる髪型《かみがた》。一般《いっぱん》の女性《じょせい》の間《あいだ》で人気《にんき》となり、武士《ぶし》の妻《つま》の髪型《かみがた》としても定着《ていちゃく》した。

この時代《じだい》の世界《せかい》の人物《じんぶつ》

アイザック・ニュートン（1642～1727年《ねん》）
イギリスの科学者《かがくしゃ》。万有引力《ばんゆういんりょく》の法則《ほうそく》を発見《はっけん》し、物理学《ぶつりがく》を発展《はってん》させた。

学んだ日
／
／
／
／
／

儒教《じゅきょう》を重視《じゅうし》し、「生類憐《しょうるいあわれ》みの令《れい》」を定《さだ》めた将軍《しょうぐん》

49 徳川綱吉《とくがわつなよし》

1646～1709年《ねん》／出身地《しゅっしんち》：東京都《とうきょうと》

①兄《あに》の家綱《いえつな》のあとをついで、5代将軍《だいしょうぐん》となる。

②儒教《じゅきょう》を手本《てほん》として、礼儀《れいぎ》や学問《がくもん》を重視《じゅうし》した政治《せいじ》を行《おこな》う。

③生《い》き物《もの》の命《いのち》を大切《たいせつ》にするため、「生類《しょうるい》憐《あわれ》みの令《れい》」を出《だ》す。

④その後《ご》、動物愛護《どうぶつあいご》の精神《せいしん》はどんどんエスカレート。

⑤10万頭《まんとう》の犬《いぬ》を保護《ほご》する施設《しせつ》も造《つく》った。

⑥綱吉《つなよし》が亡《な》くなると、「生類憐《しょうるいあわれ》みの令《れい》」は廃止《はいし》された。

徳川綱吉《とくがわつなよし》というと、やっぱり犬《いぬ》のイメージがあります。

「生類憐《しょうるいあわれ》みの令《れい》」自体《じたい》は犬《いぬ》だけを対象《たいしょう》にしたものではないけどね。
でも、綱吉《つなよし》が戌年生《いぬどしう》まれだったから、特《とく》に犬《いぬ》を大事《だいじ》にしたのは事実《じじつ》みたいだ。
江戸《えど》に捨《す》て犬《いぬ》のための保護施設《ほごしせつ》を造《つく》ったんだけど、規模《きぼ》は一番《いちばん》大《おお》きいときで面積《めんせき》が百万平方《ひゃくまんへいほう》メートル。そこに10万頭近《まんとうちか》くの犬《いぬ》を保護《ほご》したと言《い》われている。

すごい規模《きぼ》だ！

犬《いぬ》にとっては天国《てんごく》ですね。人《ひと》にとってはどうだったんでしょうか。

人以外《ひといがい》の生《い》き物《もの》に気《き》を配《くば》れるのだから、余裕《よゆう》があるよね。この時代《じだい》はとても平和《へいわ》だったんだ。
江戸幕府《えどばくふ》の支配《しはい》も安定《あんてい》し、戦《たたか》いがなかったから人口《じんこう》が増《ふ》えて経済《けいざい》も成長《せいちょう》した。
元禄文化《げんろくぶんか》と言《い》って、近松門左衛門《ちかまつもんざえもん》や井原西鶴《いはらさいかく》、松尾芭蕉《まつおばしょう》たちが出《で》てきて、文化《ぶんか》がとても栄《さか》えた。

人《ひと》びとにとっても、実《じつ》は良《よ》い時代《だい》だったんですね。

やっぱり平和《へいわ》が一番《いちばん》ということだね。

キーワード

生類憐《しょうるいあわれ》みの令《れい》
徳川綱吉《とくがわつなよし》が出《だ》した法令《ほうれい》で、捨《す》て子《ご》や病人《びょうにん》の保護《ほご》のほか、犬《いぬ》などの動物《どうぶつ》を大事《だいじ》にすることを定《さだ》めた。

元禄文化《げんろくぶんか》
徳川綱吉《とくがわつなよし》の時代《じだい》は経済《けいざい》が安定《あんてい》し、文化《ぶんか》・芸術《げいじゅつ》が発展《はってん》。
近松門左衛門《ちかまつもんざえもん》、井原西鶴《いはらさいかく》、松尾芭蕉《まつおばしょう》などが活躍《かつやく》した。

学んだ日
／
／
／
／
／

町人《ちょうにん》の生活《せいかつ》を浮世草子《うきよぞうし》に書《か》いた
小説家《しょうせつか》

50 井原西鶴《いはらさいかく》

1642～1693年《ねん》／出身地《しゅっしんち》：大阪府《おおさかふ》

①若《わか》いころから俳句《はいく》の才能《さいのう》を発揮《はっき》した。

②小説家《しょうせつか》となり、小説《しょうせつ》『好色一代男《こうしょくいちだいおとこ》』を書《か》く。

③作品《さくひん》は浮世草子《うきよぞうし》と呼《よ》ばれ、大《だい》ベストセラーとなる。

④恋愛《れんあい》もの以外《いがい》に、町人《ちょうにん》や武家《ぶけ》の生活《せいかつ》をえがいた作品《さくひん》も書《か》いた。

ほかにもいた！こんな人物《じんぶつ》

江戸時代《えどじだい》の小説家《しょうせつか》たち

曲亭馬琴《きょくていばきん》（1767～1848年《ねん》）

武士《ぶし》の家《いえ》に生《う》まれたが、小説家《しょうせつか》の山東京伝《さんとうきょうでん》に弟子入《でしい》りする。長編小説《ちょうへんしょうせつ》『南総里見八犬伝《なんそうさとみはっけんでん》』で流行作家《りゅうこうさっか》となった。目《め》が見《み》えなくなっても口伝《くちづた》えで作品《さくひん》を書《か》き続《つづ》けた。

十返舎一九《じっぺんしゃいっく》（1765～1831年《ねん》）

ギャグや下《しも》ネタを多用《たよう》した小説《しょうせつ》『東海道中膝栗毛《とうかいどうちゅうひざくりげ》』が大流行《だいりゅうこう》した。

江戸時代《えどじだい》に、本《ほん》はどんな方法《ほうほう》で作《つく》られていたと思《おも》う？

今《いま》とちがって、1冊《さつ》ずつ書《か》き写《うつ》していたのかな。

いや。もうこの時代《じだい》は**木版印刷**《もくはんいんさつ》が広《ひろ》まっていて、多《おお》くの本《ほん》が読《よ》まれていた。
それまで貴族《きぞく》や武士《ぶし》のものだった本《ほん》が、町人《ちょうにん》にも広《ひろ》まったんだ。
でも、本自体《ほんじたい》はまだ高価《こうか》なものだったから、町人《ちょうにん》は貸本屋《かしほんや》で本《ほん》を借《か》りることも多《おお》かった。

DVDやCDのようにレンタルされていたんですね。

先日《せんじつ》、私《わたし》の家《いえ》の倉庫《そうこ》で、江戸時《えどじ》代後期《だいこうき》の百科事典《ひゃっかじてん》が見《み》つかったんだよ。
あやしげな日本地図《にほんちず》や世界地図《せかいちず》ものっているんだけど、それを見《み》ると、江戸《えど》で作《つく》った本《ほん》を大坂《おおさか》で印刷《いんさつ》したって書《か》いてある。

へえ！ 見《み》てみたいです。

江戸《えど》と大坂《おおさか》で、本作《ほんづく》りの作業《さぎょう》を分《わ》けていたんだ。
それだけ多《おお》くの人《ひと》が本作《ほんづく》りにかかわっていた。本作《ほんづく》りが当時《とうじ》、いかに大《おお》きな産業《さんぎょう》だったかがよくわかるね。

江戸時代《えどじだい》の産業《さんぎょう》って、すごく高《こう》度《ど》に発達《はったつ》していたんですね。

キーワード

浮世草子《うきよぞうし》

江戸時代《えどじだい》の町人《ちょうにん》・武士《ぶし》たちの生活《せいかつ》や気持《きも》ちをありのままにえがいた小説《しょうせつ》。

『好色一代男』《こうしょくいちだいおとこ》

井原西鶴《いはらさいかく》が最初《さいしょ》に書《か》いた浮世草子《うきよぞうし》。大坂《おおさか》の町人《ちょうにん》の自由《じゆう》な恋愛《れんあい》をえがき、大人気《だいにんき》となった。

学んだ日

／

／

／

／

／

51 近松門左衛門《ちかまつもんざえもん》

1653～1724年《ねん》／出身地《しゅっしんち》：福井県《ふくいけん》？

『曽根崎心中《そねざきしんじゅう》』を書《か》いた人形浄瑠璃《にんぎょうじょうるり》や歌舞伎《かぶき》の脚本家《きゃくほんか》

①武士《ぶし》の家《いえ》に生《う》まれ、京都《きょうと》にいるときに人形浄瑠璃《にんぎょうじょうるり》に出会《であ》う。

②武士《ぶし》の身分《みぶん》を捨《す》てて、人形浄瑠璃《にんぎょうじょうるり》の脚本家《きゃくほんか》となる。

③竹本義太夫《たけもとぎだゆう》のために書《か》いた脚本《きゃくほん》が大成功《だいせいこう》する。

④歌舞伎《かぶき》の脚本《きゃくほん》も書《か》き、こちらも大《だい》ヒット。

⑤再《ふたた》び人形浄瑠璃《にんぎょうじょうるり》の脚本《きゃくほん》を手《て》がけ、『曽根崎心中《そねざきしんじゅう》』は特《とく》に評判《ひょうばん》となる。

⑥亡《な》くなる直前《ちょくぜん》まで脚本《きゃくほん》を書《か》き続《つづ》けた。

近松門左衛門《ちかまつもんざえもん》は、武士《ぶし》から町人《ちょうにん》になったんですね。こういうことはよくあったのですか。

近松《ちかまつ》が生《い》きた**元禄**《げんろく》の時代《じだい》は、町《ちょう》人《にん》たちの収入《しゅうにゅう》も増《ふ》えて、とても豊《ゆた》かになった。

武士《ぶし》から町人《ちょうにん》になった人《ひと》も結構《けっこう》いたようだ。

ただ、近松《ちかまつ》が入《はい》った世界《せかい》は芸能《げいのう》の世界《せかい》。当時《とうじ》、**人形浄瑠璃**《にんぎょうじょうるり》や**歌**《か》**舞伎**《ぶき》などの芸能《げいのう》は、町人《ちょうにん》より低《ひく》い身分《みぶん》の人《ひと》が行《おこな》う、品《ひん》の良《よ》くないこととされていた。

今《いま》では、日本《にほん》らしい文化《ぶんか》の1つとしてみんなが認《みと》めています。

それは、芸能《げいのう》にたずさわってきた人《ひと》たちの苦労《くろう》と努力《どりょく》のたまものだね。

近松《ちかまつ》もまさにその1人《り》だ。それを示《しめ》す、わかりやすいエピソードがあるんだ。

何《なに》があったんですか。

当時《とうじ》、人形浄瑠璃《にんぎょうじょうるり》の台本《だいほん》には作《さく》者《しゃ》の名前《なまえ》は入《はい》らないことが当《あ》たり前《まえ》だった。身分《みぶん》の低《ひく》い人《ひと》の、品《ひん》の良《よ》くない劇《げき》だからね。

でも、近松《ちかまつ》は人形浄瑠璃《にんぎょうじょうるり》の脚本《きゃくほん》家《か》で初《はじ》めて、台本《だいほん》に自分《じぶん》の名前《なまえ》を記《しる》したという。

それだけ、自分《じぶん》の作品《さくひん》と人形浄《にんぎょうじょう》瑠璃《るり》にプライドを持《も》っていたんだね。

かっこいい！

キーワード

人形浄瑠璃《にんぎょうじょうるり》

人形劇《にんぎょうげき》の1つで、三味線《しゃみせん》の音楽《おんがく》と太夫《たゆう》の語《かた》りに合《あ》わせて、人形《にんぎょう》つかいが人形《にんぎょう》を動《うご》かして物語《ものがたり》が進《すす》む。

『曽根崎心中』《そねざきしんじゅう》

近松門左衛門《ちかまつもんざえもん》が書《か》いた人形浄瑠璃《にんぎょうじょうるり》の脚本《きゃくほん》。『国姓爺合戦《こくせんやかっせん》』『女殺油地獄《おんなころしあぶらのじごく》』などと並《なら》ぶ近松《ちかまつ》の代表作《だいひょうさく》。

学んだ日

／

／

／

／

／

52 松尾芭蕉《まつおばしょう》

1644～1694年《ねん》／出身地《しゅっしんち》：三重県《みえけん》

『おくのほそ道《みち》』を書《か》き、俳句《はいく》の芸術性《げいじゅつせい》を高《たか》めた俳人《はいじん》

①10代後半《だいこうはん》から俳句《はいく》を始《はじ》める。

②江戸《えど》に移《うつ》り住《す》み、俳句《はいく》をよむことを職業《しょくぎょう》にする。

③「わび」を重視《じゅうし》する、独自《どくじ》の作風《さくふう》を作《つく》り出《だ》す。

④弟子《でし》の曾良《そら》とともに『おくのほそ道《みち》』の旅《たび》に出《で》る。

⑤『おくのほそ道《みち》』では5ヵ月間《げつかん》で約2400キロもの距離《きょり》を歩《ある》いた。

⑥病気《びょうき》でたおれても、俳句《はいく》をよみ続《つづ》けた。

松尾芭蕉《まつおばしょう》は、本当《ほんとう》は**忍者《にんじゃ》**で幕府《ばくふ》のスパイだったって説《せつ》があるのを知《し》ってるかい。

え？　俳人《はいじん》じゃないんですか。

俳人《はいじん》を隠《かく》れみのにして、本当《ほんとう》は別《べつ》の本職《ほんしょく》を持《も》っていたという説《せつ》だよ。

『おくのほそ道《みち》』の歩《ある》くスピードが、当時《とうじ》の40代《だい》の男性《だんせい》としてはびっくりするぐらいの速《はや》さだということと、芭蕉《ばしょう》が忍者《にんじゃ》で有《ゆう》名《めい》な伊賀《いが》の出身《しゅっしん》だったことで言《い》われるようになったんだ。

へえ。おもしろいですね！

芭蕉《ばしょう》の旅《たび》の目的《もくてき》は、実《じつ》は仙台藩《せんだいはん》（宮城県《みやぎけん》）を監視《かんし》することだったのでは？　と言《い》う人《ひと》もいる。

実際《じっさい》はどうだったんでしょう。

本当《ほんとう》のところはわからない。ただ、監視《かんし》と思われるくらい。芭蕉《ばしょう》が自由《じゆう》に動《うご》いて旅《たび》をしていたのは事実《じじつ》みたいだ。

ちなみに江戸時代《えどじだい》は通行手形《つうこうてがた》を持《も》ち、伊勢神宮《いせじんぐう》（三重県《みえけん》）などの神社《じんじゃ》、寺《てら》に旅行《りょこう》した人《ひと》びとも多《おお》かった。いわば、空前《くうぜん》の旅行《りょこう》ブームだったんだ。街道沿《かいどうぞ》いには、旅行者向《りょこうしゃむ》けの宿《やど》や茶屋《ちゃや》などもつぎつぎに建《た》てられていった。芭蕉《ばしょう》の忍者説《にんじゃせつ》も、こうした時代《じだい》ならではの説《せつ》と言《い》えるね。

キーワード

俳句《はいく》

5・7・5の17音《おん》からなる短《みじか》い詩《し》。松尾芭蕉《まつおばしょう》が芸《げい》術性《じゅつせい》の高《たか》い文学《ぶんがく》に発展《はってん》させ、世界《せかい》じゅうに愛好者《あいこうしゃ》も多《おお》い。

『おくのほそ道《みち》』

松尾芭蕉《まつおばしょう》が書《か》いた紀行文《きこうぶん》で、多《おお》くの俳句《はいく》が収《おさ》められている。芭蕉《ばしょう》は江戸《えど》から東北《とうほく》、北陸《ほくりく》、岐阜《ぎふ》と約《やく》2400キロの道《みち》のりを歩《ある》いた。

学んだ日

／

／

／

／

／

和算《わさん》を西洋《せいよう》の数学《すうがく》に負《ま》けないレベルに発展《はってん》させた数学者《すうがくしゃ》

53 関孝和《せきたかかず》

1642？～1708年《ねん》／出身地《しゅっしんち》：東京都《とうきょうと》？

①子《こ》どものころから中国《ちゅうごく》や日本《にほん》の数学《すうがく》を独学《どくがく》で勉強《べんきょう》する。

②独自《どくじ》に、筆算《ひっさん》による計算法《けいさんほう》を考案《こうあん》する。

③円周率《えんしゅうりつ》を小数第《しょうすうだい》11位《い》まで計算《けいさん》する。

④以後《いご》も研究《けんきゅう》を続《つづ》けて、日本独自《にほんどくじ》の数学《すうがく》「和算《わさん》」を発展《はってん》させた。

＼ほかにもいた！こんな人物《じんぶつ》／

江戸時代《えどじだい》の科学者《かがくしゃ》たち

渋川春海《しぶかわはるみ》（1639～1715年《ねん》）
天体観測《てんたいかんそく》を重《かさ》ね、日本独自《にほんどくじ》の暦《こよみ》「貞享暦《じょうきょうれき》」を作成《さくせい》した天文学者《てんもんがくしゃ》。日本初《にほんはつ》の地球儀《ちきゅうぎ》をつくったことでも知《し》られている。

華岡青洲《はなおかせいしゅう》（1760～1835年《ねん》）
世界初《せかいはつ》の全身麻酔《ぜんしんますい》に成功《せいこう》した医者《いしゃ》。実《じつ》の母《はは》と妻《つま》が麻酔《ますい》の実験台《じっけんだい》になったことで有名《ゆうめい》。

現在《げんざい》、日本《にほん》で使《つか》われているのは西洋《せいよう》の数学《すうがく》だけど、それとは別《べつ》の形《かたち》で発展《はってん》した**和算《わさん》**という学問《がくもん》もある。知《し》っているかい？

知《し》りませんでした。算数《さんすう》は苦手《にがて》だし…。それよりゲームが好《す》きかな。

本当《ほんとう》よね。

でも、和算《わさん》は当時《とうじ》のゲームみたいなものだったんだ。算額《さんがく》といって、最初《さいしょ》はむずかしい算数《さんすう》の問題《もんだい》が解《と》けたことを神《かみ》さまに感謝《かんしゃ》するために、問題《もんだい》と解《と》き方《かた》を絵馬《えま》や板《いた》に書《か》き、神社《じんじゃ》や寺《てら》に納《おさ》めていた。そのうち、問題《もんだい》だけを書《か》いて納《おさ》める人《ひと》が出《で》てきたり、それを見《み》た別《べつ》の人《ひと》が解《と》いて、解《と》き方《かた》だけを納《おさ》めたりするようになっていった。

まるでクイズの出題者《しゅつだいしゃ》と回答者《かいとうしゃ》みたいですね！

それなら、ぼくも算数《さんすう》がもっと好《す》きになれるかも。

どうかしら。

その和算《わさん》で最《もっと》も有名《ゆうめい》な人《ひと》が**関孝和《せきたかかず》**だ。西洋《せいよう》と比《くら》べても引《ひ》けを取《と》らない、当時《とうじ》の世界《せかい》の最先端《さいせんたん》の数学者《すうがくしゃ》だったんだよ。

キーワード

和算《わさん》

日本《にほん》で独自《どくじ》に生《う》み出《だ》された数学《すうがく》。関孝和《せきたかかず》が西洋《せいよう》の数学《すうがく》にひっ敵《てき》するレベルに発展《はってん》させ、江戸時代後期《えどじだいこうき》に最《もっと》も栄《さか》えた。

この時代《じだい》の世界《せかい》の人物《じんぶつ》

ルイ14世《せい》（1638～1715年《ねん》）

フランスの皇帝《こうてい》で、海外《かいがい》に領土《りょうど》を広《ひろ》げた。「ヴェルサイユ宮殿《きゅうでん》」を建《た》てたことでも有名《ゆうめい》。

学んだ日

／

／

／

／

／

54 貝原益軒《かいばらえきけん》

1630～1714年《ねん》／出身地《しゅっしんち》：福岡県《ふくおかけん》

『養生訓《ようじょうくん》』『和俗童子訓《わぞくどうじくん》』を書《か》いた儒学者《じゅがくしゃ》

①父《ちち》や兄《あに》に学問《がくもん》を教《おそ》わり、勉強好《べんきょうず》きに。

②勤《つと》めていた福岡藩《ふくおかはん》を一時追《いちじお》われるが、後《のち》に許《ゆる》されて復帰《ふっき》。

③朝鮮通信使《ちょうせんつうしんし》との対応《たいおう》など、藩《はん》のために活躍《かつやく》する。

④70才《さい》を過《す》ぎてから物書《ものか》きに専念《せんねん》し、多《おお》くの書物《しょもつ》を残《のこ》す。

＼ほかにもいた！こんな人物《じんぶつ》／

江戸時代《えどじだい》の儒学者《じゅがくしゃ》たち

林羅山《はやしらざん》（1583～1657年《ねん》）

徳川家康以降《とくがわいえやすいこう》、４代《だい》の将軍《しょうぐん》に政治《せいじ》ブレーンとして仕《つか》えた。多《おお》くの法令《ほうれい》に協力《きょうりょく》・助言《じょげん》を行《おこな》い、江戸幕府《えどばくふ》の政治《せいじ》の仕組《しく》みづくりに大《おお》きくかかわった。

雨森芳洲《あめのもりほうしゅう》（1668～1755年《ねん》）

朝鮮語《ちょうせんご》、中国語《ちゅうごくご》に優《すぐ》れ、朝鮮通信使《ちょうせんつうしんし》との外交《がいこう》で活躍《かつやく》した。

江戸時代《えどじだい》のころ、世界《せかい》で最《もっと》も教《きょう》育水準《いくすいじゅん》が高《たか》かったのはどの国《くに》だと思《おも》う?

イギリスかフランスか…どこだろう。

実《じつ》は、日本《にほん》なんだよ。幕末《ばくまつ》の日本《にほん》の**識字率《しきじりつ》**（読《よ》み書《か》きできる人《ひと》の割合《わりあい》）は世界最高《せかいさいこう》レベルで、教育《きょういく》を受《う》けたことのある人《ひと》の割合《わりあい》も他国《たこく》よりはるかに高《たか》かったと言《い》われている。これは、町人《ちょうにん》たちに読《よ》み書《か》きや計算《けいさん》を教《おし》える**寺子屋《てらこや》**が各地《かくち》にあったからだ。

みんな教育熱心《きょういくねっしん》だったんですね。

そうだね。だけど、子《こ》を甘《あま》やかす親《おや》も多《おお》かったようだね。そんな人《ひと》びとを厳《きび》しくいましめたのが、貝原益軒《かいばらえきけん》の『**和俗童子《わぞくどうじ》訓《くん》**』だ。彼《かれ》は儒学者《じゅがくしゃ》でもあり、『**養生訓《ようじょうくん》**』という健康指南書《けんこうしなんしょ》を書《か》いたことでも有名《ゆうめい》だね。

多才《たさい》な人《ひと》ですね!

『和俗童子訓《わぞくどうじくん》』には、子《こ》どもを優《やさ》しく育《そだ》てすぎることの問題点《もんだいてん》や、幼《おさな》いうちから勉強《べんきょう》させることの大切《たいせつ》さが書《か》かれていて、寺《てら》子屋《こや》の教師《きょうし》や、町人《ちょうにん》の親《おや》に愛読《あいどく》された。当時《とうじ》、この本《ほん》を読《よ》んで教育《きょういく》ママ・パパになった人《ひと》もたくさんいたと思《おも》うよ。

キーワード

『養生訓《ようじょうくん》』
貝原益軒《かいばらえきけん》が書《か》いた健康法《けんこうほう》の解説書《かいせつしょ》。長生《ながい》きするための体《からだ》や精神《せいしん》の健康《けんこう》の保《たも》ち方《かた》が書《か》かれている。

『和俗童子訓《わぞくどうじくん》』
貝原益軒《かいばらえきけん》が書《か》いた教育書《きょういくしょ》。寺子屋《てらこや》の先生《せんせい》たちに広《ひろ》く読《よ》まれ、教育《きょういく》に大《おお》きな影響《えいきょう》を与《あた》えた。

学んだ日
／
／
／
／
／

55 徳川吉宗《とくがわよしむね》

1684～1751年《ねん》／出身地《しゅっしんち》：和歌山県《わかやまけん》

享保《きょうほう》の改革《かいかく》を進《すす》め、米《こめ》による収《しゅう》入安定《にゅうあんてい》に努《つと》めた将軍《しょうぐん》

①紀州藩《きしゅうはん》（和歌山県《わかやまけん》）の藩主《はんしゅ》から８代将《だいしょう》軍《ぐん》となる。

②かたむく江戸幕府《えどばくふ》の財政《ざいせい》を立《た》て直《なお》そうと、享保《きょうほう》の改革《かいかく》を行《おこな》った。

③目安箱《めやすばこ》を設置《せっち》し、人《ひと》びとから政治《せいじ》への意見《いけん》を集《あつ》めた。

④足高《たしだか》の制《せい》を定《さだ》め、家柄《いえがら》にとらわれない人事《じんじ》を実施《じっし》した。

⑤最《もっと》も力《ちから》を入《い》れたのが、米《こめ》による収入《しゅうにゅう》を増《ふ》やすこと。「米将軍《こめしょうぐん》」と呼《よ》ばれた。

⑥享保《きょうほう》の改革《かいかく》によって、幕府《ばくふ》の財政《ざいせい》は改《かい》善《ぜん》された。

「火事《かじ》とけんかは江戸《えど》の華《はな》」という言葉《ことば》がある。江戸《えど》ではとても火事《かじ》とけんかが多《おお》かったという意味《いみ》なんだ。けんかはともかく、なぜ江戸《えど》では火事《かじ》が多《おお》かったと思《おも》う?

ええと…、やっぱり家《いえ》が木造《もくぞう》だからでしょうか。

それも大《おお》きい。あと、江戸《えど》は急速《きゅうそく》に人口《じんこう》が増《ふ》え、18世紀《せいき》には百万人《ひゃくまんにん》を超《こ》えたと言《い》われている。だとすると、当時《とうじ》の世界《せかい》で1、2を争《あらそ》う人口《じんこう》の都市《とし》だから、火事《かじ》も起《お》きやすかったと思《おも》うよ。

当時《とうじ》は消防署《しょうぼうしょ》みたいなものはあったんですか?

火消《ひけし》という消防組織《しょうぼうそしき》があり、武《ぶ》士中心《しちゅうしん》の武家火消《ぶけびけし》と、町人中心《ちょうにんちゅうしん》の町火消《まちびけし》の2つがあった。町火消《まちびけし》は**徳川吉宗《とくがわよしむね》**が将軍《しょうぐん》だったとき、江戸南町《えどみなみまち》の奉行《ぶぎょう》だった大《おお》岡忠相《おかただすけ》がつくった。当時《とうじ》、江戸《えど》の町《まち》は南北《なんぼく》の町奉行《まちぶぎょう》が治《おさ》めていたんだよ。

奉行《ぶぎょう》!時代劇《じだいげき》でよく聞《き》きます。

大岡忠相《おおおかただすけ》は時代劇《じだいげき》の「大岡越《おおおかえち》前《ぜん》」のモデルだ。彼《かれ》は、徳川《とくがわ》吉宗《よしむね》の足高《たしだか》の制《せい》によって才能《さいのう》を認《みと》められて起用《きよう》された人材《じんざい》。**享《きょう》保《ほう》の改革《かいかく》**のおかげで、江戸《えど》の消《しょう》防《ぼう》が大《おお》きく発展《はってん》したと言《い》えるんだ。

キーワード

享保《きょうほう》の改革《かいかく》
徳川吉宗《とくがわよしむね》が進《すす》めた政治改革《せいじかいかく》。質素《しっそ》をすすめぜいたくを禁止《きんし》したほか、目安箱《めやすばこ》の設置《せっち》、足高《たしだか》の制《せい》などを行《おこな》った。

米将軍《こめしょうぐん》
徳川吉宗《とくがわよしむね》につけられたあだ名《な》。米《こめ》の増産《ぞうさん》やたくわえ、価格《かかく》の安定化《あんていか》など米《こめ》についての政策《せいさく》が多《おお》かったため。

学んだ日
／
／
／
／
／

56 平賀源内《ひらがげんない》

1728～1779年《ねん》／出身地《しゅっしんち》：香川県《かがわけん》

エレキテルの修理《しゅうり》など、いろいろなことに才能《さいのう》を発揮《はっき》した学者《がくしゃ》

①小《ちい》さいころから発明好《はつめいず》きだった。

②発明家《はつめいか》・画家《がか》・作家《さっか》・実業家《じつぎょうか》など、多《た》方面《ほうめん》で活躍《かつやく》する。

③オランダ製《せい》の「エレキテル」の修理《しゅうり》に成功《せいこう》する。

④７～８月《がつ》にうなぎを食《た》べる習慣《しゅうかん》を広《ひろ》めた。

＼ほかにもいた！こんな人物《じんぶつ》／

江戸時代《えどじだい》の発明家《はつめいか》たち

田中久重《たなかひさしげ》（1799～1881年《ねん》）

万年時計《まんねんどけい》と呼《よ》ばれる大型《おおがた》の置《お》き時計《どけい》や蒸気機関《じょうききかん》、電話機《でんわき》などを開発《かいはつ》し、「からくり儀右《ぎえ》衛門《もん》」と呼《よ》ばれた。

国友一貫斎《くにともいっかんさい》（1778～1840年《ねん》）

日本《にほん》で初《はじ》めて空気銃《くうきじゅう》や反射望遠鏡《はんしゃぼうえんきょう》を発明《はつめい》した。天文学者《てんもんがくしゃ》でもあった。

平賀源内《ひらがげんない》はいろいろなことをやっていて、よくわからない人《ひと》です。

そうだね。焼《や》き物《もの》にも手《て》を出《だ》していて、源内焼《げんないやき》というレベルの高《たか》い焼《や》き物《もの》を作《つく》ったり、西洋《せいよう》の絵《え》に使《つか》われていた青色《あおいろ》の顔料《がんりょう》を作《つく》ったり。

こうした源内《げんない》の強《つよ》い好奇心《こうきしん》は、西洋《せいよう》からの影響《えいきょう》が大《おお》きいと思《おも》うよ。

でも、当時《とうじ》は**鎖国**《さこく》していましたよね。

鎖国《さこく》はしていたけれど、オランダとは長崎《ながさき》の**出島**《でじま》で貿易《ぼうえき》や交流《こうりゅう》を続《つづ》けていて、海外《かいがい》の情報《じょうほう》を集《あつ》めていた。

海外《かいがい》の進《すす》んだ科学技術《かがくぎじゅつ》を取《と》り入《い》れて、産業《さんぎょう》の発展《はってん》につなげようとしていたし、幕府《ばくふ》が見込《みこ》んだ才能《さいのう》ある武士《ぶし》を、若《わか》いうちに出島《でじま》に派遣《はけん》して勉強《べんきょう》させたりしていた。

源内《げんない》も長崎《ながさき》に行《い》っていたんでしょうか。

もちろん。そこで西洋《せいよう》のさまざまな文化《ぶんか》に接《せっ》したんだ。源内《げんない》は『解体新書《かいたいしんしょ》』を作《つく》った**杉田玄白**《すぎたげんぱく》と友《とも》だちで、亡《な》くなったときの葬式《そうしき》も玄白《げんぱく》が中心《ちゅうしん》になって行《おこな》った。西洋《せいよう》の文化《ぶんか》に興味《きょうみ》を持《も》つ者《もの》同士《どうし》、ひかれ合《あ》うものがあったんだろうね。

キーワード

エレキテル

静電気《せいでんき》を発生《はっせい》させるオランダ製《せい》の機械《きかい》。平賀源内《ひらがげんない》は町人《ちょうにん》に見《み》せ、見物料《けんぶつりょう》を取《と》っていたという。

土用《どよう》の丑《うし》の日《ひ》

夏《なつ》の土用《どよう》の丑《うし》の日《ひ》（7月下旬《がつげじゅん》～8月上旬《がつじょうじゅん》のうちの1～2日《か》）にうなぎを食《た》べると良《よ》いという習慣《しゅうかん》は、平賀源内《ひらがげんない》が考《かんが》え出《だ》したと言《い》われている。

学んだ日

／

／

／

／

／

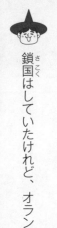

寛政《かんせい》の改革《かいかく》を進《すす》め、ぜいたくやごらくを禁止《きんし》した老中《ろうじゅう》

57 松平定信《まつだいらさだのぶ》

1758～1829年《ねん》／出身地《しゅっしんち》：東京都《とうきょうと》

①徳川吉宗《とくがわよしむね》の孫《まご》として生《う》まれ、はじめは将軍候補《しょうぐんこうほ》だった。

②田沼意次《たぬまおきつぐ》に嫌《きら》われ、白河藩《しらかわはん》（福島県《ふくしまけん》）に養子《ようし》に出《だ》される。

③ききんにうまく対処《たいしょ》し、名君《めいくん》と呼《よ》ばれる。

④江戸幕府《えどばくふ》の老中《ろうじゅう》となり、田沼意次《たぬまおきつぐ》を辞《や》めさせる。

⑤吉宗《よしむね》を見習《みなら》い、質素《しっそ》・倹約《けんやく》をすすめる寛政《かんせい》の改革《かいかく》を行《おこな》う。

⑥人《ひと》びとの反感《はんかん》を買《か》い、老中《ろうじゅう》を辞《や》めることに。

松平定信《まつだいらさだのぶ》の**寛政《かんせい》の改革《かいかく》**は、うまくいったんでしょうか。

厳《きび》しすぎて、うまくいかなかったんだよ。
彼《かれ》が辞《や》めさせた**田沼意次《たぬまおきつぐ》**のほうが良《よ》かったと思《おも》う町人《ちょうにん》が「白河《しらかわ》の 清《きよ》きに魚《さかな》も 住《す》みかねて もとの濁《にご》りの 田沼恋《たぬまこい》しき」なんて歌《うた》をよんだりした。
でも、定信《さだのぶ》が改革《かいかく》を行《おこな》わないといけないくらい、当時《とうじ》の江戸幕《えどばく》府《ふ》にはお金《かね》がなかったんだ。

なぜお金《かね》がなかったのですか。

幕府《ばくふ》が持《も》っていた鉱山《こうざん》から金銀《きんぎん》が取《と》れなくなってきたこともあるし、**ききん**が起《お》きて農民《のうみん》からの年貢《ねんぐ》が減《へ》ったこともある。
また、商業活動《しょうぎょうかつどう》が盛《さか》んになった町人《ちょうにん》たちから税《ぜい》をあまり取《と》らなかったことも大《おお》きい。

町人《ちょうにん》は税《ぜい》がなかったんですか？

まったくなかったわけではない。でも、農民《のうみん》に比《くら》べたら負担《ふたん》は軽《かる》かったみたいだね。
幕府《ばくふ》は、お金《かね》については「農民《のうみん》たちから年貢《ねんぐ》を取《と》って、財源《ざいげん》にする」という考《かんが》えにとらわれていたようだ。
だから町人《ちょうにん》はどんどんお金《かね》が貯《た》まるけれど、幕府《ばくふ》はお金《かね》に困《こま》っていったんだ。

キーワード

田沼意次《たぬまおきつぐ》（1719～1788年《ねん》）
9、10代将軍《だいしょうぐん》の時代《じだい》に活躍《かつやく》し、商業《しょうぎょう》を重視《じゅうし》した政策《せいさく》を進《すす》めた。わいろや汚職《おしょく》が多《おお》くなり、辞《や》めさせられた。

寛政《かんせい》の改革《かいかく》
松平定信《まつだいらさだのぶ》が進《すす》めた政治改革《せいじかいかく》。ぜいたくやごらくの禁《きん》止《し》、米《こめ》のたくわえなど、祖父《そふ》の徳川吉宗《とくがわよしむね》と似《に》た政策《せいさく》も多《おお》い。

学んだ日
／
／
／
／
／

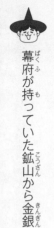

時代《じだい》がまるわかり！ 年表《ねんぴょう》

1600

1603年《ねん》
徳川家康《とくがわいえやす》が征夷大将軍《せいいたいしょうぐん》となり、江戸幕府《えどばくふ》を開《ひら》く

1635年《ねん》
徳川家光《とくがわいえみつ》が「武家諸法度《ぶけしょはっと》」に参勤交代《さんきんこうたい》の条文《じょうぶん》を加《くわ》える ！

1639年《ねん》
幕府《ばくふ》がポルトガル船《せん》の日本《にほん》への来航《らいこう》を禁止《きんし》し、鎖国《さこく》が始《はじ》まる

1682年《ねん》
井原西鶴《いはらさいかく》が浮世草子《うきよぞうし》『好色一代男《こうしょくいちだいおとこ》』を発表《はっぴょう》する

1613年《ねん》
伊達政宗《だてまさむね》が慶長遣欧使節《けいちょうけんおうしせつ》をヨーロッパに派遣《はけん》する
幕府《ばくふ》が全国《ぜんこく》でキリスト教《きょう》を禁止《きんし》する

1614〜15年《ねん》
大坂冬《おおさかふゆ》の陣《じん》・夏《なつ》の陣《じん》で豊臣家《とよとみけ》がほろびる

1637年《ねん》
天草四郎《あまくさしろう》が島原《しまばら》の乱《らん》を起《お》こす

1669年《ねん》
アイヌ民族《みんぞく》のシャクシャインが松前藩《まつまえはん》に反乱《はんらん》を起《お》こす

1685年《ねん》
徳川綱吉《とくがわつなよし》が「生類憐《しょうるいあわれ》みの令《れい》」を定《さだ》める

トピックス ！

参勤交代《さんきんこうたい》はつらいよ！

徳川家光《とくがわいえみつ》が定《さだ》めた「参勤交代《さんきんこうたい》」の制度《せいど》。藩《はん》にとっては、とてもお金《かね》がかかる制度《せいど》だった。大《おお》きな藩《はん》では一度《いちど》に数千人《すうせんにん》が移動《いどう》するし、江戸《えど》の邸宅《ていたく》にもお金《かね》がかかる。藩《はん》によっては、収入《しゅうにゅう》の半分《はんぶん》以上《いじょう》が参勤交代《さんきんこうたい》の費用《ひよう》にあてられたという話《はなし》もあるよ。

江戸時代《えどじだい》

1702年《ねん》
松尾芭蕉《まつおばしょう》の紀行文《きこうぶん》
『おくのほそ道《みち》』が出版《しゅっぱん》される

1703年《ねん》
近松門左衛門《ちかまつもんざえもん》が人形浄瑠璃《にんぎょうじょうるり》
『曽根崎心中《そねざきしんじゅう》』を発表《はっぴょう》する

1776年《ねん》
平賀源内《ひらがげんない》が
エレキテルを
修理《しゅうり》する

1700

1800

1716年《ねん》
徳川吉宗《とくがわよしむね》が享保《きょうほう》の改革《かいかく》を始《はじ》める

1787年《ねん》
松平定信《まつだいらさだのぶ》が寛政《かんせい》の改革《かいかく》を始《はじ》める ！

学んだ日
／
／
／
／
／

トピックス ！ 江戸《えど》の人《ひと》は世界一《せかいいち》のガーデニング好《ず》き！

江戸時代《えどじだい》は、武士《ぶし》も町人《ちょうにん》も園芸《えんげい》が大好《だいす》き。世界的《せかいてき》にもめずらしいくらい多《おお》くの人《ひと》が、鉢植《はちう》えのさいばいや大《おお》きな庭造《にわづく》りに熱中《ねっちゅう》した。松平定信《まつだいらさだのぶ》も一族《いちぞく》そろって園芸好《えんげいず》きで、自分《じぶん》も多《おお》くの植物《しょくぶつ》を育《そだ》てたし、親《しん》せきの松平《まつだいら》定朝《さだとも》は300種類近《しゅるいちか》くの新《あたら》しい花《はな》の品種《ひんしゅ》を作《つく》ったと言《い》われているよ。

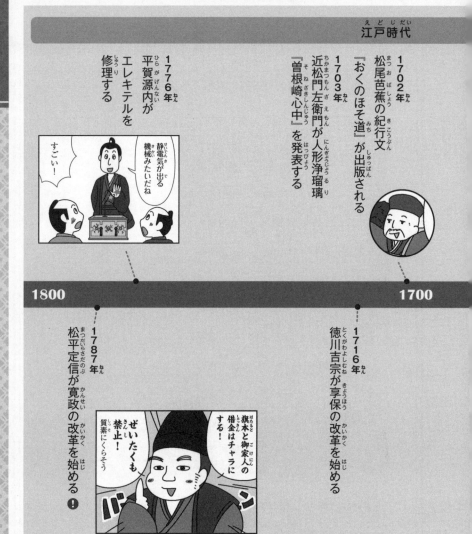

コラム　江戸幕府《えどばくふ》の歴代将軍《れきだいしょうぐん》15人《にん》

江戸幕府《えどばくふ》には、どんな将軍《しょうぐん》がいたのでしょうか。

※表《ひょう》の年号《ねんごう》は生没年《せいぼつねん》

初代《しょだい》	1542～1616年《ねん》	徳川家康《とくがわいえやす》
2代《だい》	1579～1632年《ねん》	徳川秀忠《とくがわひでただ》
3代《だい》	1604～1651年《ねん》	徳川家光《とくがわいえみつ》
4代《だい》	1641～1680年《ねん》	徳川家綱《とくがわいえつな》
5代《だい》	1646～1709年《ねん》	徳川綱吉《とくがわつなよし》
6代《だい》	1662～1712年《ねん》	徳川家宣《とくがわいえのぶ》
7代《だい》	1709～1716年《ねん》	徳川家継《とくがわいえつぐ》
8代《だい》	1684～1751年《ねん》	徳川吉宗《とくがわよしむね》
9代《だい》	1712～1761年《ねん》	徳川家重《とくがわいえしげ》
10代《だい》	1737～1786年《ねん》	徳川家治《とくがわいえはる》
11代《だい》	1773～1841年《ねん》	徳川家斉《とくがわいえなり》
12代《だい》	1793～1853年《ねん》	徳川家慶《とくがわいえよし》
13代《だい》	1824～1858年《ねん》	徳川家定《とくがわいえさだ》
14代《だい》	1846～1866年《ねん》	徳川家茂《とくがわいえもち》
15代《だい》	1837～1913年《ねん》	徳川慶喜《とくがわよしのぶ》

7代目《だいめ》の家継《いえつぐ》は7才《さい》で亡《な》くなっています。最《もっと》も長《なが》く将軍《しょうぐん》の座《ざ》にあったのは11代目《だいめ》の家斉《いえなり》で、在位《ざいい》は約《やく》50年間《ねんかん》に及《およ》びます。

6章《しょう》

江戸時代《えどじだい》②

1800年《ねん》ごろ～ 1868年《ねん》

江戸時代《えどじだい》②（1800年《ねん》ごろ～1868年《ねん》）

ここはどんな時代《じだい》??

安定《あんてい》していた江戸幕《えどばく》府《ふ》がかたむき、ほろんでいく時代《じだい》だよ！

1 鎖国《さこく》が終《お》わった！

アメリカのペリーが来日《らいにち》して開国《かいこく》をせまった。幕府《ばくふ》は鎖国《さこく》をやめたけれど、結《むす》んだ条約《じょうやく》は日本《にほん》に不利《ふり》なもの。「幕府《ばくふ》に日本《にほん》をまかせられない」と思《おも》う人《ひと》が増《ふ》え、幕府《ばくふ》をたおそうとする動《うご》き（倒幕《とうばく》）が出《で》てきたよ。

ここを読《よ》もう
ペリー（→P180）、井伊直弼《いいなおすけ》（→P184）

2 尊皇攘夷《そんのうじょうい》が盛《も》り上《あ》がった！

この時代《じだい》は「尊皇攘夷《そんのうじょうい》」という考《かんが》えが盛《も》り上《あ》がった。天皇《てんのう》を大事《だいじ》にする「尊皇《そんのう》」と、日本《にほん》を植民地《しょくみんち》にしたい外国《がいこく》を追《お》い払《はら》おうとする「攘夷《じょうい》」の考《かんが》えが合体《がったい》したもので、倒幕《とうばく》を目指《めざ》す人《ひと》の中心的《ちゅうしんてき》な考《かんが》えだったよ。

ここを読《よ》もう

吉田松陰《よしだしょういん》（→P186）、高杉晋作《たかすぎしんさく》（→P192）

3 江戸幕府《えどばくふ》がほろんだ！

地方《ちほう》の藩《はん》のうち、長州藩《ちょうしゅうはん》と薩摩藩《さつまはん》が、朝廷《ちょうてい》と手《て》を組《く》んで幕府《ばくふ》をたおそうと動《うご》き出《だ》した。幕府《ばくふ》は戦争《せんそう》をしたりして必死《ひっし》に生《い》き残《のこ》ろうとしたが、最後《さいご》は敗《やぶ》れた。こうして、武士《ぶし》による政治《せいじ》が終《お》わったんだ。

ここを読《よ》もう

坂本龍馬《さかもとりょうま》（→P190）、勝海舟《かつかいしゅう》（→P188）、徳川慶喜《とくがわよしのぶ》（→P194）

学《ま》んだ日

／

／

／

／

／

58 杉田玄白《すぎたげんぱく》

1733～1817年《ねん》／出身地《しゅっしんち》：東京都《とうきょうと》

オランダ語《ご》の医学書《いがくしょ》を日本語《にほんご》にほんやくした医者《いしゃ》

①ある日《ひ》、オランダ語《ご》の医学書《いがくしょ》『ターヘル・アナトミア』を手《て》に入《い》れる。

②同《おな》じ本《ほん》を持《も》っていた前野良沢《まえのりょうたく》と江戸《えど》で解剖《かいぼう》を見学《けんがく》する。

③『ターヘル・アナトミア』を日本語《にほんご》にほんやくすることを決意《けつい》する。

④しかし、オランダ語《ご》の辞書《じしょ》は当時《とうじ》なく、ほんやくは大変《たいへん》。

⑤ほんやくした『解体新書《かいたいしんしょ》』の完成《かんせい》までに約《やく》4年《ねん》を要《よう》した。

⑥ほんやくのときの思《おも》い出《で》を『蘭学事始《らんがくことはじめ》』に記《しる》す。

『解体新書《かいたいしんしょ》』は杉田玄白《すぎたげんぱく》と前野《まえの》良沢《りょうたく》が共同《きょうどう》でほんやくしたけれど、著者《ちょしゃ》として記《しる》されているのは杉田玄白《すぎたげんぱく》だけなんだ。

え、なぜですか? せっかく長《なが》い時間《じかん》をかけてつくったのに。

はっきりした理由《りゆう》はわからないけれど、良沢《りょうたく》はほんやくが完《かん》ぺきではないことをわかっていたので、名前《なまえ》を出《だ》したがらず、発《はっ》表《ぴょう》することにも反対《はんたい》していたらしいよ。

もったいないですね。

確《たし》かに、『解体新書《かいたいしんしょ》』にはまちがいも多《おお》い。当時《とうじ》の良沢《りょうたく》はオランダ語《ご》の知識《ちしき》を少《すこ》しは持《も》っていたけれど、ほんやくができるようなレベルではなかったんだ。

すると『解体新書《かいたいしんしょ》』の発表《はっぴょう》は、玄白《げんぱく》の希望《きぼう》だったんですね。

そう。「おれは年《とし》をとっている。いつ死《し》ぬかわからない」と言《い》って、発表《はっぴょう》を急《いそ》いだらしい。もっとも、玄白《げんぱく》より良沢《りょうたく》のほうが9才年上《さいとしうえ》なんだけどね。彼《かれ》らもすごいけれど、発表《はっぴょう》した『解体新書《かいたいしんしょ》』を読《よ》む人《ひと》びとがきちんといたというのも、実《じつ》はすごいことだ。江戸時代《えどじだい》の教養《きょうよう》の高《たか》さを表《あらわ》しているね。

キーワード

『解体新書《かいたいしんしょ》』
オランダ語《ご》の医学書《いがくしょ》『ターヘル・アナトミア』を、杉田玄白《すぎたげんぱく》や前野良沢《まえのりょうたく》らが日本語《にほんご》にほんやくしたもの。発表《はっぴょう》までに約《やく》4年《ねん》かかった。

『蘭学事始《らんがくことはじめ》』
杉田玄白《すぎたげんぱく》が83才《さい》のときに書《か》いた回想記《かいそうき》。『解体新書《かいたいしんしょ》』ほんやくのときの苦労話《くろうばなし》が書《か》かれている。

学んだ日
／
／
／
／
／

59 本居宣長《もとおりのりなが》

1730～1801年《ねん》／出身地《しゅっしんち》：三重県《みえけん》

日本《にほん》の古典《こてん》を研究《けんきゅう》し、『古事記《こじき》伝《でん》』を発表《はっぴょう》した国学者《こくがくしゃ》

①商人《しょうにん》の家《いえ》に生《う》まれたが、医者《いしゃ》となる。

②京都《きょうと》に行《い》き、古典文学《こてんぶんがく》に夢中《むちゅう》になる。

③医者《いしゃ》の仕事《しごと》をしながら、古典《こてん》の研究《けんきゅう》を行《おこな》う。

④賀茂真淵《かものまぶち》に会《あ》い、『古事記《こじき》』の研究《けんきゅう》を決心《けっしん》する。

⑤『古事記伝《こじきでん》』44巻《かん》を書《か》き上《あ》げる。

⑥宣長《のりなが》の本《ほん》は、幕末《ばくまつ》の尊皇攘夷《そんのうじょうい》の考《かんが》え方《かた》に大《おお》きな影響《えいきょう》を与《あた》えた。

本居宣長《もとおりのりなが》は、**尊皇攘夷《そんのうじょうい》**の考《かんが》え方《かた》にどう影響《えいきょう》を与《あた》えたんですか。

江戸幕府《えどばくふ》は儒教《じゅきょう》を重視《じゅうし》していた。だから、教《おし》える学問《がくもん》も中国《ちゅうごく》のものが中心《ちゅうしん》だった。
でも「日本《にほん》の昔《むかし》のことを研究《けんきゅう》したい」と考《かんが》える人《ひと》びとが出《で》てきた。それが**賀茂真淵《かものまぶち》**や宣長《のりなが》だ。彼《かれ》らは国学者《こくがくしゃ》と呼《よ》ばれた。

日本《にほん》の昔《むかし》のことが、当時《とうじ》は新《あたら》しい学問《がくもん》だったんですね。

すると、例《たと》えば『古事記《こじき》』では「日本《にほん》は天皇家《てんのうけ》から始《はじ》まった」と書《か》いてあるから、国学者《こくがくしゃ》や読《どく》者《しゃ》たちは「天皇中心《てんのうちゅうしん》の国《くに》なのに、なぜ幕府《ばくふ》があるんだろう?」と疑問《ぎもん》を持《も》つようになっていったんだ。

なるほど! 尊皇攘夷《そんのうじょうい》につながります。

ちなみに、倒幕《とうばく》の原動力《げんどうりょく》になったのは、地方《ちほう》の武士《ぶし》たちだけど、実《じつ》は商人《しょうにん》や工業生産者《こうぎょうせいさんしゃ》たちの力《ちから》もあった。
彼《かれ》らは多《おお》くの富《とみ》を得《え》ていたが、身分《みぶん》は武士《ぶし》のほうが上《うえ》。しかも、幕府《ばくふ》や武士《ぶし》に貸《か》したお金《かね》を法律《ほうりつ》で帳消《ちょうけ》しにされたりもした。
だから、武士《ぶし》に対《たい》して不満《ふまん》が大《おお》きくなり、倒幕《とうばく》する側《がわ》を支援《しえん》したりした。彼《かれ》らは、倒幕《とうばく》の影《かげ》の立役者《たてやくしゃ》ともいえるね。

キーワード

賀茂真淵《かものまぶち》(1697～1769年《ねん》)
『万葉集《まんようしゅう》』を研究《けんきゅう》した国学者《こくがくしゃ》。本居宣長《もとおりのりなが》が真淵《まぶち》と会《あ》ったのは一度《いちど》だけだが、手紙《てがみ》で交流《こうりゅう》を続《つづ》けた。

『古事記伝《こじきでん》』
本居宣長《もとおりのりなが》が書《か》いた『古事記《こじき》』の解説書《かいせつしょ》。賀茂真淵《かものまぶち》や宣長《のりなが》の研究《けんきゅう》は、幕末《ばくまつ》の尊皇攘夷思想《そんのうじょういしそう》に大《おお》きな影響《えいきょう》を与《あた》えた。

学んだ日
／
／
／
／
／

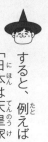

ロシアに漂着《ひょうちゃく》し、皇帝《こうてい》と面会《めんかい》した廻船《かいせん》の船頭《せんどう》

60 大黒屋光太夫《だいこくやこうだゆう》

1751～1828年《ねん》／出身地《しゅっしんち》：三重県《みえけん》

①船《ふね》で江戸《えど》に向《む》かう途中《とちゅう》、嵐《あらし》にあう。

②漂流《ひょうりゅう》して、ロシアに到着《とうちゃく》する。

③帰《かえ》り方《かた》がわからず、約《やく》10年間《ねんかん》ロシアで暮《く》らす。

④ロシアの女帝《じょてい》・エカテリーナ２世《せい》と会《あ》う。

⑤帰国《きこく》し、将軍《しょうぐん》の徳川家斉《とくがわいえなり》にロシアのことを話《はな》す。

⑥その後《ご》は江戸《えど》で静《しず》かに暮《く》らした。

君《きみ》たちは紅茶《こうちゃ》をよく飲《の》むかい。

毎朝《まいあさ》飲《の》みます！

日本《にほん》にはもともとお茶《ちゃ》はなくて、奈良時代《ならじだい》ごろに中国《ちゅうごく》から伝《つた》わったとされている。

鎌倉時代以降《かまくらじだいいこう》、禅《ぜん》の文化《ぶんか》や茶《ちゃ》の湯《ゆ》の発達《はったつ》とともに飲《の》む習慣《しゅうかん》が定着《ていちゃく》したけど、紅茶《こうちゃ》が伝《つた》わったのはおそくて、明治時代《めいじじだい》だった。

では、明治時代《めいじじだい》まで日本人《にっぽんじん》は紅茶《こう》を飲《の》んだことがなかったんですか。

いや。1791年《ねん》、**大黒屋光太夫**《だいこくやこうだゆう》がロシアの皇帝《こうてい》・**エカテリーナ2世**《せい》が開《ひら》いたお茶会《ちゃかい》に招《まね》かれて、紅茶《こうちゃ》をふるまわれたようだ。もちろん、それ以前《いぜん》に飲《の》んだ人《ひと》がいた可能性《かのうせい》もあるけれど、記録上《きろくじょう》ではこれが最《もっと》も古《ふる》い。

へえ。どんな味《あじ》がしたんだろう。

味《あじ》はわからないけど、光太夫《こうだゆう》はロシアに約《やく》10年《ねん》もの間《あいだ》、滞在《たいざい》していた。しかも最初《さいしょ》に流《なが》れ着《つ》いたのは、アメリカのアラスカに近《ちか》い島《しま》だった。そこで4年間《ねんかん》を過《す》ごした後《あと》、何《なん》とか皇帝《こうてい》のもとまでたどり着《つ》いたんだ。苦難《くなん》の末《すえ》に飲《の》んだ紅茶《こうちゃ》だったんだよ。

キーワード

廻船《かいせん》

荷物《にもつ》や人《ひと》を乗《の》せて運《はこ》ぶ船《ふね》のこと。江戸時代《えどじだい》は船《ふね》による輸送《ゆそう》が盛《さか》んで、各都市《かくとし》を廻船《かいせん》が行《い》き来《き》していた。

エカテリーナ2世《せい》**（1729～1796年**《ねん》**）**

ロシア・ロマノフ王朝《おうちょう》の第《だい》8代皇帝《だいこうてい》。ロシアの領土《りょうど》を拡大《かくだい》させたほか、政治制度《せいじせいど》の近代化《きんだいか》も進《すす》めた。

学んだ日

／

／

／

／

／

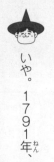

日本全国《にほんぜんこく》を測量《そくりょく》し、正確《せいかく》な日本《にほん》地図《ちず》を完成《かんせい》させた商人《しょうにん》

61 伊能忠敬《いのうただたか》

1745～1818年《ねん》／出身地《しゅっしんち》：千葉県《ちばけん》

①農家《のうか》に生《う》まれたが、伊能家《いのうけ》の養子《ようし》となる。

②伊能家《いのうけ》のあとつぎとなり、商人《しょうにん》として活躍《かつやく》。

③50才《さい》を過《す》ぎて江戸《えど》で天文学《てんもんがく》や測量術《そくりょうじゅつ》を学《まな》ぶ。

④蝦夷地《えぞち》（現在《げんざい》の北海道《ほっかいどう》）をほぼ自費《じひ》で旅《たび》して地図《ちず》を作《つく》る。

⑤蝦夷地《えぞち》の地図《ちず》が幕府《ばくふ》に認《みと》められ、日本《にほん》地図《ちず》を作《つく》ることに。

⑥日本地図《にほんちず》を作《つく》るために全国《ぜんこく》を歩《ある》く。

伊能忠敬《いのうただたか》が作《つく》った地図《ちず》は非常《ひじょう》に正確《せいかく》だったから、江戸城内《えどじょうない》で厳《きび》しく保管《ほかん》され、**海外《かいがい》への持《も》ち出《だ》しが禁止《きんし》**された。

え？ なぜですか。

海外《かいがい》の国《くに》ぐにが日本《にほん》をせめ込《こ》むときの資料《しりょう》になってしまうのをおそれたんだ。

地図《ちず》は今《いま》だとインターネットで見《み》ほうだいですが、それとは大《おお》ちがいですね。

当時《とうじ》、地図《ちず》は国《くに》の重要機密《じゅうようきみつ》だったんだよ。でも、オランダの**シーボルト**という医師《いし》が長崎《ながさき》にいて、忠敬《ただたか》の地図《ちず》を手《て》に入《い》れて持《も》ち出《だ》そうとした。これでシーボルトは国外追放《こくがいついほう》になった。

忠敬《ただたか》の地図《ちず》は、そんなに出来《でき》が良《よ》かったんですか。

そう。忠敬《ただたか》の地図《ちず》は、今《いま》の地図《ちず》と比《くら》べてみてもほとんどくるいがないくらい正確《せいかく》なんだ。当時《とうじ》の西洋《せいよう》の最先端《さいせんたん》の地図《ちず》と比《くら》べても、見《み》おとりしないよ。しかも、彼《かれ》は50才《さい》を過《す》ぎてから江戸《えど》で測量《そくりょう》を学《まな》んだ。当時《とうじ》の人《ひと》びとの平均寿命《へいきんじゅみょう》が40~50才《さい》ぐらいだったと言《い》われているから、それ自体《じたい》もすごいことだね。

キーワード

「大日本沿海輿地全図《だいにほんえんかいよちぜんず》」

伊能忠敬《いのうただたか》が作成《さくせい》した日本地図《にほんちず》。とても正確《せいかく》な地図《ちず》のため、江戸幕府《えどばくふ》は国外《こくがい》への持《も》ち出《だ》しを禁止《きんし》した。

この時代《じだい》の世界《せかい》の人物《じんぶつ》

ナポレオン1世《せい》（1769～1821年《ねん》）

フランスの政治家《せいじか》で、皇帝《こうてい》となってからヨーロッパの多《おお》くの地域《ちいき》を治《おさ》めたが、後《のち》に失脚《しっきゃく》した。

学んだ日

／

／

／

／

／

「東海道五十三次《とうかいどうごじゅうさんつぎ》」シリーズをえがいた浮世絵師《うきよえし》

62 歌川広重《うたがわひろしげ》

1797～1858年《ねん》／出身地《しゅっしんち》：東京都《とうきょうと》

①武家火消《ぶけけびけし》の家《いえ》に生《う》まれ、13才《さい》であとをつぐ。

②絵《え》も大好《だいす》きで、15才《さい》で浮世絵師《うきよえし》に弟《で》子入《しい》りする。

③27才《さい》で浮世絵師《うきよえし》に専念《せんねん》する。

④葛飾北斎《かつしかほくさい》の「富嶽三十六景《ふがくさんじゅうろっけい》」などの風景画《ふうけいが》に影響《えいきょう》されて…

⑤「東海道五十三次《とうかいどうごじゅうさんつぎ》」シリーズをえがき、人気《にんき》となる。

⑥その絵《え》は、遠《とお》くはなれた西洋《せいよう》の画家《がか》にも影響《えいきょう》を与《あた》えた。

歌川広重《うたがわひろしげ》は、安藤広重《あんどうひろしげ》という名《な》前《まえ》で呼《よ》ばれることもありますね。

うん。彼《かれ》の本名《ほんみょう》は安藤重右衛《あんどうじゅうえ》門《もん》。**浮世絵師**《うきよえし》になるときに歌川《うたがわ》豊広《とよひろ》という人《ひと》へ弟子《でし》入りして、ペンネームとしてもらった名前《なまえ》が「歌川広重《うたがわひろしげ》」だった。だから、安藤広重《あんどうひろしげ》という呼《よ》び名《な》は正《ただ》しくないんだ。

この間《あいだ》、海外《かいがい》の人《ひと》が着《き》ていたTシャツに広重《ひろしげ》の絵《え》がえがかれていたのを見《み》ました。

浮世絵《うきよえ》は海外《かいがい》でも大人気《だいにんき》だ。ゴッホやモネなど、当時《とうじ》の西洋《せいよう》の画《が》家《か》に大《おお》きな影響《えいきょう》を与《あた》えた。ゴッホの家《いえ》には浮世絵《うきよえ》の版画《はんが》がたくさんかざられていたようだ。

広重《ひろしげ》については、絵《え》の青《あお》い色《いろ》の美《うつく》しさも人気《にんき》の理由《りゆう》だね。

当時《とうじ》の海外《かいがい》の人《ひと》が、浮世絵《うきよえ》を入《にゅう》手《しゅ》する機会《きかい》があったのですね。

浮世絵《うきよえ》は1点《てん》ものではなく、木《もく》版画《はんが》としてたくさん印刷《いんさつ》されたんだよ。1つの絵《え》につき、200枚《まい》ぐらいが平均《へいきん》の刷《す》り部数《ぶすう》だったらしいけど、人気《にんき》のある絵《え》はもっと印刷《いんさつ》されたようだ。

その中《なか》のいくつかが、海外《かいがい》に流《りゅう》出《しゅつ》したんだろうね。

キーワード

浮世絵《うきよえ》

江戸時代《えどじだい》の絵画《かいが》の種類《しゅるい》の1つ。木版画《もくはんが》として大量《たいりょう》に印刷《いんさつ》され、多《おお》くの町人《ちょうにん》たちに親《した》しまれた。

「東海道五十三次」《とうかいどうごじゅうさんつぎ》

歌川広重《うたがわひろしげ》による浮世絵《うきよえ》のシリーズ。東海道《とうかいどう》の53の宿場《しゅくば》などをえがいたもので、大《だい》ヒットとなった。

学んだ日

／

／

／

／

／

63 葛飾北斎《かつしかほくさい》

1760～1849年《ねん》／出身地《しゅっしんち》：東京都《とうきょうと》

「富嶽三十六景《ふがくさんじゅうろっけい》」シリーズをえがいた浮世絵師《うきよえし》

①19才《さい》で絵《え》の道《みち》に入《はい》る。

②とても研究熱心《けんきゅうねっしん》で、いろいろな絵《え》の影《えい》響《きょう》をうけた。

③変《か》わり者《もの》で、画号《がごう》を変《か》えること30回《かい》。

④引《ひ》っ越《こ》すこと93回《かい》。

⑤70才《さい》を過《す》ぎて代表作《だいひょうさく》「富嶽三十六景《ふがくさんじゅうろっけい》」シリーズをえがく。

⑥90才《さい》で亡《な》くなるまで現役《げんえき》の画家《がか》として活躍《かつやく》した。

「富嶽三十六景《ふがくさんじゅうろっけい》」はとても迫力《はくりょく》がある絵《え》ばかりです！

このダイナミックさ、構図《こうず》の大《だい》胆《たん》さが西洋人《せいようじん》にも大人気《だいにんき》だ。「ライフ」というアメリカの雑《ざっ》誌《し》が選《えら》んだ「この1000年《ねん》で最《もっと》も重要《じゅうよう》な功績《こうせき》を残《のこ》した世界《せかい》の人物《じんぶつ》100人《にん》」の中《なか》で、日《に》本人《ほんじん》でただ1人《り》選ばれたのが、葛飾北斎《かつしかほくさい》。絵画《かいが》の世界《せかい》への影響《えいきょう》力《りょく》の大《おお》きさがわかる。

北斎《ほくさい》はものすごい変《か》わり者《もの》だったみたいですね。

というか、浮世絵《うきよえ》のこと以外《いがい》に興味《きょうみ》がなかったようだ。北斎《ほくさい》の娘《むすめ》によると、北斎《ほくさい》が80才《さい》を過《す》ぎ、すでに大画家《だいがか》になっていたころでも、腕組《うでぐ》みして「ねこ1匹《ぴき》すらえがけない」と涙《なみだ》を流《なが》して絵《え》の下手《へた》さをなげいたという。

すごい！80才《さい》を過《す》ぎても絵《え》をえがいていたんですね。

北斎《ほくさい》は90才《さい》まで生《い》きた。当時《とうじ》としては考《かんが》えられないくらいの長生《ながい》きだ。代表作《だいひょうさく》の「富嶽《ふがく》三十六景《さんじゅうろっけい》」も70才過《さいす》ぎの作品《さくひん》なんだ。絵《え》への情熱《じょうねつ》のすさまじさには、ただただおどろくほかないね。

キーワード

「富嶽三十六景《ふがくさんじゅうろっけい》」

葛飾北斎《かつしかほくさい》による浮世絵《うきよえ》のシリーズで、各地域《かくちいき》から見《み》た富士山《ふじさん》の姿《すがた》をえがいた。実際《じっさい》には46の風景《ふうけい》がえがかれている。

この時代《じだい》の世界《せかい》の人物《じんぶつ》

ルートヴィヒ・ヴァン・ベートーヴェン（1770～1827年《ねん》）

ドイツの作曲家《さっきょくか》。音楽《おんがく》の芸術性《げいじゅつせい》を高《たか》め、「運命《うんめい》」「田園《でんえん》」などの交響曲《こうきょうきょく》が有名《ゆうめい》。

学んだ日
／
／
／
／
／

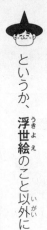

64 大塩平八郎《おおしおへいはちろう》

1793～1837年《ねん》／出身地《しゅっしんち》：大阪府《おおさかふ》

ききんに苦《くる》しむ人《ひと》びとのために
大坂《おおさか》で反乱《はんらん》を起《お》こした儒学者《じゅがくしゃ》

①大坂奉行所《おおさかぶぎょうしょ》の与力《よりき》（地位《ちい》の低《ひく》い武士《ぶし》）として、厳《きび》しく犯罪《はんざい》を取《と》りしまった。

②与力《よりき》を辞《や》めて、儒教《じゅきょう》の塾《じゅく》を開《ひら》く。

③大《だい》ききんが起《お》き、食《た》べものに困《こま》る人《ひと》びとがたくさん出《で》る。

④商人《しょうにん》や奉行所《ぶぎょうしょ》に、米《こめ》を分《わ》け与《あた》えるようにうったえるが失敗《しっぱい》。

⑤困《こま》った平八郎《へいはちろう》は、反乱《はんらん》を起《お》こした。

⑥しかし乱《らん》に失敗《しっぱい》し、自害《じがい》する。

大塩平八郎《おおしおへいはちろう》の乱《らん》は、島原《しまばら》の乱《らん》以《い》来《らい》200年《ねん》ぶりに起《お》きた、旗本《はたもと》（地位《ちい》の高《たか》い武士《ぶし》）が兵《へい》を出《だ》した戦《たたか》いだったんだ。

江戸時代《えどじだい》が、いかに平和《へいわ》だったかがわかりますね。

だから、この戦《たたか》いには多《おお》くの人《ひと》がおどろいた。しかも、大塩平《おおしおへい》八郎《はちろう》は大坂奉行所《おおさかぶぎょうしょ》の元与力《もとよりき》だったことで、さらにおどろいたんだ。

反乱《はんらん》を起《お》こすくらい、大坂《おおさか》では米《こめ》が不足《ふそく》していたんですか？

まず、**ききん**があってもともと米《こめ》の生産量《せいさんりょう》が少《すく》なかった。しかも江戸幕府《えどばくふ》が、優先的《ゆうせんてき》に江《え》戸《ど》へ米《こめ》を送《おく》ったし、お金《かね》のある商人《しょうにん》は米《こめ》の価格《かかく》の上昇《じょうしょう》をねらって買《か》い占《し》めたんだ。だから大坂《おおさか》の人《ひと》びとの多《おお》くは、米《こめ》を手《て》に入《い》れることができず、亡《な》くなる人《ひと》もたくさんいた。

幕府《ばくふ》も商人《しょうにん》もひどいですね。

うん。もうこの時代《じだい》になると、困《こま》った人《ひと》びとに対《たい》して、幕府《ばくふ》が効果《こうか》のある対策《たいさく》を打《う》ち出《だ》せなくなっていた。大塩平八郎《おおしおへいはちろう》の乱《らん》は、幕府《ばくふ》の支配《しはい》がゆらぎ始《はじ》めたことを示《しめ》した事《じ》件《けん》だったんだ。

キーワード

大塩平八郎《おおしおへいはちろう》の乱《らん》

1837年《ねん》に、大塩平八郎《おおしおへいはちろう》が教《おし》え子《ご》たちと起《お》こした反《はん》乱《らん》。半日《はんにち》で反乱《はんらん》はしずめられ、平八郎《へいはちろう》は自害《じがい》した。

この時代《じだい》の世界《せかい》の人物《じんぶつ》

チャールズ・ダーウィン（1809～1882年《ねん》）

英国《えいこく》の科学者《かがくしゃ》。『種《しゅ》の起源《きげん》』を書《か》いて進化論《しんかろん》を発表《はっぴょう》した。

学んだ日

／

／

／

／

／

天保《てんぽう》の改革《かいかく》を進《すす》めたが、途中《とちゅう》で辞《や》めさせられた老中《ろうじゅう》

65 水野忠邦《みずのただくに》

1794～1851年《ねん》／出身地《しゅっしんち》：佐賀県《さがけん》

①ききんや外国船《がいこくせん》が近《ちか》づき、人《ひと》びとの間《あいだ》に不安《ふあん》が広《ひろ》がっていた。

②老中《ろうじゅう》となった忠邦《ただくに》は、天保《てんぽう》の改革《かいかく》を行《おこな》う。

③改革《かいかく》は、武士以外《ぶしいがい》の人《ひと》びとに負担《ふたん》を強《し》いる内容《ないよう》であった。

④北町奉行《きたまちぶぎょう》の遠山景元《とおやまかげもと》は改革《かいかく》の行《い》きすぎを警告《けいこく》した。

⑤忠邦《ただくに》は人《ひと》びとの反感《はんかん》を買《か》い、老中《ろうじゅう》を辞《や》めさせられる。

⑥辞《や》めた後《あと》、屋敷《やしき》を人《ひと》びとにおそわれた。

マンガを見《み》ると、水野忠邦《みずのただくに》はすごくきらわれていたみたいですね。

天保《てんぽう》の改革《かいかく》は「改革《かいかく》」と言《い》われるけれど、行《おこな》ったことは**享保《きょうほう》の改革《かいかく》**や**寛政《かんせい》の改革《かいかく》**と似《に》た内容《ないよう》が多《おお》く、変《か》わりつつある日本《にほん》に対《たい》応《おう》できていなかったんだ。
江戸幕府《えどばくふ》の年貢《ねんぐ》を増《ふ》やすために、都市《とし》にいた農民《のうみん》を無理《むり》やり農村《のうそん》に帰《かえ》したり、商人《しょうにん》を取《と》りしまったりした。
けれども、多《おお》くの人《ひと》の反感《はんかん》を買《か》ってしまった。

時代《じだい》おくれの改革《かいかく》だったということですか。

そうだね。農民《のうみん》たちが生産《せいさん》した米《こめ》をもとにして国《くに》をつくるという幕府《ばくふ》のやり方に無理《むり》が生《しょう》じてきていた。
農民《のうみん》の不満《ふまん》も大《おお》きかったし、幕《ばく》府《ふ》が考《かんが》える以上《いじょう》に町人《ちょうにん》たちの力《ちから》が強《つよ》くなっていた。

武士《ぶし》の力《ちから》も低下《ていか》していたんでしょうか。

商人《しょうにん》に借金《しゃっきん》して、返《かえ》せないくらいだからね。
忠邦《ただくに》の政策《せいさく》が失敗《しっぱい》したことで、幕府《ばくふ》の力《ちから》はますます弱《よわ》まった。

幕府《ばくふ》がほろびるのを結果的《けっかてき》には早《はや》めてしまったと言《い》えるかもしれないね。

キーワード

天保《てんぽう》の改革《かいかく》
水野忠邦《みずのただくに》が行《おこな》った政治改革《せいじかいかく》。ぜいたくやごらくを禁《きん》止《し》したほか、人返《ひとがえ》し令《れい》を定《さだ》め、農民《のうみん》を強制的《きょうせいてき》に農村《のうそん》へ帰《かえ》した。

遠山景元《とおやまかげもと》（1793～1855年《ねん》）
江戸北町奉行《えどきたまちぶぎょう》を務《つと》め、水野忠邦《みずのただくに》と対立《たいりつ》した。「遠山《とおやま》の金《きん》さん」として劇《げき》や小説《しょうせつ》に取《と》り上《あ》げられ、人気《にんき》がある。

学んだ日
／
／
／
／
／

66 ペリー

1794～1858年《ねん》／出身地《しゅっしんち》：アメリカ

江戸幕府《えどばくふ》に開国《かいこく》をせまったアメリカ海軍《かいぐん》の軍人《ぐんじん》

①父《ちち》も兄《あに》も海軍《かいぐん》の軍人《ぐんじん》という家《いえ》に生《う》まれる。

② 1853年《ねん》、黒船《くろふね》を率《ひき》いて日本《にほん》に開国《かいこく》を迫《せま》った。

③1年後《ねんご》に再来日《さいらいにち》して、幕府《ばくふ》と日米和親《にちべいわしん》条約《じょうやく》を結《むす》ぶ。

④退役後《たいえきご》は日本《にほん》でのことを航海記《こうかいき》として書物《しょもつ》にまとめた。

ほかにもいた！こんな人物《じんぶつ》

幕末《ばくまつ》に来日《らいにち》した西洋人《せいようじん》たち

ハリス（1804～1878年《ねん》）

アメリカの代表《だいひょう》として日米修好通商条約《にちべいしゅうこうつうしょうじょうやく》を締結《ていけつ》し、その後《ご》、初代駐日公使《しょだいちゅうにちこうし》となる。自身《じしん》が書《か》いた日記《にっき》の中《なか》で、日本人《にっぽんじん》のことを高《たか》く評価《ひょうか》している。

グラバー（1838～1911年《ねん》）

スコットランドの武器商人《ぶきしょうにん》。長崎《ながさき》の邸宅跡《ていたくあと》は「グラバー園《えん》」として有名《ゆうめい》。

江戸幕府《えどばくふ》は200年以上《ねんいじょう》にわたって鎖国《さこく》を行《おこな》い、日本人《にっぽんじん》の出《しゅつ》入国《にゅうこく》を禁《きん》じていたけれど、終《お》わるきっかけとなったのがアメリカの艦隊《かんたい》の来航《らいこう》だ。

知《し》ってます！ **黒船《くろふね》**ですね。実《じっ》際《さい》に黒《くろ》かったのですか？

そう。黒塗《くろぬ》りの船体《せんたい》で、しかも初《はじ》めは4隻《せき》、1年後《ねんご》は9隻《せき》もやって来《き》たから、当時《とうじ》の日本人《にっぽんじん》はとてもおどろいたんだ。
その艦隊《かんたい》を率《ひき》いたのがペリー。彼《かれ》は幕府《ばくふ》と交渉《こうしょう》して、**日米和親《にちべいわしん》条約《じょうやく》**を締結《ていけつ》。幕府《ばくふ》とアメリカの間《あいだ》に国交《こっこう》が開《ひら》かれたんだ。

日本人《にっぽんじん》は黒船《くろふね》を見《み》ておどろいたけど、ペリーたちは日本人《にっぽんじん》をどう思《おも》ったのでしょうか？

それ、すごく気《き》になる！

ペリーは、航海記《こうかいき》にこう書《か》いているよ。「日本人《にっぽんじん》が文明《ぶんめい》の技能《ぎのう》を持《も》ったならば、機械工業《きかいこうぎょう》の成《せい》功《こう》を目指《めざ》す強力《きょうりょく》なライバルとなるだろう」と。
これはおどろくべきことだと思《おも》うよ。
明治維新以降《めいじいしんいこう》、工業化《こうぎょうか》を進《すす》め、太平洋戦争《たいへいようせんそう》で敗《やぶ》れた後《あと》も復興《ふっこう》して、世界有数《せかいゆうすう》の経済大国《けいざいたいこく》となった現在《げんざい》の日本《にほん》のことを予言《よげん》しているんだ。

キーワード

黒船《くろふね》
ペリーが率《ひき》いたアメリカの艦隊《かんたい》で、船《ふね》の色《いろ》が黒《くろ》かったためにこう呼《よ》ばれた。浦賀《うらが》（神奈川県《かながわけん》）に来航《らいこう》し、多《おお》くの日本人《にっぽんじん》をおどろかせた。

日米和親条約《にちべいわしんじょうやく》
1854年《ねん》に江戸幕府《えどばくふ》とアメリカが結《むす》んだ条約《じょうやく》。日本《にほん》は下田《しもだ》（静岡県《しずおかけん》）と箱館《はこだて》（北海道《ほっかいどう》）を開港《かいこう》し、鎖国《さこく》が終《お》わった。

学んだ日
／
／
／
／
／

独力《どくりょく》で蒸気船《じょうきせん》を造《つく》り上《あ》げた江戸《えど》時代《じだい》の職人《しょくにん》

67 前原巧山《まえばらこうざん》

1812～1892年《ねん》／出身地《しゅっしんち》：愛媛県《えひめけん》

①宇和島藩《うわじまはん》（愛媛県《えひめけん》）の藩主《はんしゅ》・伊達宗城《だてむねなり》は黒船《くろふね》にあこがれる。

②船造《ふねづく》りを、船《ふね》の知識《ちしき》ゼロの職人《しょくにん》・前原《まえばら》巧山《こうざん》に命《めい》じる。

③宗城《むねなり》は前原《まえばら》を武士《ぶし》に取《と》り立《た》てる。

④前原《まえばら》は長崎《ながさき》や薩摩《さつま》に行《い》き、蒸気船《じょうきせん》の知《ち》識《しき》を学《まな》ぶ。

⑤いつの間《ま》にか、船造《ふねづく》りに没頭《ぼっとう》するようになる。

⑥ 1859 年《ねん》、蒸気船《じょうきせん》が完成《かんせい》する。

ペリーの来航後《らいこうご》、「蒸気船《じょうきせん》を日《に》本《ほん》でも造《つく》ろう」という動《うご》きが各《かく》地《ち》で起《お》こったんだけれど、その中《なか》に四国《しこく》の宇和島藩《うわじまはん》もあった。建造《けんぞう》を任《まか》せられたのが、**前原巧**《まえばらこう》**山**《さん》だ。

彼《かれ》は船《ふね》の技術《ぎじゅつ》にくわしかったのですか。

いや。前原《まえばら》はもともと仏壇《ぶつだん》・仏《ぶつ》具《ぐ》の職人《しょくにん》で、船《ふね》についてはまったくの素人《しろうと》。「器用《きよう》だから」という理由《りゆう》だけで任命《にんめい》されたんだ。
でも彼《かれ》はがんばって、まず蒸気《じょうき》機関《きかん》の試作品《しさくひん》を造《つく》った。藩主《はんしゅ》はとても喜《よろこ》び、ほうびとしてその場《ば》で彼《かれ》を武士《ぶし》に取《と》り立《た》てた。

その場《ば》で武士《ぶし》になったんですか！

その日《ひ》の朝《あさ》は普通《ふつう》に職人姿《しょくにんすがた》で出《で》かけたのに、夕方《ゆうがた》になって刀《かたな》を差《さ》して家《いえ》に帰《かえ》ってきたという。家族《かぞく》や近所《きんじょ》の人《ひと》はとてもびっくりしたらしいよ。

蒸気船《じょうきせん》は完成《かんせい》したのですか。

1859年《ねん》に彼《かれ》は蒸気船《じょうきせん》を無事《ぶじ》完成《かんせい》させた。これは、日本人《にっぽんじん》が初《はじ》めて、海外《かいがい》の人《ひと》の力《ちから》を借《か》りずに完成《かんせい》させた蒸気船《じょうきせん》だった。

当時《とうじ》の日本《にほん》のものづくりのレベルが非常《ひじょう》に高《たか》かった証《あかし》だね。

キーワード

蒸気船《じょうきせん》

蒸気機関《じょうききかん》で動《うご》く船《ふね》。当時《とうじ》の主流《しゅりゅう》は水車《すいしゃ》のような輪《わ》が外側《そとがわ》に付《つ》き、それが回転《かいてん》して動《うご》くもので、外輪船《がいりんせん》と呼ばれた。

この時代《じだい》の世界《せかい》の人物《じんぶつ》

エイブラハム・リンカーン（1809～1865年《ねん》）

アメリカの大統領《だいとうりょう》で、奴隷解放宣言《どれいかいほうせんげん》を出《だ》したが、反対者《はんたいしゃ》に暗《あん》殺《さつ》された。

学んだ日
／
／
／
／
／

海外《かいがい》と条約《じょうやく》を結《むす》び、安政《あんせい》の大獄《たいごく》を行《おこな》った大老《たいろう》

68 井伊直弼《いいなおすけ》

1815～1860年《ねん》／出身地《しゅっしんち》：滋賀県《しがけん》

①彦根藩《ひこねはん》（滋賀県《しがけん》）の藩主《はんしゅ》の十四男《じゅうよんなん》として生《う》まれる。

②兄《あに》たちの死後《しご》に彦根藩《ひこねはん》をつぎ、老中《ろうじゅう》として幕府《ばくふ》でも活躍《かつやく》。

③大老《たいろう》となり、日米修好通商条約《にちべいしょうこうつうしょうじょうやく》をアメリカと結《むす》ぶ。

④外国《がいこく》と戦《たたか》おうとする攘夷派《じょういは》の大名《だいみょう》と対《たい》立《りつ》する。

⑤安政《あんせい》の大獄《たいごく》を行《おこな》い、対立《たいりつ》する人《ひと》びとを弾圧《だんあつ》する。

⑥ 1860年《ねん》、江戸城《えどじょう》の桜田門《さくらだもん》の前《まえ》で殺《ころ》される。

井伊直弼《いいなおすけ》というと、**安政《あんせい》の大獄《たいごく》**を行《おこな》った印象《いんしょう》が強《つよ》いです。

自分《じぶん》の意見《いけん》に反対《はんたい》する人《ひと》を処刑《しょけい》して。ひどいなあ。

そうだね。直弼《なおすけ》は確《たし》かに武力《ぶりょく》で人《ひと》びとを押《お》さえつけた。でも、そうしなければいけないくらい、この時代《じだい》の江戸幕府《えどばくふ》は大変《たいへん》な状況《じょうきょう》だったとも言《い》える。

どういうことですか？

このころ、14代目《だいめ》の将軍《しょうぐん》をだれにするかで大名《だいみょう》たちの意見《いけん》が真《ま》っ二《ぷた》つになっていた。

そこに**開国派《かいこくは》**（開国《かいこく》をしたい人《ひと》びと）と**攘夷派《じょういは》**（海外勢力《かいがいせいりょく》を追《お》い払《はら》いたい人《ひと》びと）の大名《だいみょう》たちの争《あらそ》いも加《くわ》わり、幕府《ばくふ》の中《なか》の対立《たいりつ》が強《つよ》まっていた。さらに尊皇攘夷《そんのうじょうい》を目指《めざ》す武士《ぶし》や貴族《きぞく》たちも「もう幕府《ばくふ》に日本《にほん》を任《まか》せられない」と思《おも》い、幕府《ばくふ》をたおそうと動《うご》いていたんだ。

大変《たいへん》な時代《じだい》ですね！

当時《とうじ》、直弼《なおすけ》は大老《たいろう》になっていた。これは幕府《ばくふ》でナンバー2、つまり将軍《しょうぐん》に次《つ》ぐ地位《ちい》で、非常時《ひじょうじ》に設《もう》けられる職《しょく》だ。大老《たいろう》になった直弼《なおすけ》は「幕府《ばくふ》を守《まも》るためには、手段《しゅだん》を選《えら》んでいられない」と思《おも》ったのかもしれないね。

キーワード

日米修好通商条約《にちべいしゅうこうつうしょうじょうやく》

1858年《ねん》に江戸幕府《えどばくふ》とアメリカとの間《あいだ》で結《むす》んだ条約《じょうやく》。日本側《にほんがわ》に不利《ふり》な条約《じょうやく》で、明治時代《めいじじだい》になってから改正《かいせい》への動《うご》きが強《つよ》まった。

安政《あんせい》の大獄《たいごく》

井伊直弼《いいなおすけ》が、自分《じぶん》の政策《せいさく》に反対《はんたい》する者《もの》に対《たい》して行《おこな》った政策《せいさく》。吉田松陰《よしだしょういん》など、尊皇攘夷派《そんのうじょういは》の人《ひと》びとが処刑《しょけい》された。

学んだ日
／
／
／
／
／

69 吉田松陰《よしだしょういん》

1830～1859年《ねん》／出身地《しゅっしんち》：山口県《やまぐちけん》

松下村塾《しょうかそんじゅく》を開《ひら》き、多《おお》くの人材《じんざい》を育《そだ》てた武士《ぶし》

①長州藩《ちょうしゅうはん》（山口県《やまぐちけん》）に生《う》まれ、早《はや》くから才能《さいのう》を発揮《はっき》する。

②江戸《えど》に出《で》て、来航《らいこう》していた黒船《くろふね》に乗《の》り込《こ》もうとするが、つかまる。

③長州《ちょうしゅう》に戻《もど》り、松下村塾《しょうかそんじゅく》を開《ひら》く。

④次第《しだい》に尊王攘夷《そんのうじょうい》の考《かんが》え方《かた》にかたむき、井伊直弼《いいなおすけ》の政策《せいさく》に反対《はんたい》する。

⑤安政《あんせい》の大獄《たいごく》によりとらえられ、処刑《しょけい》される。

⑥彼《かれ》のもとからは高杉晋作《たかすぎしんさく》、木戸孝允《きどたかよし》、伊藤博文《いとうひろぶみ》らが育《そだ》った。

吉田松陰《よしだしょういん》は、長州藩《ちょうしゅうはん》で多《おお》くの人《ひと》を育《そだ》てた教育者《きょういくしゃ》ですね。

そう。でもおとなしい教育者《きょういくしゃ》ではなかった。**黒船**《くろふね》が来《き》たとき、乗《の》り込《こ》もうとしてつかまったり、行動的《こうどうてき》というか、やんちゃな性格《せいかく》だった。**日米修好通商条約**《にちべいしゅうこうつうしょうじょうやく》が結《むす》ばれたときはひどく怒《おこ》って、老中《ろうじゅう》に条約《じょうやく》をやめるようせまり、だめなら老中《ろうじゅう》を殺《ころ》す計画《けいかく》まで立《た》てていた。

こわい話《はなし》!

そういう時代《じだい》だったとも言《い》える。その計画《けいかく》は実行《じっこう》しなかったけれど、翌年《よくとし》に松陰《しょういん》は**安政**《あんせい》**の大**《たい》**獄**《ごく》でとらえられ、死刑《しけい》になってしまうんだ。

ぶっそうな時代《じだい》だったんですね。

でも、彼《かれ》が開《ひら》いた**松下村塾**《しょうかそんじゅく》から高杉晋作《たかすぎしんさく》、伊藤博文《いとうひろぶみ》らが出《で》てきたし、木戸孝允《きどたかよし》も塾《じゅく》では学《まな》んでいないけれど、松陰《しょういん》の教《おし》えを受《う》けた。彼《かれ》らの多《おお》くが倒幕《とうばく》をリードし、明治時代以降《めいじじだいいこう》も政治《せいじ》の中心《ちゅうしん》にいた。

そして、彼《かれ》らは松陰《しょういん》を尊敬《そんけい》し続《つづ》けた。松陰《しょういん》の考《かんが》え方《かた》は、明治《めいじ》以《い》降《こう》の日本《にほん》の国《くに》のあり方《かた》に大《おお》きな影響《えいきょう》を与《あた》えたと言《い》っても過言《かごん》ではないんだ。

キーワード

尊皇攘夷《そんのうじょうい》

天皇《てんのう》を大事《だいじ》にして、海外《かいがい》からの勢力《せいりょく》を追《お》い払《はら》うという考《かんが》え方《かた》。江戸幕府《えどばくふ》をたおそうとする倒幕運動《とうばくうんどう》につながっていった。

松下村塾《しょうかそんじゅく》

吉田松陰《よしだしょういん》が開《ひら》いた塾《じゅく》。高杉晋作《たかすぎしんさく》、伊藤博文《いとうひろぶみ》、山県有朋《やまがたありとも》など、幕末《ばくまつ》から明治時代《めいじじだい》をリードした多《おお》くの人《ひと》びとが学《まな》んだ。

学んだ日
／
／
／
／
／

江戸幕府《えどばくふ》を代表《だいひょう》して、江戸無血《えどむけつ》開城《かいじょう》を交渉《こうしょう》した武士《ぶし》

70 勝海舟《かつかいしゅう》

1823～1899年《ねん》／出身地《しゅっしんち》：東京都《とうきょうと》

①長崎《ながさき》の幕府《ばくふ》の学校《がっこう》でオランダの学問《がくもん》や航海術《こうかいじゅつ》を学《まな》ぶ。

②咸臨丸《かんりんまる》に乗《の》ってアメリカへわたる。

③アメリカの進《すす》んだ文明《ぶんめい》にショックを受《う》ける。

④帰国後《きこくご》、神戸《こうべ》（兵庫県《ひょうごけん》）に海軍《かいぐん》の学校《がっこう》をつくる。

⑤幕府《ばくふ》をたおす運動《うんどう》が勢《いきお》いを増《ま》し、官軍《かんぐん》が江戸《えど》にせまる中《なか》…

⑥西郷隆盛《さいごうたかもり》と話《はな》し合《あ》い、戦《たたか》わずに江戸《えど》城《じょう》を明《あ》けわたす。

勝海舟《かつかいしゅう》は江戸幕府側《えどばくふがわ》の武士《ぶし》ですよね。

そうだよ。何《なに》か、ふしぎなことでもあるのかな。

坂本龍馬《さかもとりょうま》に影響《えいきょう》を与《あた》えたり、**西郷隆盛《さいごうたかもり》**とも交流《こうりゅう》があったみたいだし、あまり幕府側《ばくふがわ》の人物《じんぶつ》という感《かん》じがしません。

それは、勝《かつ》が幕府《ばくふ》の枠組《わくぐ》みにとらわれない動《うご》きをしたからだ。彼《かれ》は**咸臨丸《かんりんまる》**でアメリカに行《い》き、幕府《ばくふ》だけでこの国《くに》は存続《そんぞく》できないことを感《かん》じ取《と》っていた。だから帰国後《きこくご》、日本《にほん》に議会制度《ぎかいせいど》を導入《どうにゅう》しようと考《かんが》えて、その実現《じつげん》に動《うご》いたりした。成功《せいこう》はしなかったけれどもね。

新《あたら》しい考《かんが》えを持《も》っていたんですね。

古《ふる》い幕府《ばくふ》の新人類《しんじんるい》、という感《かん》じかな。だから、一時《いちじ》は幕府《ばくふ》の人《ひと》にじゃま者扱《ものあつか》いされて謹慎《きんしん》したりしたけれど、能力《のうりょく》の高《たか》さを買《か》われて戊辰戦争《ぼしんせんそう》のときには幕府《ばくふ》に戻《もど》り、**江戸無血開城《えどむけつかいじょう》**の交渉《こうしょう》も任《まか》された。江戸《えど》が戦場《せんじょう》にならずに済《す》んだのは、勝《かつ》が西郷《さいごう》に信頼《しんらい》されていたことが大《おお》きかった。倒幕《とうばく》する側《がわ》の人《ひと》びとにも人望《じんぼう》があったんだね。

キーワード

咸臨丸《かんりんまる》
江戸幕府《えどばくふ》の蒸気船《じょうきせん》。1860年《ねん》、幕府《ばくふ》の船《ふね》として初《はじ》めて太平洋《たいへいよう》を往復《おうふく》した。

江戸無血開城《えどむけつかいじょう》
江戸幕府《えどばくふ》の勝海舟《かつかいしゅう》と新政府《しんせいふ》の西郷隆盛《さいごうたかもり》が会談《かいだん》して決定《けってい》した、幕府《ばくふ》による江戸城《えどじょう》の明《あ》けわたし。

学んだ日
／
／
／
／
／

71 坂本龍馬《さかもとりょうま》

1835～1867年《ねん》／出身地《しゅっしんち》：高知県《こうちけん》

薩長同盟《さっちょうどうめい》を仲介《ちゅうかい》し、倒幕運動《とうばくうんどう》に大《おお》きな影響《えいきょう》を与《あた》えた武士《ぶし》

①江戸《えど》に出《で》て、剣術《けんじゅつ》を学ぶ。

②当時《とうじ》、勢《いきお》いを増《ま》していた尊皇攘夷《そんのうじょうい》の考《かんが》え方《かた》に夢中《むちゅう》になる。

③勝海舟《かつかいしゅう》と出会《であ》い、考《かんが》えを改《あらた》める。

④当時《とうじ》、薩摩藩《さつまはん》（鹿児島県《かごしまけん》）と長州藩《ちょうしゅうはん》（山口県《やまぐちけん》）は対立《たいりつ》をくり返《かえ》していた。

⑤龍馬《りょうま》の仲介《ちゅうかい》で２つの藩《はん》は薩長同盟《さっちょうどうめい》を結《むす》ぶ。

⑥ 1867年《ねん》、何者《なにもの》かに殺《ころ》される。

坂本龍馬《さかもとりょうま》は、実《じつ》は藩《はん》を抜《ぬ》けて浪《ろう》人《にん》になっていたんですね。

そうなんだ。当時《とうじ》、坂本龍馬《さかもとりょうま》は尊皇攘夷《そんのうじょうい》の考《かんが》え方《かた》にかぶれていて、幕府《ばくふ》をたおすために藩《はん》を抜《ぬ》けた。間《ま》もなく**勝海舟**《かつかいしゅう》と出会《であ》い、その考《かんが》えを改《あらた》めるんだけれどね。

藩《はん》を抜《ぬ》けたのは失敗《しっぱい》だったのですか。

いや。藩《はん》を抜《ぬ》けて自由《じゆう》の身《み》になってから、龍馬《りょうま》らしい行動《こうどう》ができるようになる。勝《かつ》の門人《もんじん》になったり、**亀山社中**《かめやましゃちゅう》をつくったりね。**薩長同盟**《さっちょうどうめい》も、龍馬《りょうま》が自由《じゆう》な立場《たちば》だったからこそ、仲介《ちゅうかい》できたんだ。

自由《じゆう》で新《あたら》しい考《かんが》え方《かた》をしていたんですね。

龍馬《りょうま》の自由《じゆう》な考《かんが》え方《かた》が色《いろ》こく反《はん》映《えい》されているのが、彼《かれ》が新《あら》たな国家方針《こっかほうしん》として考《かんが》えた**「船中八策《せんちゅうはっさく》」**だ。議会《ぎかい》の設置《せっち》や有能《ゆうのう》な人材《じんざい》の起用《きよう》などが書《か》かれていて、後《のち》の**「五箇条の御誓文《ごかじょうのごせいもん》」**にも大《おお》きな影《えい》響《きょう》を与《あた》えた。当時《とうじ》のだれよりも、進《すす》んだ考《かんが》えを持《も》っていたんだ。明治政府《めいじせいふ》ができる前《まえ》に殺《ころ》されてしまったのが本当《ほんとう》に残念《ざんねん》だね。

キーワード

亀山社中《かめやましゃちゅう》（海援隊《かいえんたい》）
坂本龍馬《さかもとりょうま》がつくった貿易会社《ぼうえきがいしゃ》。薩摩藩《さつまはん》や長州藩《ちょうしゅうはん》へ武《ぶ》器《き》を送《おく》り、薩長同盟《さっちょうどうめい》のきっかけの１つとなった。

薩長同盟《さっちょうどうめい》
対立《たいりつ》していた薩摩藩《さつまはん》と長州藩《ちょうしゅうはん》による軍事同盟《ぐんじどうめい》。２つの藩《はん》が協力《きょうりょく》し、倒幕《とうばく》を目指《めざ》すことを決《き》めた。

学んだ日
／
／
／
／
／

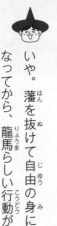

72 高杉晋作《たかすぎしんさく》

1839～1867年《ねん》／出身地《しゅっしんち》：山口県《やまぐちけん》

奇兵隊《きへいたい》をつくり、長州藩《ちょうしゅうはん》の倒幕《とうばく》運動《うんどう》をリードした武士《ぶし》

①長州藩《ちょうしゅうはん》（山口県《やまぐちけん》）に生《う》まれ、吉田松陰《よしだしょういん》に学《まな》ぶ。

②中国《ちゅうごく》にわたり、欧米《おうべい》に支配《しはい》されつつあることにおどろく。

③帰国《きこく》して、軍隊《ぐんたい》「奇兵隊《きへいたい》」をつくる。

④長州藩《ちょうしゅうはん》の実権《じっけん》をにぎり、藩《はん》を倒幕《とうばく》に向《む》かわせる。

⑤江戸幕府《えどばくふ》と戦《たたか》い、勝利《しょうり》する。

⑥しかし、幕府《ばくふ》がたおれる前《まえ》に病気《びょうき》で亡《な》くなる。

高杉晋作《たかすぎしんさく》がいた長州藩《ちょうしゅうはん》は、アメリカやフランスの艦隊《かんたい》に砲撃《ほうげき》をしたそうですね。

下関戦争《しものせきせんそう》のことだね。当時《とうじ》の長州藩《ちょうしゅうはん》は**吉田松陰《よしだしょういん》**の影響《えいきょう》もあって、尊皇攘夷《そんのうじょうい》を目指《めざ》す武士《ぶし》が力《ちから》を持《も》っていた。だから海外《かいがい》に対《たい》して強気《つよき》だったんだ。でも負《ま》けてしまい、高杉《たかすぎ》は「武士《ぶし》だけで戦《たたか》っていてはだめだ」と思《おも》い、農民《のうみん》や町人《ちょうにん》も加《くわ》えた軍隊《ぐんたい》をつくろうと思《おも》い立《た》つ。それが**奇兵隊《きへいたい》**だ。

奇兵隊《きへいたい》は藩《はん》の中《なか》でどういう立場《たちば》だったんですか。

武士以外《ぶしいがい》の身分《みぶん》もいたけれど、正式《せいしき》な藩《はん》の軍隊《ぐんたい》の一員《いちいん》だった。奇兵隊以降《きへいたいいこう》、長州藩《ちょうしゅうはん》では武士《ぶし》以外《がい》の身分《みぶん》も加《くわ》えた部隊《ぶたい》がいくつもできたんだ。

武士《ぶし》だけの軍隊《ぐんたい》のほうが強《つよ》いのではないかと思《おも》いますが。

いや。西洋流《せいようりゅう》の戦《たたか》い方《かた》を取《と》り入《い》れていて、幕府《ばくふ》との戦《たたか》いのときも、武士中心《ぶしちゅうしん》の幕府軍《ばくふぐん》よりはるかに強《つよ》かった。

へえ。それはすごいや!

武士《ぶし》でなくても、強《つよ》い軍隊《ぐんたい》をつくることができる。このことが、明治政府《めいじせいふ》にも大《おお》きな影響《えいきょう》を与《あた》えたんだ。

キーワード

奇兵隊《きへいたい》

高杉晋作《たかすぎしんさく》が 1863 年《ねん》につくった軍《ぐん》で、武士以外《ぶしいがい》の農民《のうみん》や町人《ちょうにん》たちも参加《さんか》が可能《かのう》だった。

高杉晋作《たかすぎしんさく》が P192 でよんだ和歌《わか》

マンガの後《あと》は「すみなすものは　心《こころ》なりけり」と続《つづ》く。「おもしろくない世《よ》をおもしろくするのは、自分《じぶん》の心《こころ》次第《しだい》だ」という意味《いみ》。

学んだ日
／
／
／
／
／

73 徳川慶喜《とくがわよしのぶ》

1837～1913年《ねん》／出身地《しゅっしんち》：東京都《とうきょうと》

大政奉還《たいせいほうかん》を行《おこな》った、江戸幕府最《えどばくふさい》後《ご》の将軍《しょうぐん》

①倒幕運動《とうばくうんどう》が盛《も》り上《あ》がる中《なか》、29才《さい》で将《しょう》軍《ぐん》となる。

②大政奉還《たいせいほうかん》を行《おこな》い、政治《せいじ》をする権利《けんり》を天《てん》皇《のう》に返《かえ》す。

③しかし、朝廷《ちょうてい》は王政復古《おうせいふっこ》の大号令《だいごうれい》を発《はっ》し、新《あたら》しい政府《せいふ》をつくると宣言《せんげん》する。

④旧幕府軍《きゅうばくふぐん》は新政府軍《しんせいふぐん》と戦《たたか》うが、敗《やぶ》れる。

⑤江戸無血開城《えどむけつかいじょう》の交渉《こうしょう》の後《あと》、江戸城《えどじょう》を明《あ》けわたす。

⑥将軍《しょうぐん》を辞《や》めてからは、狩《か》りや写真《しゃしん》など趣味《しゅみ》ざんまいの生活《せいかつ》。

徳川家《とくがわけ》って、今《いま》もあるんですか。

そうだよ。明治時代《めいじじだい》になっても、名門《めいもん》の家柄《いえがら》として残《のこ》った。皇族《こうぞく》の妻《つま》となった人《ひと》もいるよ。

ほろぼされた江戸幕府《えどばくふ》のトップなのに、よく無事《ぶじ》に生《い》き残《のこ》れましたね。

勝海舟《かつかいしゅう》と西郷隆盛《さいごうたかもり》の**江戸無血開《えどむけつかい》城《じょう》**の交渉《こうしょう》のとき、西郷《さいごう》たち新政《しんせい》府軍《ふぐん》は慶喜《よしのぶ》をたおそうと考《かんが》えていた。でも、勝《かつ》が「将軍《しょうぐん》は引《ひ》きわたさない」という条件《じょうけん》をゆずらなかったんだ。慶喜《よしのぶ》自身《じしん》も、母親《ははおや》が皇室《こうしつ》の出《で》だったこともあって「朝廷《ちょうてい》に最《さい》後《ご》まで抵抗《ていこう》する」という気持《きも》ちもうすかったようだ。

将軍《しょうぐん》という地位《ちい》は惜《お》しくなかったんでしょうか？

慶喜《よしのぶ》は「徳川家康《とくがわいえやす》の再来《さいらい》」と呼《よ》ばれるくらい、かしこいことで知《し》られていた。だから、将軍《しょうぐん》になったものの、幕府《ばくふ》の政治《せいじ》が長《なが》く持《も》たないことをわかっていたと思《おも》う。慶喜《よしのぶ》が早《はや》く将軍《しょうぐん》を退《しりぞ》いたことで、**戊辰戦争《ぼしんせんそう》**は早《はや》く終《お》わり、平《へい》和《わ》な世《よ》になった。その意味《いみ》では「天下泰平《てんかたいへい》」を目《め》指《ざ》して幕府《ばくふ》をつくった家康《いえやす》の、まさに再来《さいらい》と言《い》えるかもしれないね。

キーワード

大政奉還《たいせいほうかん》

徳川慶喜《とくがわよしのぶ》が、江戸幕府《えどばくふ》の政治《せいじ》を行《おこな》う権利《けんり》を天皇《てんのう》に返《かえ》した事件《じけん》。幕府側《ばくふがわ》はその後《ご》も、政治《せいじ》の実権《じっけん》をにぎるつもりだった。

戊辰戦争《ぼしんせんそう》

新政府軍《しんせいふぐん》と旧幕府軍《きゅうばくふぐん》による戦《たたか》い。新政府軍《しんせいふぐん》が勝利《しょうり》し、江戸幕府《えどばくふ》はほろびた。

学んだ日
／
／
／
／
／

倒幕《とうばく》を目指《めざ》す人《ひと》びとからおそれられた新撰組《しんせんぐみ》の副長《ふくちょう》

74 土方歳三《ひじかたとしぞう》

1835～1869年《ねん》／出身地《しゅっしんち》：東京都《とうきょうと》

①農家《のうか》の家《いえ》に生《う》まれ、小《ちい》さいころは暴《あば》れん坊《ぼう》だった。

②剣術《けんじゅつ》を習《なら》ううち、武士《ぶし》になりたいと願《ねが》うようになる。

③近藤勇《こんどういさみ》らと新撰組《しんせんぐみ》を立《た》ち上《あ》げ、後《のち》に幕《ばく》府《ふ》の家来《けらい》に取《と》り立《た》てられる。

④幕府《ばくふ》をたおそうとする武士《ぶし》たちをおそい、名《な》を上《あ》げる。

⑤幕府《ばくふ》が不利《ふり》になる中《なか》、それでも幕府《ばくふ》のために戦《たたか》う。

⑥新政府軍《しんせいふぐん》に敗《やぶ》れ、箱館《はこだて》（北海道《ほっかいどう》）の五《ご》稜郭《りょうかく》で亡《な》くなる。

新撰組《しんせんぐみ》って私《わたし》も知《し》っているけど、なぜ有名《ゆうめい》なんでしょうか。

新撰組《しんせんぐみ》は京都《きょうと》の治安維持《ちあんいじ》を任務《にんむ》としていたけど、同《おな》じような組織《そしき》はほかにもあった。その中《なか》で新撰組《しんせんぐみ》だけが特《とく》に有名《ゆうめい》になったのは、後世《こうせい》の小説《しょうせつ》・マンガ、映画《えいが》などの題材《だいざい》となったことが大《おお》きいだろうね。

局長《きょくちょう》の近藤勇《こんどういさみ》、沖田総司《おきたそうじ》、斎藤《さいとう》一《はじめ》。ぼくも知《し》ってます！

新撰組《しんせんぐみ》は内部抗争《ないぶこうそう》がしばしばあった。局長《きょくちょう》の近藤《こんどう》は、前任者《ぜんにんしゃ》を殺《ころ》して自分《じぶん》が局長《きょくちょう》となっているし、土方歳三《ひじかたとしぞう》も隊員《たいいん》を何人《なんにん》か殺《ころ》している。もっとも、隊員《たいいん》の中《なか》には倒幕側《とうばくがわ》のスパイがいたりしたようだ。

隊《たい》の人《ひと》はみな強《つよ》かったのですか？

強《つよ》かった。特《とく》に彼《かれ》らの強《つよ》さを世間《せけん》に印象《いんしょう》づけたのが**池田屋事件《いけだやじけん》**。旅館《りょかん》にいた倒幕側《とうばくがわ》の人《ひと》びとをおそった事件《じけん》だ。当日《とうじつ》は**木戸孝允《きどたかよし》**も池田屋《いけだや》に来《き》ていたんだけど、新撰組《しんせんぐみ》がおそったときにたまたま外《そと》にいたので無事《ぶじ》だったんだ。

へえ！運命《うんめい》ってふしぎですね。

キーワード

新撰組《しんせんぐみ》
京都《きょうと》でつくられた武装組織《ぶそうそしき》で、江戸幕府《えどばくふ》をたおそうとする人《ひと》びとを取《と》りしまった。

箱館戦争《はこだてせんそう》
戊辰戦争《ぼしんせんそう》のうち、新政府軍《しんせいふぐん》と旧幕府軍《きゅうばくふぐん》による最後《さいご》の戦《たたか》い。北海道《ほっかいどう》の箱館《はこだて》にある五稜郭《ごりょうかく》で行《おこな》われた。

学んだ日
／
／
／
／
／

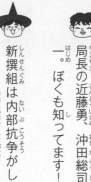

時代《じだい》がまるわかり！ 年表《ねんぴょう》

1770 1780 1790 1800 1810

1774年《ねん》
杉田玄白《すぎたげんぱく》が『解体新書《かいたいしんしょ》』を発表《はっぴょう》する

1792年《ねん》
大黒屋光太夫《だいこくやこうだゆう》がロシアから帰国《きこく》する

1798年《ねん》
本居宣長《もとおりのりなが》が『古事記伝《こじきでん》』全《ぜん》44巻《かん》を書《か》き上《あ》げる

トピックス
！ 江戸時代《えどじだい》は寒《さむ》くてお米《こめ》が不作《ふさく》？

大塩平八郎《おおしおへいはちろう》はききんで困《こま》る人《ひと》を見《み》て反乱《はんらん》を起《お》こしたけれど、江戸時代《えどじだい》じたい、作物《さくもつ》の不作《ふさく》が多《おお》かった時代《じだい》だ。研究《けんきゅう》によると、この時代《じだい》は「ミニ氷河期《ひょうがき》」にあたり、世界的《せかいてき》にも気温《きおん》が低《ひく》い期間《きかん》だったことがわかっている。現代《げんだい》の「地球温暖化《ちきゅうおんだんか》」とは逆《ぎゃく》だったんだ。

江戸時代《えどじだい》

1821年《ねん》
伊能忠敬《いのうただたか》が制作《せいさく》にかかわった「大日本沿海輿地全図《だいにほんえんかいよちぜんず》」が完成《かんせい》する

1853年《ねん》
ペリーが4隻《せき》の黒船《くろふね》で日本《にほん》に来航《らいこう》して開国《かいこく》をせまる ❗

1854年《ねん》
江戸幕府《えどばくふ》が日米和親条約《にちべいわしんじょうやく》を結《むす》び、鎖国制度《さこくせいど》が終《お》わる

1860年《ねん》
桜田門外《さくらだもんがい》の変《へん》で井伊直弼《いいなおすけ》が暗殺《あんさつ》される

1866年《ねん》
薩摩藩《さつまはん》と長州藩《ちょうしゅうはん》が薩長同盟《さっちょうどうめい》を結《むす》ぶ

1870　1860　1850　1840　1830　1820

1837年《ねん》
大塩平八郎《おおしおへいはちろう》の乱《らん》が起《お》きる ❗

1841年《ねん》
水野忠邦《みずのただくに》が天保《てんぽう》の改革《かいかく》を始《はじ》める

1858年《ねん》
江戸幕府《えどばくふ》が日米修好通商条約《にちべいしゅうこうつうしょうじょうやく》を結《むす》ぶ
井伊直弼《いいなおすけ》が安政《あんせい》の大獄《たいごく》を始《はじ》める

1867年《ねん》
徳川慶喜《とくがわよしのぶ》が大政奉還《たいせいほうかん》を行《おこな》い、政権《せいけん》を朝廷《ちょうてい》に返上《へんじょう》する

朝廷《ちょうてい》が王政復古《おうせいふっこ》の大号令《だいごうれい》を発《はっ》し、江戸幕府《えどばくふ》の廃止《はいし》が決《き》まる

学んだ日
／
／
／
／
／

トピックス ❗ 西洋人《せいようじん》もべたぼめ！ 日本女性《にほんじょせい》

日本《にほん》にやってきた西洋《せいよう》の人《ひと》の多《おお》くが感動《かんどう》したのが、日本女性《にほんじょせい》の性格《せいかく》のすばらしさだ。ペリーは「立《た》ちふるまいが活発《かっぱつ》で自主的《じしゅてき》」とほめているし、そのほかの人《ひと》びとも「陽気《ようき》で純朴《じゅんぼく》でしとやか、生《う》まれつき気品《きひん》にあふれている」「感《かん》じがいい」と高《たか》く評価《ひょうか》しているよ。

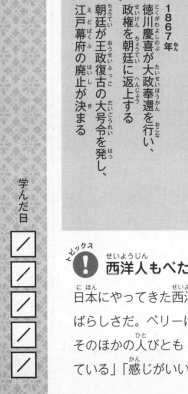

コラム 江戸時代《えどじだい》の人口《じんこう》はどのくらい？

徳川吉宗《とくがわよしむね》は、1721年《ねん》に享保《きょうほう》の改革《かいかく》の１つとして、日本全国《にほんぜんこく》の人口調査《じんこうちょうさ》を行《おこな》いました。それ以降《いこう》、幕府《ばくふ》は定期的《ていきてき》に人口調査《じんこうちょうさ》を行《おこな》っています。

江戸時代《えどじだい》は、どのくらいの人《ひと》が住《す》んでいたのでしょうか。幕府《ばくふ》の人口調査《じんこうちょうさ》の主《おも》な数値《すうち》を見《み》てみます。

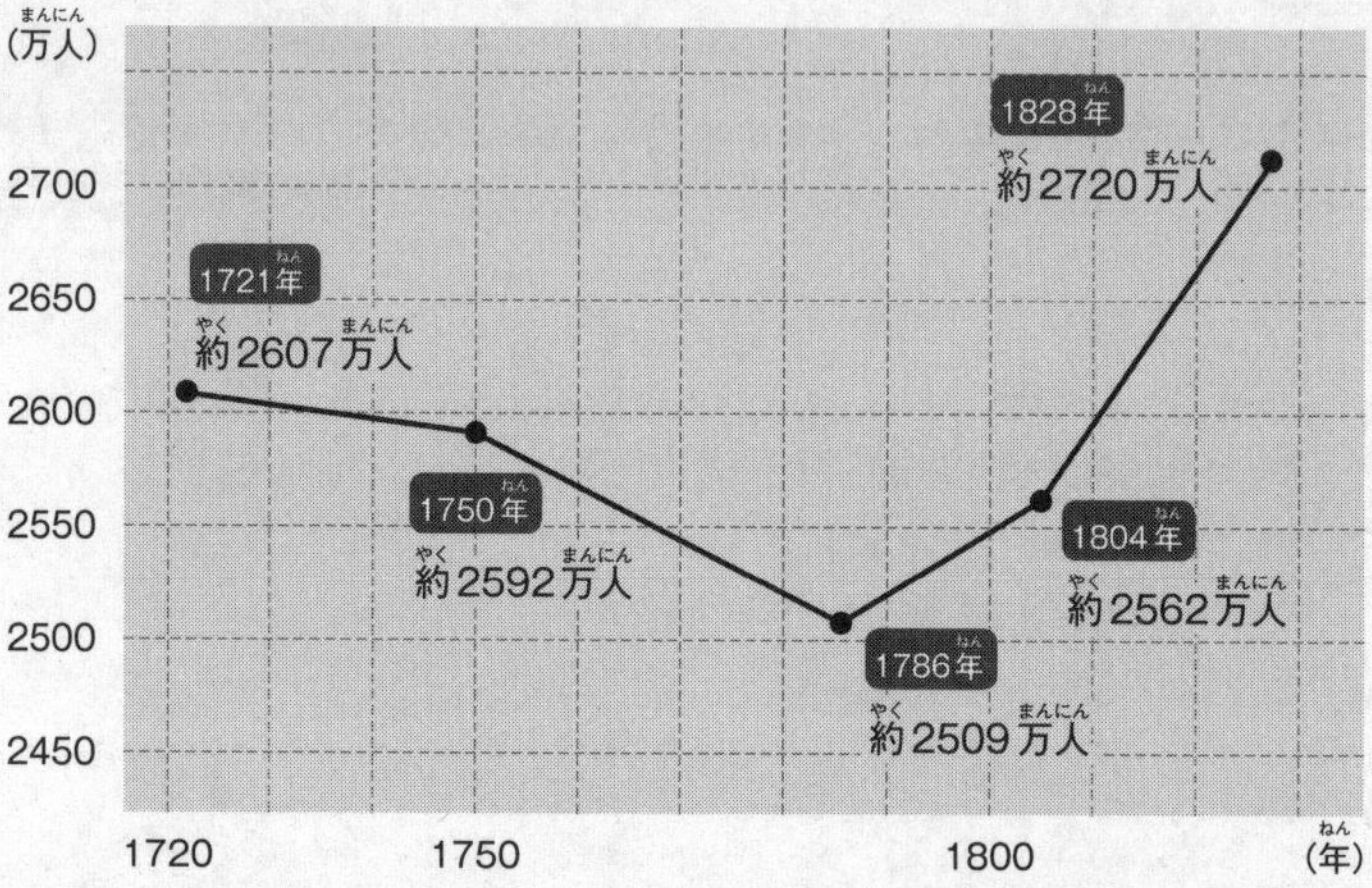

これを見《み》ると、だいたい2500～2700万人《まんにん》の間《あいだ》で推移《すいい》しているのがわかります。また、1750年《ねん》から1786年《ねん》の間《あいだ》に、100万人近《まんにんちか》くの人口《じんこう》が減《へ》っています。これは、「天明《てんめい》の大《だい》ききん」（1782～1788年《ねん》）があったためと思《おも》われます。

ただし、上《うえ》の数値《すうち》に武士《ぶし》や子《こ》どもは入《はい》っていないので、実際《じっさい》の人口《じんこう》はこれより２割《わり》ほど多《おお》かったと考《かんが》えられます。

出典：速水融「明治前期人口統計史年表 附幕府国別人口表」『日本研究』(9)、1993年、135～164ページ

7章《しょう》

明治時代《めいじじだい》

1868年《ねん》～1912年《ねん》

明治時代《めいじじだい》

ここはどんな時代《じだい》??

天皇中心《てんのうちゅうしん》の政治体制《せいじたいせい》になり、日本《にほん》が近代化《きんだいか》した時代《じだい》だよ！

1 近代化《きんだいか》が進《すす》んだ！

明治政府《めいじせいふ》はヨーロッパやアメリカの制度《せいど》・文化《ぶんか》を取《と》り入《い》れて、近代的《きんだいてき》な国《くに》づくりを目指《めざ》した。憲法《けんぽう》や国会《こっかい》を作《つく》って、藩《はん》や武士《ぶし》が頂点《ちょうてん》の身分制度《みぶんせいど》もなくなった。でも武士《ぶし》たちの不満《ふまん》はつのり、反乱《はんらん》も起《お》きたんだ。

ここを読《よ》もう

大久保利通《おおくぼとしみち》（→ P208）、木戸孝允《きどたかよし》（→ P210）、伊藤博文《いとうひろぶみ》（→ P218）

2 国際的《こくさいてき》な地位《ちい》が高《たか》まった！

近代化《きんだいか》を進《すす》めるうち、中国《ちゅうごく》の清《しん》やロシアと戦争《せんそう》を行《おこな》った。日本《にほん》は戦《たたか》いに勝《か》ち、アジアの中《なか》で大《おお》きな力《ちから》を持《も》つようになった。また江戸時代《えどじだい》に結《むす》んだ外国《がいこく》との不利《ふり》な条約《じょうやく》を、平等《びょうどう》なものに改《あらた》めたのもこの時代《じだい》だ。

ここを読《よ》もう

陸奥宗光《むつむねみつ》(→ P220)、小村寿太郎《こむらじゅたろう》(→ P238)、東郷平八郎《とうごうへいはちろう》(→ P240)

3 科学《かがく》や文化《ぶんか》が発展《はってん》した！

科学技術《かがくぎじゅつ》や文化《ぶんか》も、ヨーロッパやアメリカの影響《えいきょう》を大《おお》きく受《う》けて発展《はってん》した。北里柴三郎《きたざとしばさぶろう》などが医学《いがく》で世界的《せかいてき》な研究《けんきゅう》を手《て》がけ、夏目漱石《なつめそうせき》や森鷗外《もりおうがい》はこれまでの日本《にほん》の文学《ぶんがく》とは異《こと》なる小説《しょうせつ》を発表《はっぴょう》したんだ。

ここを読《よ》もう

森鷗外《もりおうがい》（→ P226)、夏目漱石《なつめそうせき》（→ P228)、北里柴三郎《きたざとしばさぶろう》（→ P232)

学んだ日

／

／

／

／

／

王政復古《おうせいふっこ》の大号令《だいごうれい》を実現《じつげん》し、明《めい》治政府《じせいふ》では使節団《しせつだん》を率《ひき》いた貴族《きぞく》

75 岩倉具視《いわくらともみ》

1825～1883年《ねん》／出身地《しゅっしんち》：京都府《きょうとふ》

①貴族《きぞく》の家《いえ》に生《う》まれ、最初《さいしょ》は朝廷《ちょうてい》と江戸《えど》幕府《ばくふ》との協調《きょうちょう》を進《すす》めた。

②尊王攘夷《そんのうじょうい》を進《すす》める人《ひと》びとと対立《たいりつ》して追《つい》放《ほう》される。

③復帰《ふっき》してからは倒幕《とうばく》を進《すす》め、王政復古《おうせいふっこ》の大号令《だいごうれい》を実現《じつげん》させる。

④大号令《だいごうれい》は、江戸幕府《えどばくふ》にとっては大《おお》きな痛手《いたで》となった。

⑤明治政府《めいじせいふ》では岩倉使節団《いわくらしせつだん》を率《ひき》いてヨーロッパやアメリカを回《まわ》る。

⑥ 1883年《ねん》、ガンにかかって亡《な》くなる。

岩倉使節団《いわくらしせつだん》は、もともとは幕末《ばくまつ》の不平等条約《ふびょうどうじょうやく》の改正《かいせい》が目的《もくてき》だったんですね。

その通《とお》り。でも、近代的《きんだいてき》な国《くに》として日本《にほん》は認《みと》められていなかったので、アメリカやヨーロッパから相手《あいて》にされなかった。

それは悲《かな》しいなあ。

また、先進的《せんしんてき》な西洋《せいよう》の技術《ぎじゅつ》や政《せい》治《じ》、文化《ぶんか》にショックを受《う》けた。使節団《しせつだん》に参加《さんか》した**岩倉具視**《いわくらともみ》や**大**《おお》**久保利通**《くぼとしみち》、**木戸孝允**《きどたかよし》らは「改正《かいせい》よりも、日本《にほん》の近代化《きんだいか》のほうが先《さき》だ」と決意《けつい》したんだ。

使節団《しせつだん》はどれくらいの期間《きかん》、海《かい》外《がい》を回《まわ》っていたんですか。

2年弱《ねんじゃく》。当初《とうしょ》の予定《よてい》より大幅《おおはば》に長引《ながび》いてしまったんだ。政治《せいじ》の中心《ちゅうしん》を担《にな》う人《ひと》びとがそんなに長《なが》い間《あいだ》いないのだから、留《る》守《す》を預《あず》かる人《ひと》たちは大変《たいへん》。「こっちは国内《こくない》で忙《いそが》しいのに、海外《かいがい》をのんきに旅行《りょこう》して！」と不満《ふまん》を持《も》った人《ひと》もいた。

津田梅子《つだうめこ》も使節団《しせつだん》に参加《さんか》していたんですね。

梅子《うめこ》はアメリカへの留学《りゅうがく》のために、使節団《しせつだん》についていった。当《とう》時《じ》、梅子《うめこ》は6才《さい》。この年《とし》で家族《かぞく》と別《わか》れて、1人《り》海外《かいがい》で学《まな》んだのだから大変《たいへん》だっただろうね。

キーワード

王政復古《おうせいふっこ》の大号令《だいごうれい》

江戸幕府《えどばくふ》を廃止《はいし》し、天皇《てんのう》のもとで新《あら》たな政府《せいふ》を打《う》ち立《た》てて政治《せいじ》を行《おこな》うという宣言《せんげん》。

岩倉使節団《いわくらしせつだん》

海外《かいがい》との不平等《ふびょうどう》な条約《じょうやく》を改正《かいせい》するため、アメリカやヨーロッパに派遣《はけん》された。岩倉《いわくら》のほか、大久保利通《おおくぼとしみち》、木戸孝允《きどたかよし》、伊藤博文《いとうひろぶみ》などが参加《さんか》した。

学んだ日

／

／

／

／

／

76 西郷隆盛《さいごうたかもり》

1827～1877年《ねん》／出身地《しゅっしんち》：鹿児島県《かごしまけん》

倒幕《とうばく》の中心人物《ちゅうしんじんぶつ》として活躍《かつやく》するが、西南戦争《せいなんせんそう》で自害《じがい》した武士《ぶし》

①薩摩藩《さつまはん》（鹿児島県《かごしまけん》）に生《う》まれ、倒幕運《とうばくうん》動《どう》の中心《ちゅうしん》となる。

②木戸孝允《きどたかよし》と薩長同盟《さっちょうどうめい》を結《むす》ぶ。

③新政府軍《しんせいふぐん》の司令官《しれいかん》として勝海舟《かつかいしゅう》と会談《かいだん》する。

④明治政府《めいじせいふ》では征韓論《せいかんろん》を主張《しゅちょう》するが、敗《やぶ》れて政府《せいふ》を辞職《じしょく》する。

⑤辞職後《じしょくご》、不満《ふまん》を持《も》つ士族《しぞく》たちに推《お》されて西南戦争《せいなんせんそう》を起《お》こす。

⑥しかし敗《やぶ》れて、自害《じがい》する。

西郷隆盛《さいごうたかもり》は、上野公園《うえのこうえん》の銅像《どうぞう》で犬《いぬ》を連《つ》れていますね。

西郷《さいごう》は大《だい》の犬好《いぬず》きで、たくさんの犬《いぬ》を飼《か》っていたんだ。**西南戦争**《せいなんせんそう》のときも、愛犬《あいけん》を連《つ》れて戦《たたか》いに出《で》ていた。自害《じがい》するとき、犬《いぬ》の首輪《くびわ》を外《はず》して逃《に》がしてあげたという伝説《でんせつ》もあるよ。

西南戦争《せいなんせんそう》は、どうして起《お》きたんでしょうか。

士族《しぞく》たちの不満《ふまん》が大《おお》きかったからだ。明治時代《めいじじだい》に武士《ぶし》は士族《しぞく》となったけれど、それまで持《も》っていた特《とっ》権《けん》もなくなってしまった。幕府《ばくふ》も藩《はん》もないから、それまで出《で》ていた給料《きゅうりょう》もない。決定的《けっていてき》だったのが、1876年《ねん》の**廃刀令**《はいとうれい》。武士《ぶし》が最《もっと》も大事《だいじ》にしている刀《かたな》を身《み》に着《つ》けてはいけないという法律《ほうりつ》で、士族《しぞく》の怒《いか》りは頂点《ちょうてん》に達《たっ》した。西郷《さいごう》も武士《ぶし》だったから、その気《き》持《も》ちがよくわかっていた。

西郷《さいごう》は勝《か》ち目《め》があると思《おも》っていたのでしょうか。

いや、はじめから敗北《はいぼく》がわかっていたと思《おも》う。でも「士族《しぞく》ばかりが犠牲《ぎせい》になるのはおかしい」と思《おも》って決起《けっき》したのだと思《おも》うよ。

キーワード

征韓論《せいかんろん》
当時《とうじ》、鎖国《さこく》していた朝鮮《ちょうせん》を強制的《きょうせいてき》に開国《かいこく》させるべきだという考《かんが》え。大久保利通《おおくぼとしみち》や木戸孝允《きどたかよし》らが反対《はんたい》した。

西南戦争《せいなんせんそう》
西郷隆盛《さいごうたかもり》が、政府《せいふ》に不満《ふまん》を持《も》つ士族《しぞく》たちとともに起《お》こした反乱《はんらん》。政府軍《せいふぐん》に敗《やぶ》れ、西郷《さいごう》は自害《じがい》する。

学んだ日
／
／
／
／
／

富国強兵《ふこくきょうへい》のための政策《せいさく》を実行《じっこう》し、
明治政府《めいじせいふ》をリードした政治家《せいじか》

77 大久保利通《おおくぼとしみち》

1830～1878年《ねん》／出身地《しゅっしんち》：鹿児島県《かごしまけん》

①薩摩藩《さつまはん》（鹿児島県《かごしまけん》）に生《う》まれ、西郷隆盛《さいごうたかもり》とは幼《おさな》なじみ。

②岩倉使節団《いわくらしせつだん》の一員《いちいん》としてヨーロッパやアメリカをめぐる。

③帰国《きこく》し、国内《こくない》の近代化《きんだいか》を目指《めざ》す。

④西郷《さいごう》たちと対立《たいりつ》し、征韓論《せいかんろん》を押《お》さえ込《こ》む。

⑤西南戦争後《せいなんせんそうご》、不満《ふまん》を持《も》つ士族《しぞく》に殺《ころ》される。

⑥予算《よさん》のつかない国《くに》の事業《じぎょう》は自分《じぶん》が借金《しゃっきん》をして実行《じっこう》していた。

大久保利通《おおくぼとしみち》と西郷隆盛《さいごうたかもり》は家《いえ》も近《きん》所《じょ》。幼《おさな》なじみだったんですね。

そう。2人《り》で協力《きょうりょく》して薩摩藩《さつまはん》を倒幕《とうばく》に導《みちび》き、**明治維新《めいじいしん》**の成功《せいこう》の原動力《げんどうりょく》になった。

その2人《り》の関係《かんけい》にひびが入《はい》ったのが、**征韓論《せいかんろん》**をめぐる論争《ろんそう》だ。

大久保利通《おおくぼとしみち》は、朝鮮《ちょうせん》の開国《かいこく》に反《はん》対《たい》したんですよね。

そう。他国《たこく》にかかわっている余《よ》裕《ゆう》はなく、国内《こくない》の**富国強兵《ふこくきょうへい》**が先《さき》だと主張《しゅちょう》した。

でも、征韓論《せいかんろん》に反対《はんたい》した次《つぎ》の年《とし》に、明治政府《めいじせいふ》は台湾《たいわん》に出兵《しゅっぺい》しているんだけれどね。

2人《り》の対立《たいりつ》はそれだけではない。大久保《おおくぼ》は日本《にほん》の近代化《きんだいか》を進《すす》めるため、手段《しゅだん》を選《えら》ばなかった。士族《しぞく》たちの権利《けんり》がなくなるのも、仕方《しかた》がないと考《かんが》えていた。

現実主義者《げんじつしゅぎしゃ》だなあ。

でも、西郷《さいごう》は士族《しぞく》の権利《けんり》も大事《だいじ》にしたいと考《かんが》えた。だから、士《し》族《ぞく》たちの不満《ふまん》を受《う》け止《と》めて、**西《せい》南戦争《なんせんそう》**を起《お》こした。

大久保《おおくぼ》も本音《ほんね》ではつらかったでしょうね。

西郷《さいごう》が自害《じがい》したと聞《き》いて、大久《おおく》保《ぼ》は号泣《ごうきゅう》したらしい。対立《たいりつ》したけれど、2人《り》の友情《ゆうじょう》は残《のこ》っていたんじゃないかな。

キーワード

富国強兵《ふこくきょうへい》

国《くに》の経済《けいざい》を発展《はってん》させて、軍事力《ぐんじりょく》を増強《ぞうきょう》する政策《せいさく》。明《めい》治時代《じじだい》の日本《にほん》が近代化《きんだいか》のためにスローガンとした。

殖産興業《しょくさんこうぎょう》

明治政府《めいじせいふ》が行《おこな》った政策《せいさく》で、経済力《けいざいりょく》を強化《きょうか》するため、新《あら》たな産業《さんぎょう》をつくるというもの。富岡製糸場《とみおかせいしじょう》や鉄道《てつどう》などが造《つく》られた。

学んだ日
／
／
／
／
／

78 木戸孝允《きどたかよし》

1833～1877年《ねん》／出身地《しゅっしんち》：山口県《やまぐちけん》

西郷隆盛《さいごうたかもり》と薩長同盟《さっちょうどうめい》を結《むす》び、明《めい》治政府《じせいふ》でも活躍《かつやく》した政治家《せいじか》

①当初《とうしょ》は桂小五郎《かつらこごろう》という名《な》で、長州藩《ちょうしゅうはん》（山口県《やまぐちけん》）の吉田松陰《よしだしょういん》のもとで個人的《こじんてき》に学《まな》ぶ。

②西郷隆盛《さいごうたかもり》と薩長同盟《さっちょうどうめい》を結《むす》び、倒幕運動《とうばくうんどう》を指揮《しき》する。

③明治政府《めいじせいふ》では大久保利通《おおくぼとしみち》とともにさまざまな政策《せいさく》をつくる。

④岩倉使節団《いわくらしせつだん》の一員《いちいん》として欧米《おうべい》をめぐり、進《すす》んだ文化《ぶんか》や制度《せいど》におどろく。

⑤帰国後《きこくご》は、征韓論《せいかんろん》に反対《はんたい》する。

⑥西南戦争《せいなんせんそう》のさなか、44才《さい》の若《わか》さで亡《な》くなる。

木戸《きど》孝允《たかよし》は、吉田松陰《よしだしょういん》の教《おし》え子《ご》ですよね。

でも、実《じつ》は松下村塾《しょうかそんじゅく》で学《まな》んではいない。松陰《しょういん》に個人的《こじんてき》に学《まな》んだんだ。先生《せんせい》と教《おし》え子《ご》というよりも、友人関係《ゆうじんかんけい》だったようだ。松《しょう》陰《いん》も木戸《きど》のことを「わが友《とも》」と言《い》っているよ。

木戸《きど》は明治政府《めいじせいふ》でも活躍《かつやく》したんですね。

木戸《きど》は政策立案《せいさくりつあん》に優《すぐ》れていたし、実行力《じっこうりょく》もあった。だから、当時《とうじ》の主《おも》な政策《せいさく》のほとんどにかかわっている。**版籍奉還《はんせきほうかん》**と**廃藩置県《はいはんちけん》**を行《おこな》うとき、メインになったのも彼《かれ》だ。

版籍奉還《はんせきほうかん》と廃藩置県《はいはんちけん》…。むずかしい言葉《ことば》だなあ。

この2つの政策《せいさく》はとても重要《じゅうよう》だ。大政奉還《たいせいほうかん》の後《あと》、明治政府中《めいじせいふちゅう》心《しん》の政治《せいじ》になったけれど、まだ地方《ちほう》は江戸時代《えどじだい》と同《おな》じように藩《はん》があって、領地《りょうち》を支配《しはい》していた。これでは天皇中心《てんのうちゅうしん》の政治《せいじ》はできないと思《おも》った木戸《きど》は、藩《はん》を廃止《はいし》しようと考《かんが》えたんだ。

思《おも》い切《き》ったことをしましたね。

おかげで、明治政府《めいじせいふ》が地方《ちほう》も管《かん》理《り》するようになった。藩《はん》の代《か》わりに置《お》かれた「県《けん》」は今《いま》でも行《ぎょう》政区画《せいくかく》に残《のこ》っているね。

キーワード

版籍奉還《はんせきほうかん》

1869年《ねん》に行《おこな》われた、各藩《かくはん》の藩主《はんしゅ》が領地《りょうち》と人《ひと》を天皇《てんのう》に返《かえ》す政策《せいさく》。

廃藩置県《はいはんちけん》

1871年《ねん》に行《おこな》われた、藩《はん》の代《か》わりに県《けん》を置《お》く政策《せいさく》。藩主《はんしゅ》の代《か》わりに県知事《けんちじ》が派遣《はけん》され、地方《ちほう》を政府《せいふ》が直接管理《ちょくせつかんり》した。

学んだ日

／

／

／

／

／

明治維新《めいじいしん》を成《な》しとげ、日本《にほん》を近《きん》代国家《だいこっか》に導《みちび》いた天皇《てんのう》

79 明治天皇《めいじてんのう》

1852～1912年《ねん》／出身地《しゅっしんち》：京都府《きょうとふ》

① 14才《さい》で即位後《そくいご》、王政復古《おうせいふっこ》の大号令《だいごうれい》が宣言《せんげん》される。

②明治政府《めいじせいふ》の方針《ほうしん》「五箇条《ごかじょう》の御誓文《ごせいもん》」を発布《はっぷ》する。

③京都《きょうと》から東京《とうきょう》に遷都《せんと》する。

④版籍奉還《はんせきほうかん》、廃藩置県《はいはんちけん》、四民平等《しみんびょうどう》などの新制度《しんせいど》を命《めい》じる。

⑤大日本帝国憲法《だいにほんていこくけんぽう》を公布《こうふ》する。

⑥日清《にっしん》・日露戦争《にちろせんそう》で勝利《しょうり》し、アジアで強《つよ》い力《ちから》を持《も》つように。

明治天皇《めいじてんのう》は14才《さい》のときに天皇《てんのう》に即位《そくい》したんですね。早《はや》いなあ！

父《ちち》である孝明天皇《こうめいてんのう》が急死《きゅうし》したからね。その時期《じき》は江戸幕府《えどばくふ》から天皇中心《てんのうちゅうしん》の政治《せいじ》の仕組《しく》みに変《か》わっていく、ちょうど時代《じだい》の変《か》わり目《め》だった。

明治天皇《めいじてんのう》は明治政府《めいじせいふ》の政治《せいじ》でどんな役割《やくわり》を果《は》たしたんですか。

実際《じっさい》に政策《せいさく》を決《き》めて、実行《じっこう》していたのは**大久保利通**《おおくぼとしみち》や**伊藤博文**《いとうひろぶみ》などの政治家《せいじか》たち。天皇《てんのう》は細《こま》かい政策《せいさく》に口《くち》を出《だ》したりはしなかったんだ。

でも、重要《じゅうよう》な決定《けってい》には天皇《てんのう》の許《ゆる》しが必要《ひつよう》だったし、**大日本帝国**《だいにほんていこく》**憲法**《けんぽう》では国《くに》の統治者《とうちしゃ》と定《さだ》められた。

さらに軍《ぐん》のトップでもあり、議《ぎ》会《かい》にしばられない天皇大権《てんのうたいけん》という権利《けんり》も持《も》っていた。

すごい権力者《けんりょくしゃ》なんですね！

そうだね。でも明治天皇《めいじてんのう》が力《ちから》をふるって、身勝手《みがって》な政治《せいじ》を行《おこな》うようなことはなかった。

日本《にほん》の歴史《れきし》を見《み》ても、天皇《てんのう》が自《みずか》ら政治《せいじ》を支配《しはい》したことはあまりない。

明治天皇《めいじてんのう》も、政治《せいじ》は優《すぐ》れた政治《せいじ》家《か》たちに任《まか》せたほうがうまくいくと思《おも》っていたんだろうね。

キーワード

五箇条の御誓文《ごかじょうのごせいもん》

明治天皇《めいじてんのう》が示《しめ》した、明治政府《めいじせいふ》の基本方針《きほんほうしん》。身分《みぶん》のちがいをこえた社会《しゃかい》の実現《じつげん》、議会《ぎかい》の設置《せっち》の必要性《ひつようせい》などが書《か》かれた。

日清戦争《にっしんせんそう》

1894年《ねん》から1895年《ねん》にかけて起《お》こった、日本《にほん》と中《ちゅう》国《ごく》の清《しん》による戦争《せんそう》。日本《にほん》が勝利《しょうり》し、下関《しものせき》で講和条約《こうわじょうやく》を結《むす》んだ。

学んだ日

／

／

／

／

／

日本《にほん》で初《はじ》めての政党内閣《せいとうないかく》を総理大《そうりだい》臣《じん》として組織《そしき》した政治家《せいじか》

80 大隈重信《おおくましげのぶ》

1838～1922年《ねん》／出身地《しゅっしんち》：佐賀県《さがけん》

①肥前藩《ひぜんはん》（佐賀県《さがけん》）の出身《しゅっしん》。明治政府《めいじせいふ》で重要《じゅうよう》な役職《やくしょく》につく。

②政府内《せいふない》で国会《こっかい》を開《ひら》くべきだとうったえる。

③薩摩《さつま》（鹿児島県《かごしまけん》）・長州藩《ちょうしゅうはん》（山口県《やまぐちけん》）出身者《しゅっしんしゃ》と対立《たいりつ》して政府《せいふ》を去《さ》る。

④政党《せいとう》「立憲改進党《りっけんかいしんとう》」をつくり、国会開設《こっかいかいせつ》にそなえる。

⑤暴漢《ぼうかん》に爆弾《ばくだん》でおそわれ、右足《みぎあし》を切断《せつだん》する。

⑥ 1898年《ねん》に薩摩《さつま》・長州出身者以外《ちょうしゅうしゅっしんしゃいがい》で初《はつ》の総理大臣《そうりだいじん》になる。

大隈重信《おおくましげのぶ》は、おそわれて片足《かたあし》を失《うしな》ったんですね。

そう。彼《かれ》が使《つか》っていた義足《ぎそく》は、早稲田大学《わせだだいがく》や故郷《こきょう》の佐賀県《さがけん》にある大隈記念館《おおくまきねんかん》に残《のこ》っているよ。早稲田大学《わせだだいがく》は、大隈重信《おおくましげのぶ》がつくった大学《だいがく》だね。ちなみに、慶應義塾《けいおうぎじゅく》をつくった**福沢諭吉**《ふくざわゆきち》とは、仲《なか》が良《よ》かったらしい。

早稲田大学《わせだだいがく》と聞《き》くと、野球《やきゅう》が強《つよ》いイメージがあります。

野球《やきゅう》といえば、大隈《おおくま》は日本《にほん》で初《はじ》めて**始球式**《しきゅうしき》をした人物《じんぶつ》でもある。打席《だせき》に立《た》ったのは早稲田大学《わせだだいがく》の野球部員《やきゅうぶいん》だけど、大学《だいがく》をつくった大隈先生《おおくませんせい》の球《たま》は打《う》てないと思《おも》い、わざと空《から》ぶりした。それ以降《いこう》、日本《にほん》の始球式《しきゅうしき》では打者《だしゃ》がわざと空《から》ぶりをするのが慣例《かんれい》になった。

へえ！　おもしろいですね。

大隈《おおくま》はそのほかにも、日本《にほん》の暦《こよみ》を現在《げんざい》のグレゴリオ暦《れき》に変《か》えたり、南極探検家《なんきょくたんけんか》の支援《しえん》をしたり、日本《にほん》で初《はじ》めての本格的《ほんかくてき》な百科事典《ひゃっかじてん》の編《へん》さんにかかわったり。とにかく新《あたら》し物好《ものず》きで好奇心《こうきしん》の強《つよ》い人《ひと》だった。だから、多《おお》くの人《ひと》に愛《あい》された。彼《かれ》が亡《な》くなったとき、葬儀《そうぎ》には30万人《まんにん》の市民《しみん》が参列《さんれつ》したんだ。

キーワード

立憲改進党《りっけんかいしんとう》
大隈重信《おおくましげのぶ》が1882年《ねん》につくった政党《せいとう》。イギリス流《りゅう》の政治《せいじ》の仕組《しく》みづくりを目標《もくひょう》にかかげた。

隈板内閣《わいはんないかく》
日本初《にほんはつ》の政党《せいとう》を中心《ちゅうしん》とした内閣《ないかく》。大隈《おおくま》の「隈《くま》」と内《ない》務大臣《むだいじん》である板垣退助《いたがきたいすけ》の「板《いた》」をとってこう呼《よ》ばれた。

学んだ日
／
／
／
／
／

自由民権運動《じゆうみんけんうんどう》をリードし、日本《にほん》初《はつ》の政党《せいとう》をつくった政治家《せいじか》

81 板垣退助《いたがきたいすけ》

1837〜1919年《ねん》／出身地《しゅっしんち》：高知県《こうちけん》

①土佐藩《とさはん》（高知県《こうちけん》）出身《しゅっしん》で、坂本龍馬《さかもとりょうま》が藩《はん》を抜《ぬ》けるのを助《たす》けた。

②明治政府《めいじせいふ》では征韓論《せいかんろん》を主張《しゅちょう》し、西郷隆盛《さいごうたかもり》らとともに政府《せいふ》を去《さ》る。

③一部《いちぶ》の藩《はん》の出身者《しゅっしんしゃ》による政治《せいじ》に反対《はんたい》し、自由民権運動《じゆうみんけんうんどう》を始《はじ》める。

④日本初《にほんはつ》の政党《せいとう》「自由党《じゆうとう》」をつくるが、暴漢《ぼうかん》におそわれる。

⑤総理大臣《そうりだいじん》になった大隈重信《おおくましげのぶ》を支《ささ》え、「政党内閣《せいとうないかく》」をつくる。

⑥自分《じぶん》のお金《かね》を投《とう》じて政治《せいじ》を行《おこな》ったので、晩年《ばんねん》の生活《せいかつ》は苦《くる》しかった。

板垣退助《いたがきたいすけ》の名《めい》ゼリフ、「**板垣死《いたがきし》すとも自由《じゆう》は死《し》せず！**」。あれ、かっこいいなあ。

でも本当《ほんとう》は、板垣《いたがき》の言《い》った言葉《ことば》ではなかったようだ。
彼《かれ》が暴漢《ぼうかん》におそわれたときのことを記事《きじ》にしようとした新聞記者《しんぶんきしゃ》が、そう言《い》ったことにしたらしい。近《ちか》くにいた別《べつ》の政治家《せいじか》が興奮《こうふん》して言《い》ったという説《せつ》もあるよ。

本人《ほんにん》が言《い》ったんじゃないんですか！　残念《ざんねん》です。

でも、板垣《いたがき》には人気《にんき》があった。当時《とうじ》の明治政府《めいじせいふ》の中心《ちゅうしん》は長州藩《ちょうしゅうはん》（山口県《やまぐちけん》）、薩摩藩《さつまはん》（鹿児島県《かごしまけん》）の出身者《しゅっしんしゃ》が多《おお》かった。板垣《いたがき》や**大隈重信《おおくましげのぶ》**が政府《せいふ》を追《お》い出《だ》されたのは、別《べつ》の藩《はん》の出身《しゅっしん》で味方《みかた》が少《すく》なかったことも大《おお》きい。市民《しみん》たちにも、政治《せいじ》に対《たい》する不満《ふまん》があったから、板垣《いたがき》や大隈《おおくま》には多《おお》くの人《ひと》びとが期待《きたい》したんだ。

ヒーローみたいな存在《そんざい》だったんですね。

ちなみに、板垣《いたがき》は自分《じぶん》をおそった暴漢《ぼうかん》に対《たい》して、釈放《しゃくほう》してほしいというお願《ねが》いを天皇《てんのう》に出《だ》している。その結果《けっか》、暴漢《ぼうかん》は釈放《しゃくほう》された。
こうした心《こころ》の広《ひろ》さも、人気《にんき》の理《り》由《ゆう》の1つかもしれないね。

キーワード

自由民権運動《じゆうみんけんうんどう》
明治政府《めいじせいふ》に対《たい》して、国会《こっかい》を開《ひら》くことや憲法《けんぽう》を定《さだ》めることなどを求《もと》めた政治運動《せいじうんどう》。

板垣死《いたがきし》すとも自由《じゆう》は死《し》せず
1881年《ねん》に板垣退助《いたがきたいすけ》が暴漢《ぼうかん》におそわれたときに言《い》ったとされる言葉《ことば》。実際《じっさい》は言《い》っていないという説《せつ》が有力《ゆうりょく》。

学んだ日
／
／
／
／
／

82 伊藤博文《いとうひろぶみ》

1841～1909年《ねん》／出身地《しゅっしんち》：山口県《やまぐちけん》

大日本帝国憲法《だいにほんていこくけんぽう》の制定《せいてい》を主導《しゅどう》し、内閣総理大臣《ないかくそうりだいじん》となった政治家《せいじか》

①長州藩《ちょうしゅうはん》（山口県《やまぐちけん》）出身《しゅっしん》で、吉田松陰《よしだしょういん》の松下村塾《しょうかそんじゅく》で学《まな》ぶ。

②イギリスに留学《りゅうがく》し、攘夷派《じょういは》から開国派《かいこくは》に変《か》わる。

③ 1881年《ねん》、明治政府《めいじせいふ》として国会《こっかい》を開《ひら》くことを約束《やくそく》する。

④ヨーロッパを訪問後《ほうもんご》、大日本帝国憲法《だいにほんていこくけんぽう》の制定《せいてい》の準備《じゅんび》にあたる。

⑤日本初《にほんはつ》の内閣総理大臣《ないかくそうりだいじん》となる。

⑥韓国併合《かんこくへいごう》を進《すす》めたため、韓国《かんこく》で暗殺《あんさつ》される。

伊藤博文《いとうひろぶみ》も、吉田松陰《よしだしょういん》の**松下村塾《しょうかそんじゅく》**の出身《しゅっしん》なんですね。

そう。伊藤《いとう》はもともと農民《のうみん》の生《う》まれで、後《のち》に下級武士《かきゅうぶし》になった。松下村塾《しょうかそんじゅく》でも、身分《みぶん》が低《ひく》いからはじめは塾《じゅく》の外《そと》で講義《こうぎ》を立《た》ち聞《ぎ》きしていたらしい。

そこから日本《にほん》で初《はじ》めての**内閣総理大臣《ないかくそうりだいじん》**になるって、すごい。

彼《かれ》は木戸孝允《きどたかよし》や大久保利通《おおくぼとしみち》の死《し》後《ご》、明治政府《めいじせいふ》をリードした。ライバルだった大隈重信《おおくましげのぶ》も「伊《い》藤氏《とうし》は制度法規《せいどほうき》を立《た》てる才覚《さいかく》が優《すぐ》れていた」と高《たか》く評価《ひょうか》している。政治家《せいじか》としての腕《うで》はピカイチだった。それに、明治政府《めいじせいふ》を中心的《ちゅうしんてき》に動《うご》かしていた長州藩出身者《ちょうしゅうはんしゅっしんしゃ》であったことも大《おお》きいね。

憲法《けんぽう》の草案《そうあん》を、中心《ちゅうしん》になってまとめたのも伊藤《いとう》ですよね。

そう。ドイツに留学《りゅうがく》し、ドイツ流《りゅう》の政治《せいじ》の仕組《しく》みをもとにつくったのが**大日本帝国憲法《だいにほんていこくけんぽう》**だ。天皇《てんのう》が国《くに》の統治者《とうちしゃ》として大《おお》きな力《ちから》を持《も》った憲法《けんぽう》で、吉田松陰《よしだしょういん》が主張《しゅちょう》した「一君万民論《いっくんばんみんろん》」の影響《えいきょう》もあるという説《せつ》もある。伊藤《いとう》の中《なか》には、ずっと吉田松陰《よしだしょういん》のDNAが刻《きざ》み込《こ》まれていたのかもしれないね。

キーワード

大日本帝国憲法《だいにほんていこくけんぽう》

1889年《ねん》に公布《こうふ》された、日本《にほん》の最高法規《さいこうほうき》。ドイツの立憲君主制《りっけんくんしゅせい》をもとにつくっており、国《くに》の主権《しゅけん》を天皇《てんのう》が持《も》つと定《さだ》めた。

韓国併合《かんこくへいごう》

日本《にほん》が大韓帝国《だいかんていこく》を植民地《しょくみんち》にしようとする政策《せいさく》。1910年《ねん》に条約《じょうやく》が結《むす》ばれ、韓国《かんこく》は日本《にほん》の植民地《しょくみんち》となった。

学んだ日
／
／
／
／
／

83 陸奥宗光《むつむねみつ》

1844～1897年《ねん》／出身地《しゅっしんち》：和歌山県《わかやまけん》

海外《かいがい》と交渉《こうしょう》し、治外法権《ちがいほうけん》を廃止《はいし》させた政治家《せいじか》

①明治政府《めいじせいふ》で活躍《かつやく》するが、西南戦争《せいなんせんそう》に味方《みかた》して刑《けい》を受《う》ける。

②4年後《ねんご》に罪《つみ》を許《ゆる》され、ヨーロッパに留学《りゅうがく》して猛勉強《もうべんきょう》する。

③1886年《ねん》、ノルマントン号事件《ごうじけん》が起《お》き、日本人《にっぽんじん》が見殺《みごろ》しとなる。

④治外法権《ちがいほうけん》で船長《せんちょう》は無罪《むざい》となり、人《ひと》びとの反発《はんぱつ》が高《たか》まった。

⑤宗光《むねみつ》は外務大臣《がいむだいじん》となり、治外法権《ちがいほうけん》の廃止《はいし》に成功《せいこう》する。

⑥夫人《ふじん》ととても仲《なか》が良《よ》いことでも知《し》られた。

陸奥宗光《むつむねみつ》のあだ名《な》といえば、カミソリ大臣《だいじん》。

カミソリのように切《き》れると危《あぶ》ないという意味《いみ》ですか。

いやいや…仕事《しごと》ができる人《ひと》のことを「頭《あたま》が切《き》れる」「切《き》れ者《もの》」と言《い》ったりしないかな?

聞《き》いたことあるような…。

陸奥宗光《むつむねみつ》は外務大臣《がいむだいじん》として、とても有能《ゆうのう》だったから、このようなあだ名《な》がついたんだ。

ほめ言葉《ことば》だったんですね!

当《あ》たり前《まえ》でしょ!具体的《ぐたいてき》には、外国《がいこく》と交渉《こうしょう》して**治《ち》外法権《がいほうけん》**を撤廃《てっぱい》させたことが大《おお》きな功績《こうせき》ですね。

その通《とお》り。これまでは外国人《がいこくじん》が日本《にほん》で犯罪《はんざい》を犯《おか》しても、治外法《ちがいほう》権《けん》によって罰《ばっ》することができなかったんだ。人《ひと》びとの不満《ふまん》を受《う》けて、彼《かれ》は粘《ねば》り強《づよ》く交渉《こうしょう》し、こうした不平等《ふびょうどう》な決《き》まりを正《ただ》すことに成功《せいこう》したんだ。

すばらしい功績《こうせき》ですね。

もっとも、彼《かれ》以前《いぜん》にも多《おお》くの人《ひと》たちが治外法権廃止《ちがいほうけんはいし》のために力《ちから》を尽《つ》くした。みんなの功績《こうせき》とも言《い》えるね。

キーワード

治外法権《ちがいほうけん》

ある国《くに》の領土《りょうど》にいながら、その国《くに》の法律《ほうりつ》に従《したが》わなくて良《よ》いとする権利《けんり》。日本《にほん》は日米修好通商条約《にちべいしゅうこうつうしょうじょうやく》などで欧米《おうべい》の国《くに》ぐにに治外法権《ちがいほうけん》を認《みと》めていた。

ノルマントン号事件《ごうじけん》

1886年《ねん》、イギリスの船《ふね》が日本《にほん》の沖合《おきあ》いで沈《しず》んだとき、イギリス人船長《じんせんちょう》が日本《にほん》の乗客《じょうきゃく》だけを助《たす》けず、見《み》殺《ごろ》しにした事件《じけん》。治外法権《ちがいほうけん》で船長《せんちょう》は無罪《むざい》になった。

学んだ日

／

／

／

／

／

84 津田梅子《つだうめこ》

1864～1929年《ねん》／出身地《しゅっしんち》：東京都《とうきょうと》

女性《じょせい》のための教育機関《きょういくきかん》「女子英《じょしえい》学塾《がくじゅく》」をつくった教育者《きょういくしゃ》

①6才《さい》で岩倉使節団《いわくらしせつだん》に同行《どうこう》し、アメリカに留学《りゅうがく》。

②17才《さい》で帰国後《きこくご》、日本《にほん》の女性《じょせい》の地位《ちい》の低《ひく》さにおどろき、学校《がっこう》づくりを決意《けつい》する。

③再《ふたた》びアメリカにわたり、日本女性《にほんじょせい》の留学《りゅうがく》のための奨学金《しょうがくきん》をつくる。

④再《ふたた》び帰国《きこく》し、1900年《ねん》に女子英学塾《じょしえいがくじゅく》（現在《げんざい》の津田塾大学《つだじゅくだいがく》）を開《ひら》く。

＼ほかにもいた！こんな人物《じんぶつ》／

岩倉使節団《いわくらしせつだん》に同行《どうこう》した女性留学生《じょせいりゅうがくせい》たち

山川捨松《やまかわすてまつ》（1860～1919年《ねん》）

会津《あいづ》（福島県《ふくしまけん》）の国家老《くにがろう》の家《いえ》に生《う》まれる。11年間《ねんかん》の留学後《りゅうがくご》、西郷隆盛《さいごうたかもり》のいとこである軍人《ぐんじん》の大山巌《おおやまいわお》と結婚《けっこん》。津田梅子《つだうめこ》の女子英学塾設立《じょしえいがくじゅくせつりつ》を支援《しえん》した。

永井繁子《ながいしげこ》（1862～1928年《ねん》）

10年間《ねんかん》の留学後《りゅうがくご》、結婚《けっこん》。高等師範学校《こうとうしはんがっこう》や音楽学校《おんがくがっこう》の教師《きょうし》として活躍《かつやく》した。

津田梅子《つだうめこ》は**岩倉使節団**《いわくらしせつだん》で留学《りゅうがく》したメンバーで一番小《いちばんちい》さかったんだ。出発当時《しゅっぱつとうじ》はなんと6才《さい》、船《ふね》の中《なか》で7才《さい》の誕生日《たんじょうび》をむかえたんだ。

ぼくよりずっと小《ちい》さい！

家族《かぞく》とはなれて外国《がいこく》で勉強《べんきょう》するなんて、すごいわ。
どうしてそんなに小《ちい》さいうちに留学《りゅうがく》することになったんですか。

梅子《うめこ》の父《ちち》が留学《りゅうがく》をすすめたようだよ。

梅子《うめこ》の父《ちち》、津田仙《つだせん》は佐倉藩《さくらはん》（千葉県《ちばけん》）の武士《ぶし》で、若《わか》いときにペリーの**黒船**《くろふね》を見《み》たことがあるんだよ。
これからは海外《かいがい》のことを積極的《せっきょくてき》に学《まな》ぶ必要《ひつよう》がある、と思《おも》い、梅《うめ》子《こ》を留学《りゅうがく》させることにした。だけど、岩倉使節団《いわくらしせつだん》の見送《みおく》りに来《き》た人《ひと》の中《なか》には「あんな小《ちい》さい子《こ》をアメリカにやるなんて！」となげいた人《ひと》もいたようだ。

ホームシックにならなかったのかしら。

一緒《いっしょ》に留学《りゅうがく》した子《こ》どもたちの中《なか》には、ホームシックになって帰《き》国《こく》した子《こ》もいたようだ。だけど梅子《うめこ》は10年《ねん》以上《いじょう》もアメリカで暮《く》らしたんだよ。

キーワード

女子英学塾《じょしえいがくじゅく》

津田梅子《つだうめこ》がつくった、女性《じょせい》のための教育機関《きょういくきかん》。経済的自立《けいざいてきじりつ》のできる女性《じょせい》のための高等教育《こうとうきょういく》を行《おこな》った。

この時代《じだい》の世界《せかい》の人物《じんぶつ》

ヴィンセント・ファン・ゴッホ（1853〜1890年《ねん》）

オランダの画家《がか》で、あざやかな色《いろ》づかいで知《し》られる。日本《にほん》の浮世絵《うきよえ》に影響《えいきょう》を受《う》けた。

学んだ日
／
／
／
／
／

85 福沢諭吉《ふくざわゆきち》

1834～1901年《ねん》／出身地《しゅっしんち》：大分県《おおいたけん》

『学問《がくもん》のすゝめ』などを書《か》いた思《し》想家《そうか》・教育者《きょういくしゃ》

①中津藩《なかつはん》（大分県《おおいたけん》）出身《しゅっしん》で、勝海舟《かつかいしゅう》らと渡米《とべい》。

②アメリカやヨーロッパを視察《しさつ》し、『西洋事情《せいようじじょう》』を書《か》き上《あ》げる。

③高等教育《こうとうきょういく》を行《おこな》う学校《がっこう》「慶應義塾《けいおうぎじゅく》」をつくる。

④人間《にんげん》の平等《びょうどう》をうたった『学問《がくもん》のすゝめ』が大《だい》ベストセラーに。

⑤新聞《しんぶん》「時事新報《じじしんぽう》」をつくり、さまざまな問題《もんだい》を取《と》り上《あ》げる。

⑥日清戦争《にっしんせんそう》には賛成《さんせい》した。

1万円札《まんえんさつ》の人《ひと》ですね。知《し》ってます！

「天《てん》は人《ひと》の上《うえ》に人《ひと》をつくらず、人《ひと》の下《した》に人《ひと》をつくらず」という**『学問《がくもん》のすゝめ』**の言葉《ことば》で有名《ゆうめい》だね。

でも、この言葉《ことば》には続《つづ》きがあるんだよ。

知《し》りませんでした！ どう続《つづ》くんですか。

大《おお》まかに言《い》うと、「でも、世《よ》の中《なか》にはかしこい人《ひと》もそうでない人《ひと》も、お金持《かねも》ちの人《ひと》も貧《まず》しい人《ひと》もいる。そのちがいは、勉強《べんきょう》しているかしていないかだ」と続《つづ》くんだ。

つまり、勉強《べんきょう》していないとだめだよ、って書《か》いているんだ。

結局《けっきょく》、勉強《べんきょう》はしないといけないってことか…。

残念《ざんねん》だったね、お兄《にい》ちゃん。

まあ、『学問《がくもん》のすゝめ』という本《ほん》だからね。

ちなみに、「天《てん》は人《ひと》の上《うえ》に…」の言葉《ことば》は諭吉独自《ゆきちどくじ》の言葉《ことば》ではなく、アメリカの独立宣言《どくりつせんげん》から引用《いんよう》したという説《せつ》が有力《ゆうりょく》だ。

この本《ほん》はシリーズ化《か》され、とても売《う》れて、諭吉《ゆきち》は「340万《まん》冊《さつ》は流布《るふ》したはず」と言《い》っている。

当時《とうじ》の日本《にほん》の人口《じんこう》は約《やく》3千万《ぜんまん》人《にん》。日本国民《にほんこくみん》の1割以上《わりいじょう》が読《よ》んだ計算《けいさん》になるんだ。

キーワード

『西洋事情《せいようじじょう》』

アメリカやヨーロッパから帰国《きこく》した福沢諭吉《ふくざわゆきち》が書《か》いた本《ほん》。当時《とうじ》の欧米《おうべい》の考《かんが》え方《かた》や政治《せいじ》制度《せいど》、文化《ぶんか》などを数多《かずおお》く紹介《しょうかい》した。

『学問《がくもん》のすゝめ』

福沢諭吉《ふくざわゆきち》があらわした本《ほん》。儒教《じゅきょう》の考《かんが》え方《かた》を否定《ひてい》し、近代的《きんだいてき》な民主主義《みんしゅしゅぎ》や人間《にんげん》・男女《だんじょ》の平等《びょうどう》が必要《ひつよう》だと示《しめ》した。

学んだ日
／
／
／
／
／

86 森鷗外《もりおうがい》

1862～1922年《ねん》／出身地《しゅっしんち》：島根県《しまねけん》

軍医《ぐんい》のかたわら、『舞姫《まいひめ》』『高瀬舟《たかせぶね》』などを発表《はっぴょう》した小説家《しょうせつか》

①陸軍《りくぐん》の軍医《ぐんい》として、ドイツに留学《りゅうがく》。ドイツ人女性《じんじょせい》と恋《こい》に落《お》ちる。

②帰国後《きこくご》、軍医《ぐんい》のかたわら作家活動《さっかかつどう》を始《はじ》める。

③日露戦争《にちろせんそう》のとき、かっけによる犠牲者《ぎせいしゃ》を多数出《たすうだ》す。

④軍医《ぐんい》のトップとなってからもさらに作家活動《さっかかつどう》は盛《さか》んに。

＼ほかにもいた！こんな人物《じんぶつ》／

明治時代《めいじじだい》の小説家《しょうせつか》たち

島崎藤村《しまざきとうそん》（1872～1943年《ねん》）

はじめは詩人《しじん》として世《よ》に出《で》て、後《のち》にフランス文学《ぶんがく》の影響《えいきょう》を受《う》けた小説家《しょうせつか》として活躍《かつやく》した。『破戒《はかい》』『夜明《よあ》け前《まえ》』などが有名《ゆうめい》。

二葉亭四迷《ふたばていしめい》（1864～1909年《ねん》）

日本《にほん》で初《はじ》めて、話《はな》し言葉《ことば》に近《ちか》い文《ぶん》で書《か》かれた小説《しょうせつ》『浮雲《うきぐも》』の作者《さくしゃ》。

ドイツ留学中《りゅうがくちゅう》に、現地《げんち》の女性《じょせい》と恋《こい》したんでしょう? うらやましい。

でも、現実《げんじつ》は単純《たんじゅん》じゃない。2人《り》は別《わか》れたけれど、女性《じょせい》のほうはあきらめきれず、鷗外《おうがい》を追《お》っかけて日本《にほん》にやってきたらしい。

情熱的《じょうねつてき》!

そうだけど、鷗外《おうがい》はおどろいただろうね。結局《けっきょく》は別《べつ》の日本人《にっぽんじん》の女性《じょせい》と結婚《けっこん》して、陸軍《りくぐん》の軍医《ぐんい》として出世《しゅっせ》していく。

かっけという病気《びょうき》の原因《げんいん》を見抜《みぬ》けなかったとも聞《き》きました。

かっけは特《とく》に軍隊《ぐんたい》で患者《かんじゃ》の多《おお》い病気《びょうき》だったけれど、原因《げんいん》がわからなかった。鷗外《おうがい》たち陸軍《りくぐん》は細菌《さいきん》が原因《げんいん》と考《かんが》えたけれど、**北里柴三郎**《きたさとしばさぶろう》やその弟子《でし》の**志賀潔**《しがきよし》らはそれを否定《ひてい》した。実際《じっさい》、細菌《さいきん》ではなくビタミンB_1不足《ぶそく》が原因《げんいん》だったが、陸軍《りくぐん》はまちがいを認《みと》めなかった。

まちがいを認《みと》めないなんて!

その結果《けっか》、**日露戦争**《にちろせんそう》で陸軍《りくぐん》はかっけによる死者《ししゃ》を2万人以上《まんにんいじょう》出《だ》すことになった。医学《いがく》の進《すす》んでいない時代《じだい》だから、鷗外《おうがい》ばかり非難《ひなん》されるのはかわいそうだけどね。

キーワード

『舞姫《まいひめ》』

1890年《ねん》、森鷗外《もりおうがい》が最初《さいしょ》に発表《はっぴょう》した短編小説《たんぺんしょうせつ》。執筆《しっぴつ》はドイツへの留学時《りゅうがくじ》に行《おこな》われ、自分《じぶん》の体験《たいけん》が反映《はんえい》されている。

かっけ

ビタミンB_1不足《ぶそく》のため、足《あし》や心臓《しんぞう》が弱《よわ》る病気《びょうき》。日露戦争《にちろせんそう》では2万《まん》4000人《にん》の死者《ししゃ》が出《で》た。陸軍《りくぐん》では細菌《さいきん》が原因《げんいん》と考《かんが》えていた。

学んだ日
／
／
／
／
／

87 夏目漱石《なつめそうせき》

1867～1916年《ねん》／出身地《しゅっしんち》：東京都《とうきょうと》

『吾輩《わがはい》は猫《ねこ》である』『坊《ぼ》っちゃん』『こころ』などを発表《はっぴょう》した小説家《しょうせつか》

①帝国大学《ていこくだいがく》（現在《げんざい》の東京大学《とうきょうだいがく》）を卒業《そつぎょう》後《ご》、英語教師《えいごきょうし》となる。

②イギリスに留学《りゅうがく》したが、神経衰弱《しんけいすいじゃく》になり下宿《げしゅく》に閉《と》じこもる。

③帰国後《きこくご》、気晴《きば》らしで書《か》いた小説《しょうせつ》が『吾輩《わがはい》は猫《ねこ》である』。

④その後《ご》、朝日新聞社《あさひしんぶんしゃ》に入社《にゅうしゃ》して多数《たすう》の小説《しょうせつ》を発表《はっぴょう》する。

⑤イギリス時代《じだい》の悩《なや》みを反映《はんえい》させた、芸術性《げいじゅつせい》の高《たか》い小説《しょうせつ》だった。

⑥若者《わかもの》との勉強会《べんきょうかい》を毎週開《まいしゅうひら》き、多《おお》くの著名人《ちょめいじん》を送《おく》り出《だ》した。

漱石《そうせき》といえば、言《い》わずと知《し》れた大作家《だいさっか》だね。猫《ねこ》の目線《めせん》で物語《ものがたり》を進《すす》める**『吾輩《わがはい》は猫《ねこ》である』**は多《おお》くの人《ひと》に愛《あい》されている。「吾輩《わがはい》は猫《ねこ》である。名前《なまえ》はまだない」という書《か》き出《だ》しのフレーズはとくに有名《ゆうめい》だ。

猫《ねこ》が主人公《しゅじんこう》なんて、おもしろい！漱石自身《そうせきじしん》もおもしろい人《ひと》だったのかしら。

漱石自身《そうせきじしん》は、後《のち》の作品《さくひん》では気《き》むずかし屋《や》としてえがかれていることが多《おお》いかもしれないね。というのも、いろいろなことを思《おも》い悩《なや》んでいた形跡《けいせき》が留学中《りゅうがくちゅう》の日記《にっき》などからうかがえるんだ。

どんなことに悩《なや》んでいたんでしょう。もしかしてイギリスの食《た》べ物《もの》が合《あ》わなかったとか。

それはどうかな…。漱石《そうせき》が生《い》きていたのは江戸《えど》から明治《めいじ》にかけて、暮《く》らしも世《よ》の中《なか》の考《かんが》え方《かた》も大《おお》きく変《か》わった時代《じだい》だ。今後《こんご》どうなっていくのかという不安《ふあん》はみんなが抱《かか》えていたのかもしれない。そんな人《ひと》たちの中《ちゅう》心的《しんてき》な存在《そんざい》として、イギリスで当時《とうじ》の最先端《さいせんたん》を目《ま》の当《あ》たりにして悩《なや》んでいたのが漱石《そうせき》なんだ。

ちなみに東京大学《とうきょうだいがく》には、彼《かれ》の作《さく》品《ひん》にちなんだ「三四郎池《さんしろういけ》」がある。彼《かれ》も悩《なや》みながら池《いけ》のそばを歩《ある》いていたかもしれないね。

キーワード

『吾輩《わがはい》は猫《ねこ》である』
夏目《なつめ》漱石《そうせき》が最初《さいしょ》に書《か》いた小説《しょうせつ》で、1905 年《ねん》に発表《はっぴょう》された。猫《ねこ》が主人公《しゅじんこう》で、猫《ねこ》の目《め》から見《み》た人間《にんげん》の行動《こうどう》のおもしろさをえがいた。

『こころ』
夏目《なつめ》漱石《そうせき》が 1914 年《ねん》に新聞《しんぶん》紙上《しじょう》で発表《はっぴょう》した長編小説《ちょうへんしょうせつ》。罪《つみ》の意識《いしき》やはずかしさに悩《なや》む人《ひと》の姿《すがた》をえがいた。

学んだ日
／
／
／
／
／

生活《せいかつ》に苦《くる》しみながら『たけくらべ』『にごりえ』を書《か》いた女流作家《じょりゅうさっか》

88 樋口一葉《ひぐちいちよう》

1872～1896年《ねん》／出身地《しゅっしんち》：東京都《とうきょうと》

①小学校《しょうがっこう》では首席《しゅせき》だったが、中退《ちゅうたい》する。

②父親《ちちおや》が事業《じぎょう》に失敗《しっぱい》し、婚約《こんやく》を取《と》り消《け》される。

③最初《さいしょ》は歌人《かじん》を目指《めざ》していたが、よりかせげる小説家《しょうせつか》を目指《めざ》す。

④『たけくらべ』が森鷗外《もりおうがい》らに絶賛《ぜっさん》される。

⑤わずか 14 ヵ月《げつ》の間《あいだ》に数《かず》かずの名作《めいさく》を書《か》き上《あ》げる。

⑥しかし貧《まず》しいまま、24 才《さい》の若《わか》さで亡《な》くなる。

樋口一葉《ひぐちいちよう》は、明治《めいじ》の日本《にほん》を代《だい》表《ひょう》する女流作家《じょりゅうさっか》だよ。短《みじか》い一生《いっしょう》の中《なか》で、数多《かずおお》くの作品《さくひん》を残《のこ》したんだ。

貧《まず》しい生活《せいかつ》の中《なか》、小説《しょうせつ》を書《か》き続《つづ》けていたんですね。

裕福《ゆうふく》な家《いえ》に生《う》まれたんだけど、父親《ちちおや》が事業《じぎょう》に失敗《しっぱい》し、暮《く》らしがガラッと変《か》わってしまうんだ。小説家《しょうせつか》になったのも、歌人《かじん》より小説家《しょうせつか》のほうがお金《かね》がかせげるという経済的《けいざいてき》な理由《りゆう》によるんだ。

それで小説家《しょうせつか》として成功《せいこう》するなんて、天才《てんさい》ですね！

実《じつ》は一葉《いちよう》には、夏目家《なつめけ》との縁談《えんだん》が持《も》ち上《あ》がっていたという説《せつ》があるんだ。一葉《いちよう》の父《ちち》と漱石《そうせき》の父《ちち》は、上司《じょうし》と部下《ぶか》だった時期《じき》があり、縁談《えんだん》の話《はなし》が出《で》たらしいよ。歴史《れきし》に「もしも」はないけれど、漱石《そうせき》と一葉《いちよう》という2人《り》の天才《てんさい》が結婚《けっこん》していたら、どんな家庭《かてい》になっていただろうね。

子《こ》どもが超天才《ちょうてんさい》になっていたかも!?

ちなみに東京《とうきょう》の文京区《ぶんきょうく》には、一《いち》葉《よう》の暮《く》らした家《いえ》のあとや古井戸《ふるいど》が残《のこ》っているよ。

キーワード

『たけくらべ』

1895～1896年《ねん》に樋口一葉《ひぐちいちよう》が発表《はっぴょう》した短編小説《たんぺんしょうせつ》。吉原《よしわら》を舞台《ぶたい》に、少女《しょうじょ》と少年《しょうねん》の交流《こうりゅう》をえがいた。

この時代《じだい》の世界《せかい》の人物《じんぶつ》

フローレンス・ナイチンゲール（1820～1910年《ねん》）

イギリスの看護師《かんごし》。衛生的《えいせいてき》な看護《かんご》を行《おこな》い、看護師《かんごし》の社《しゃ》会的地位《かいてきちい》を高《たか》めた。

学んだ日

／

／

／

／

／

89 北里柴三郎《きたざとしばさぶろう》

1852～1931年《ねん》／出身地《しゅっしんち》：熊本県《くまもとけん》

ペスト菌《きん》を発見《はっけん》し、志賀潔《しがきよし》や野口英世《のぐちひでよ》を育《そだ》てた医師《いし》

①医学《いがく》を学《まな》ぶうち、予防医学《よぼういがく》の大切《たいせつ》さに気《き》づく。

②ドイツに留学《りゅうがく》し、細菌《さいきん》の研究《けんきゅう》を行《おこな》う。

③帰国《きこく》し、福沢諭吉《ふくざわゆきち》のもとで伝染病研究《でんせんびょうけんきゅう》所《じょ》をつくる。

④ペスト菌《きん》を発見《はっけん》したほか、後輩《こうはい》の育成《いくせい》にも力《ちから》を注《そそ》ぐ。

ほかにもいた！こんな人物《じんぶつ》

明治時代《めいじじだい》の科学者《かがくしゃ》たち①

高峰譲吉《たかみねじょうきち》（1854～1922年《ねん》）

デンプンを分解《ぶんかい》する酵素《こうそ》のジアスターゼや、アドレナリンの抽出《ちゅうしゅつ》に成功《せいこう》した化学者《かがくしゃ》。自分《じぶん》の特許《とっきょ》を管理《かんり》する会社《かいしゃ》をつくるなど、実業家《じつぎょうか》としても優《すぐ》れていた。

鈴木梅太郎《すずきうめたろう》（1874～1943年《ねん》）

世界《せかい》で初《はじ》めてビタミン B_1 を発見《はっけん》し、かっけ予防《よぼう》に効果《こうか》があることを突《つ》き止《と》めた。

君《きみ》たちは、予防接種《よぼうせっしゅ》を受《う》けたことはないかな。

あります！　痛《いた》いから、注射《ちゅうしゃ》は苦手《にがて》です…。

私《わたし》も、できるなら受《う》けたくないわ。

予防接種《よぼうせっしゅ》は病気《びょうき》にかからないようにしたり、かかったときの症《しょう》状《じょう》が重《おも》くならないようにするために受《う》けるものだよ。毒性《どくせい》を弱《よわ》めた菌《きん》などを体《からだ》に入《い》れることによって、抵抗力《ていこうりょく》をつけることができると言《い》われている。

痛《いた》いけど、意味《いみ》のあることなんですね。

それまでの医学《いがく》では病気《びょうき》にかかった後《あと》で治《なお》すしかなかったことを考《かんが》えると、大《おお》きな進歩《しんぽ》だね。**北里柴三郎**《きたさとしばさぶろう》は、病気《びょうき》にならないための**予防医学**《よぼういがく》に力《ちから》を尽《つ》くした医学者《いがくしゃ》なんだ。日本《にほん》の細菌学《さいきんがく》の父《ちち》とも呼《よ》ばれているよ。

すごい人《ひと》ですね。

弟子《でし》たちもすごいんだ。赤痢菌《せきりきん》を発見《はっけん》した**志賀潔**《しがきよし》、黄熱《おうねつ》病《びょう》の研究《けんきゅう》をした**野口英世**《のぐちひでよ》も、彼《かれ》の門下生《もんかせい》だよ。人望《じんぼう》もあったんだね。

キーワード

ペスト

ネズミから感染《かんせん》する伝染病《でんせんびょう》で黒死病《こくしびょう》とも言《い》われる。世界各国《せかいかっこく》で何度《なんど》か大流行《だいりゅうこう》し、そのたびに数千万人単《すうせんまんにんたん》位《い》の犠牲者《ぎせいしゃ》を出《だ》した。

伝染病研究所《でんせんびょうけんきゅうじょ》

1892年《ねん》に北里柴三郎《きたさとしばさぶろう》が福沢諭吉《ふくざわゆきち》の援助《えんじょ》のもとにつくった、伝染病《でんせんびょう》と細菌《さいきん》を研究《けんきゅう》する施設《しせつ》。

学んだ日
／
／
／
／
／

90 志賀潔《しがきよし》

1870～1957年《ねん》／出身地《しゅっしんち》：宮城県《みやぎけん》

北里柴三郎《きたざとしばさぶろう》のもとで学《まな》び、赤痢《せきり》菌《きん》を発見《はっけん》した医師《いし》

①伝染病研究所《でんせんびょうけんきゅうじょ》に入《はい》り、北里柴三郎《きたざとしばさぶろう》のもとで学《まな》ぶ。

②当時《とうじ》、東京《とうきょう》では赤痢《せきり》が大流行《だいりゅうこう》していた。

③下宿《げしゅく》を引《ひ》き払《はら》い、研究所《けんきゅうじょ》にこもって赤《せき》痢菌《りきん》を発見《はっけん》。

④また、かっけの試験《しけん》を行《おこな》い、原因《げんいん》が細《さい》菌《きん》ではないと突《つ》き止《と》める。

ほかにもいた！こんな人物《じんぶつ》

明治時代《めいじじだい》の科学者《かがくしゃ》たち②

長岡半太郎《ながおかはんたろう》（1865～1950年《ねん》）

中心《ちゅうしん》に核《かく》があり、その周《まわ》りに電子《でんし》がある土星型《どせいがた》の原子模型《げんしもけい》をつくり、原子《げんし》の構造《こうぞう》を予見《よけん》した物理学者《ぶつりがくしゃ》。磁気《じき》の研究《けんきゅう》でも有名《ゆうめい》。

池田菊苗《いけだきくなえ》（1864～1936年《ねん》）

うま味成分《みせいぶん》のグルタミン酸《さん》ナトリウムを発見《はっけん》した化学者《かがくしゃ》。

志賀潔《しがきよし》は**赤痢菌《せきりきん》**を発見《はっけん》して、菌《きん》の学名《がくめい》にも志賀《しが》の名前《なまえ》が入《はい》っているよ。

海外《かいがい》でも評価《ひょうか》されたんですね！

もともと志賀《しが》は仙台藩《せんだいはん》の藩医《はんい》の家《いえ》に生《う》まれ、帝国大学《ていこくだいがく》の医学部《いがくぶ》を卒業《そつぎょう》した医学《いがく》エリート。赤痢《せきり》菌《きん》を発見《はっけん》した後《あと》もドイツへ留《りゅう》学《がく》し、最後《さいご》は韓国《かんこく》の帝国大学《ていこくだいがく》のトップに就任《しゅうにん》した。文化勲章《ぶんかくんしょう》などたくさんの名誉《めいよ》にも恵《めぐ》まれた。

すべてが手《て》に入《はい》って、うらやましいな。

でも、帝国大学《ていこくだいがく》を辞《や》めてからは、決《けっ》して経済的《けいざいてき》には恵《めぐ》まれていなかったようだ。**太平洋戦争《たいへいようせんそう》**で家《いえ》が焼《や》け、財産《ざいさん》も失《うしな》ってしまったんだ。

なんて悲《かな》しいことでしょう。

戦後《せんご》、故郷《こきょう》の宮城県《みやぎけん》に戻《もど》った後《あと》の志賀《しが》の様子《ようす》を、写真家《しゃしんか》の土門《どもん》拳《けん》が撮影《さつえい》している。破《やぶ》れた障子《しょうじ》に新聞紙《しんぶんし》を貼《は》り、眼鏡《めがね》のふちもこわれて、紙《かみ》で修理《しゅうり》していた。でも、その生活《せいかつ》をはずかしがることもなく、志賀《しが》は土門《どもん》を温《あたた》かくむかえたという。裕福《ゆうふく》かどうかなんて気《き》にせず、人《ひと》びとを救《すく》うため、医学《いがく》に一《いっ》生《しょう》をささげた。とても立派《りっぱ》な人《ひと》だったんだ。

キーワード

赤痢《せきり》

赤痢菌《せきりきん》がふんなどを通《つう》じて、人間《にんげん》に感染《かんせん》する伝染病《でんせんびょう》。発熱《はつねつ》、腹痛《ふくつう》、下痢《げり》などが続《つづ》く。

この時代《じだい》の世界《せかい》の人物《じんぶつ》

トーマス・エジソン（1847～1931年《ねん》）

アメリカの発明家《はつめいか》で、電球《でんきゅう》を発明《はつめい》した。「天才《てんさい》は1％のひらめきと99％の汗《あせ》」の発言《はつげん》で有名《ゆうめい》。

学んだ日
／
／
／
／
／

91 与謝野晶子《よさのあきこ》

1878～1942年《ねん》／出身地《しゅっしんち》：大阪府《おおさかふ》

恋愛《れんあい》を大胆《だいたん》に歌《うた》った歌集《かしゅう》『みだれ髪《がみ》』を発表《はっぴょう》した女流歌人《じょりゅうかじん》

①大阪《おおさか》に生《う》まれ、子《こ》どものころから本《ほん》が大好《だいす》きだった。

②与謝野鉄幹《よさのてっかん》が作《つく》った雑誌《ざっし》『明星《みょうじょう》』に短歌《たんか》を投稿《とうこう》する。

③妻子《さいし》のいた鉄幹《てっかん》と恋愛関係《れんあいかんけい》になり、後《のち》に結婚《けっこん》。

④歌集《かしゅう》『みだれ髪《がみ》』を発表《はっぴょう》する。

⑤日露戦争《にちろせんそう》に行《い》った弟《おとうと》を思《おも》い、反戦詩《はんせんし》を発表《はっぴょう》する。

⑥『青鞜《せいとう》』創刊号《そうかんごう》に参加《さんか》するなど、女性《じょせい》解放運動《かいほううんどう》にも熱心《ねっしん》だった。

与謝野晶子《よさのあきこ》といえば、**与謝野鉄幹《よさのてっかん》**との自由《じゆう》な恋愛《れんあい》や、反戦《はんせん》を歌《うた》った**「君死《きみし》にたまふことなかれ」**が有名《ゆうめい》だね。戦争《せんそう》に行《い》った弟《おとうと》に「どうか死《し》なないで」と呼《よ》びかける詩《し》だよ。

大切《たいせつ》な弟《おとうと》に生《い》きていてほしいと思《おも》うのは、当然《とうぜん》のことのように思《おも》いますが。

そうだね。だけど当時《とうじ》は、国《くに》が決《き》めた戦争《せんそう》に疑問《ぎもん》を投《な》げかけるのは、いけないことだとされていたんだ。そんな中《なか》、晶子《あきこ》は弟《おとうと》を思《おも》い、戦《せん》争《そう》をなげく気持《きも》ちをストレートに表現《ひょうげん》したんだ。

勇気《ゆうき》のある女性《じょせい》だったんですね。

そうだね。ちなみに晶子《あきこ》が原稿《げんこう》を寄《よ》せた雑誌《ざっし》『青踏《せいとう》』は、平塚《ひらつか》らいてうが立《た》ち上《あ》げた雑誌《ざっし》なんだ。らいてうと晶子《あきこ》は、女性《じょせい》の役《やく》割《わり》、母親《ははおや》の役割《やくわり》について激《はげ》しく言《い》い争《あらそ》ったことでも知《し》られている。女性運動《じょせいうんどう》が盛《さか》んになったこの時《じ》期《き》、「新《あたら》しい女性《じょせい》」たちがいろいろな議論《ぎろん》をぶつけ合《あ》ったんだ。女性《じょせい》が女性《じょせい》らしく生《い》きたい、そう思《おも》い始《はじ》めた時代《じだい》なんだ。

キーワード

与謝野鉄幹《よさのてっかん》

文芸誌《ぶんげいし》『明星《みょうじょう》』を作《つく》った歌人《かじん》。明星《みょうじょう》では北原白秋《きたはらはくしゅう》、石川啄木《いしかわたくぼく》らも歌《うた》を発表《はっぴょう》した。後《のち》に与謝野晶子《よさのあきこ》と結婚《けっこん》。

「君死《きみし》にたまふことなかれ」

与謝野晶子《よさのあきこ》が、日露戦争《にちろせんそう》に従軍《じゅうぐん》する弟《おとうと》をなげいて書《か》いた詩《し》。賛否両論《さんぴりょうろん》となり、多《おお》くの人《ひと》びとの論争《ろんそう》を巻《ま》き起《お》こした。

学んだ日

／

／

／

／

／

92 小村寿太郎《こむらじゅたろう》

1855～1911年《ねん》／出身地《しゅっしんち》：宮崎県《みやさきけん》

外務大臣《がいむだいじん》として外国《がいこく》と交渉《こうしょう》し、関税自主権《かんぜいじしゅけん》を回復《かいふく》した政治家《せいじか》

①外務大臣《がいむだいじん》となり、イギリスと日英同盟《にちえいどうめい》を結《むす》ぶ。

②日露戦争《にちろせんそう》に勝利《しょうり》したが、ロシアとの和平《わへい》のための交渉《こうしょう》は難航《なんこう》した。

③当時《とうじ》、日本《にほん》は輸入品《ゆにゅうひん》の関税《かんぜい》を自由《じゆう》に設定《せってい》できないでいた。

④寿太郎《じゅたろう》はアメリカとの条約《じょうやく》を改正《かいせい》し、関税《かんぜい》の自主権《じしゅけん》を獲得《かくとく》した。

ほかにもいた！こんな人物《じんぶつ》

条約改正《じょうやくかいせい》を目指《めざ》した政治家《せいじか》たち

井上馨《いのうえかおる》（1835～1915年《ねん》）

外務大臣《がいむだいじん》として、西洋《せいよう》の人《ひと》びとに日本《にほん》の近代化《きんだいか》をアピールするために鹿鳴館《ろくめいかん》を建《た》てて、舞踏会《ぶとうかい》などを行《おこな》ったが、国内外《こくないがい》で不評《ふひょう》だったために辞任《じにん》した。

青木周蔵《あおきしゅうぞう》（1844～1914年《ねん》）

陸奥宗光《むつむねみつ》の前任《ぜんにん》の外務大臣《がいむだいじん》として、治外法権《ちがいほうけん》の廃止《はいし》に力《ちから》を尽《つ》くした。

ところで先生《せんせい》、「**関税**《かんぜい》」って何《なん》ですか。

関税《かんぜい》も知《し》らないの、お兄《にい》ちゃん！

うるさいな！

まあまあ2人《り》とも。関税《かんぜい》とは、ざっくり言《い》うと、外国《がいこく》からの輸《ゆ》入品《にゅうひん》にかける税金《ぜいきん》のことだ。適正《てきせい》な価格《かかく》の関税《かんぜい》をかけることで、外国産《がいこくさん》の物《もの》と国内産《こくないさん》の物《もの》とのバランスを調整《ちょうせい》して、産業《さんぎょう》を発展《はってん》させることができる。

なるほど！

ところがこの当時《とうじ》、外国《がいこく》からの品物《しなもの》に関税《かんぜい》をかける権利《けんり》が日本《にほん》の政府《せいふ》にはなかったんだ。日本《にほん》の経済《けいざい》にとってとても大切《たいせつ》なことが外国《がいこく》の言《い》いなりで決《き》められてしまっていたんだね。

小村寿太郎《こむらじゅたろう》はその状態《じょうたい》を変《か》えようとがんばった人《ひと》なんですね。

その通《とお》りだ。彼《かれ》のおかげで条約《じょうやく》の改正《かいせい》が実現《じつげん》し、日本《にほん》は**関税自主権**《かんぜいじしゅけん》を手《て》に入《い》れたんだ。ちなみに最近《さいきん》では、関税《かんぜい》を取《と》りはらって自由《じゆう》に物《もの》が行《い》き来《き》できるようにする、貿易《ぼうえき》の自由化《じゆうか》が話《はな》し合《あ》われているよ。貿易《ぼうえき》の仕組《しく》みも、時代《じだい》とともに変《か》わっていくんだ。

キーワード

ポーツマス条約《じょうやく》

日露戦争《にちろせんそう》に勝利《しょうり》した後《あと》、日本《にほん》がロシアとの間《あいだ》で結《むす》んだ条約《じょうやく》。ロシアからの賠償金《ばいしょうきん》をもらわなかったことで国内《こくない》で大《おお》きな批判《ひはん》を浴《あ》びた。

関税自主権《かんぜいじしゅけん》

国《くに》が、輸入《ゆにゅう》する品物《しなもの》について自由《じゆう》に関税《かんぜい》をかけることのできる権利《けんり》。江戸幕府《えどばくふ》が結《むす》んだ通商条約《つうしょうじょうやく》には、関税自主権《かんぜいじしゅけん》はなかった。

学んだ日
／
／
／
／
／

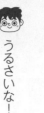

93 東郷平八郎《とうごうへいはちろう》

1847～1934年《ねん》／出身地《しゅっしんち》：鹿児島県《かごしまけん》

海軍《かいぐん》の司令長官《しれいちょうかん》として、日露戦《にちろせん》争勝利《そうしょうり》の立役者《たてやくしゃ》となった軍人《ぐんじん》

①薩摩藩《さつまはん》（鹿児島県《かごしまけん》）に生《う》まれ、美男子《びだんし》のためよくモテたという。

②西郷隆盛《さいごうたかもり》の推《すい》せんでイギリスに留学《りゅうがく》して軍事《ぐんじ》を学《まな》ぶ。

③日清戦争後《にっしんせんそうご》、海軍《かいぐん》の司令長官《しれいちょうかん》となる。

④日露戦争《にちろせんそう》では無敵《むてき》と呼《よ》ばれたバルチック艦隊《かんたい》を破《やぶ》り、勝利《しょうり》に導《みちび》く。

ほかにもいた！こんな人物《じんぶつ》

明治時代《めいじじだい》の軍人《ぐんじん》たち

大山巌《おおやまいわお》（1842～1916年《ねん》）

西郷隆盛《さいごうたかもり》のいとこ。陸軍大将《りくぐんたいしょう》として日清《にっしん》・日露戦争《にちろせんそう》を戦《たたか》い、勝利《しょうり》に導《みちび》いた。岩倉使節団《いわくらしせつだん》に同行《どうこう》した山川捨松《やまかわすてまつ》とのおしどり夫婦《ふうふ》ぶりでも知《し》られる。

乃木希典《のぎまれすけ》（1849～1912年《ねん》）

陸軍大将《りくぐんたいしょう》として日露戦争《にちろせんそう》を戦《たたか》った。亡《な》くなった明治天皇《めいじてんのう》の後《あと》を追《お》って自殺《じさつ》する。

東郷平八郎《とうごうへいはちろう》は戦前《せんぜん》に「軍神《ぐんしん》」とたたえられた海軍《かいぐん》の司令長官《しれいちょうかん》なんだ。
日露戦争《にちろせんそう》当時《とうじ》、無敵《むてき》と言《い》われていたロシアの**バルチック艦隊《かんたい》**を破《やぶ》ったことで知《し》られているよ。

どうしてそんなに強《つよ》い艦隊《かんたい》に勝《か》つことができたんですか。

イギリスで学《まな》んだ軍事《ぐんじ》の知識《ちしき》をもとに、**「トーゴー・ターン」**と言《い》われる独特《どくとく》のターン戦術《せんじゅつ》で、つぎつぎとバルチック艦隊《かんたい》を沈《しず》めていったんだ。
敵《てき》の進路《しんろ》を予測《よそく》して、ギリギリまで近《ちか》づいた状態《じょうたい》で急《きゅう》に向《む》きを変《か》えることで行《ゆ》く手《て》をふさぎ、いっせいに砲撃《ほうげき》したんだ。

作戦勝《さくせんが》ちですね。

こうした勝利《しょうり》によって、東郷《とうごう》は日本《にほん》だけでなく、海外《かいがい》でも名前《なまえ》を知《し》られることになったんだ。
ちなみに、東郷《とうごう》は日本《にほん》で初《はじ》めて「肉《にく》じゃが」を作《つく》らせた人物《じんぶつ》という説《せつ》もある。
留学中《りゅうがくちゅう》、食事《しょくじ》で出《で》たビーフシチューをとても気《き》に入《い》ったので、海軍《かいぐん》に導入《どうにゅう》しようとしたが、料理人《りょうりにん》はシチュー自体《じたい》を知《し》らなかった。
だから、しょう油《ゆ》など身近《みぢか》にある材料《ざいりょう》で再現《さいげん》したのが「肉《にく》じゃが」ということらしいよ。

キーワード

日露戦争《にちろせんそう》
1904年《ねん》から1905年《ねん》にかけて起《お》こった、日本《にほん》とロシアとの間《あいだ》の戦争《せんそう》。日本《にほん》が勝利《しょうり》し、ポーツマス条約《じょうやく》を結《むす》んだ。

バルチック艦隊《かんたい》
ロシア海軍《かいぐん》の艦隊《かんたい》で、日露戦争《にちろせんそう》の当時《とうじ》は世界最大《せかいさいだい》レベルの規模《きぼ》だった。日露戦争《にちろせんそう》で、東郷平八郎《とうごうへいはちろう》の指揮《しき》する艦隊《かんたい》に敗《やぶ》れた。

学んだ日
／
／
／
／
／

94 田中正造《たなかしょうぞう》

1841～1913年《ねん》／出身地《しゅっしんち》：栃木県《とちぎけん》

足尾銅山《あしおどうざん》の鉱毒《こうどく》の被害《ひがい》を明治天《めいじてん》皇《のう》に直訴《じきそ》した政治家《せいじか》

①栃木県《とちぎけん》の足尾銅山《あしおどうざん》は明治《めいじ》になり、採掘《さいくつ》量《りょう》が大幅《おおはば》に増加《ぞうか》した。

②しかし煙《けむり》で森《もり》は枯《か》れ、川《かわ》に鉱毒《こうどく》が流《なが》れて農業《のうぎょう》・漁業《ぎょぎょう》への被害《ひがい》が広《ひろ》がった。

③正造《しょうぞう》は国会議員《こっかいぎいん》として鉱毒問題《こうどくもんだい》を追及《ついきゅう》するが、政府《せいふ》は聞《き》く耳《みみ》を持《も》たない。

④議員《ぎいん》を辞《や》め、明治天皇《めいじてんのう》に直訴《じきそ》しようとしたが失敗《しっぱい》する。

⑤被害《ひがい》のひどい村《むら》に住《す》み、村民《そんみん》とともに鉱毒問題《こうどくもんだい》をうったえ続《つづ》ける。

⑥運動《うんどう》に財産《ざいさん》を使《つか》い果《は》たし、亡《な》くなったときは無一文《むいちもん》だった。

田中正造《たなかしょうぞう》が明治天皇《めいじてんのう》にうったえた鉱毒事件《こうどくじけん》というのは、どんなものだったんですか。

足尾銅山鉱毒事件《あしおどうざんこうどくじけん》だね。これは日本初《にほんはつ》の公害事件《こうがいじけん》だといわれている。
企業《きぎょう》の活動《かつどう》が盛《さか》んになってくるとともに、工場《こうじょう》などの施設《しせつ》から出《だ》される有害《ゆうがい》な物質《ぶっしつ》などによって環境《かんきょう》が汚染《おせん》され、住民《じゅうみん》が被害《ひがい》を受《う》けることが増《ふ》えていったんだ。

水《みず》や食《た》べ物《もの》を安心《あんしん》して飲《の》んだり食《た》べたりできないのは大変《たいへん》なことですね。

本当《ほんとう》にそうだね。産業《さんぎょう》も大切《たいせつ》だけど、健康《けんこう》や環境《かんきょう》がおびやかされてはいけないね。
国会議員《こっかいぎいん》だった田中正造《たなかしょうぞう》はこの問題《もんだい》を政府《せいふ》にうったえ続《つづ》けたんだ。今《いま》でも、地域《ちいき》の多《おお》くの人《ひと》にしたわれているよ。

足尾銅山鉱毒事件《あしおどうざんこうどくじけん》の後《あと》も公害事件《こうがいじけん》は起《お》こったんですか。

残念《ざんねん》ながら、その後《ご》も公害事件《こうがいじけん》というのは起《お》こっている。太平洋戦争後《たいへいようせんそうご》では、**水俣病《みなまたびょう》**や**イタイイタイ病《びょう》**、**四日市《よっかいち》ぜんそく**などが問題《もんだい》になった。
これらを受《う》けて、法律《ほうりつ》に企業《きぎょう》の責任《せきにん》が記《しる》されたんだ。

キーワード

足尾銅山《あしおどうざん》
江戸時代《えどじだい》から銅《どう》の採掘《さいくつ》が始《はじ》まった鉱山《こうざん》。殖産興業《しょくさんこうぎょう》を進《すす》める明治政府《めいじせいふ》のもとで、採掘量《さいくつりょう》が大幅《おおはば》に増《ふ》えた。

足尾銅山鉱毒事件《あしおどうざんこうどくじけん》
足尾銅山《あしおどうざん》の煙《けむり》やガスなどの有害物質《ゆうがいぶっしつ》が周《まわ》りの村《むら》を汚《お》染《せん》し、農業《のうぎょう》・漁業《ぎょぎょう》に大《おお》きな悪影響《あくえいきょう》を与《あた》えた事件《じけん》。

学んだ日
／
／
／
／
／

時代《じだい》がまるわかり！ 年表《ねんぴょう》

1860 1870 1880

1868年《ねん》
戊辰戦争《ぼしんせんそう》が起《お》き、新政府軍《しんせいふぐん》が旧幕府軍《きゅうばくふぐん》に勝利《しょうり》する
五箇条《ごかじょう》の御誓文《ごせいもん》が示《しめ》される

1871年《ねん》
廃藩置県《はいはんちけん》が行《おこな》われる
岩倉使節団《いわくらしせつだん》が欧米《おうべい》に出発《しゅっぱつ》する

1877年《ねん》
西郷隆盛《さいごうたかもり》が西南戦争《せいなんせんそう》を起《お》こす

1881年《ねん》
板垣退助《いたがきたいすけ》が日本初《にほんはつ》の政党《せいとう》「自由党《じゆうとう》」を作《つく》る

1885年《ねん》
内閣制度《ないかくせいど》ができ、伊藤博文《いとうひろぶみ》が初代内閣総理大臣《しょだいないかくそうりだいじん》となる ！

1889年《ねん》
大日本帝国憲法《だいにほんていこくけんぽう》が公布《こうふ》される

トピックス ！

ランドセルは明治時代《めいじじだい》から！

みんなが背負《せお》っているランドセルはこの時代《じだい》に広《ひろ》まった。もともとは軍隊《ぐんたい》のかばんだったけれど、明治天皇《めいじてんのう》の皇太子《こうたいし》（後《のち》の大正天皇《たいしょうてんのう》）が小学校《しょうがっこう》に入《はい》るとき、伊藤博文《いとうひろぶみ》がお祝《いわ》いにランドセルをあげたことがきっかけで、小学生《しょうがくせい》のかばんとして使《つか》われるようになったんだ。

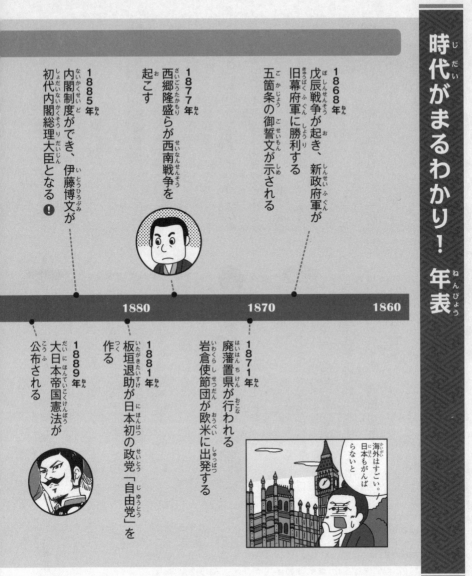

1894年《ねん》
陸奥宗光《むつむねみつ》が治外法権《ちがいほうけん》の廃止《はいし》に成功《せいこう》する

1898年《ねん》
大隈重信《おおくましげのぶ》が内閣《ないかく》総理大臣《そうりだいじん》になり、政党中心《せいとうちゅうしん》の内閣《ないかく》ができる ！

1909年《ねん》
伊藤博文《いとうひろぶみ》が暗殺《あんさつ》される

1890 1900 1910 1920

1894年《ねん》
清《しん》との間《あいだ》に日清戦争《にっしんせんそう》が起《お》き、日本《にほん》が勝利《しょうり》する

1904年《ねん》
ロシアとの間《あいだ》に日露戦争《にちろせんそう》が起《お》き、日本《にほん》が勝利《しょうり》する

1911年《ねん》
小村寿太郎《こむらじゅたろう》により、関税自主権《かんぜいじしゅけん》が完全回復《かんぜんかいふく》する

トピックス ！ メロン大好《だいす》き！ 大隈重信《おおくましげのぶ》

大隈重信《おおくましげのぶ》はメロン好《ず》きでも有名《ゆうめい》なんだ。日本《にほん》で初《はじ》めてメロンをさいばいしたという説《せつ》もある。年《とし》を重《かさ》ねるごとにメロン熱《ねつ》はどんどん高《たか》まって、自宅《じたく》で品評会《ひんぴょうかい》を開《ひら》いたり、新《あたら》しい品種《ひんしゅ》を作《つく》ったり。ついには日本《にほん》マスクメロン協会《きょうかい》まで作《つく》ったんだよ。

学んだ日
／
／
／
／
／

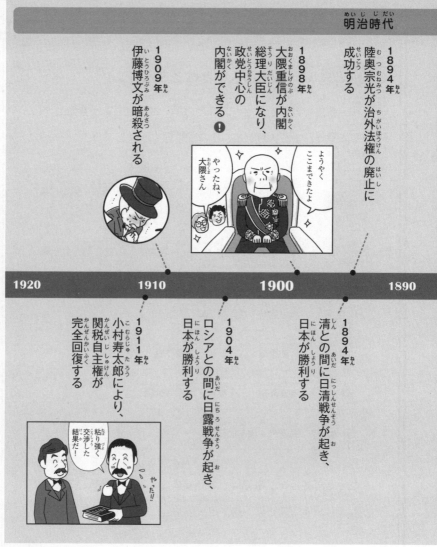

コラム　明治政府《めいじせいふ》の人《ひと》びとはどこ出身《しゅっしん》？

明治政府《めいじせいふ》で政治《せいじ》を行《おこな》った人《ひと》びとの多《おお》くは、どこの出身《しゅっしん》だったのでしょうか。主《おも》な人《ひと》びとを、出身別《しゅっしんべつ》に見《み》てみましょう。

薩摩藩《さつまはん》	西郷隆盛《さいごうたかもり》・大久保利通《おおくぼとしみち》・小松帯刀《こまつたてわき》・黒田清隆《くろだきよたか》・松方正義《まつかたまさよし》・森有礼《もりありのり》・大山巌《おおやまいわお》・東郷平八郎《とうごうへいはちろう》
長州藩《ちょうしゅうはん》	木戸孝允《きどたかよし》・伊藤博文《いとうひろぶみ》・大村益次郎《おおむらますじろう》・山県有朋《やまがたありとも》・井上馨《いのうえかおる》・品川弥二郎《しながわやじろう》・山田顕義《やまだあきよし》・桂太郎《かつらたろう》・乃木希典《のぎまれすけ》
土佐藩《とさはん》	板垣退助《いたがきたいすけ》・後藤象二郎《ごとうしょうじろう》
佐賀藩《さがはん》	大隈重信《おおくましげのぶ》・江藤新平《えとうしんぺい》・副島種臣《そえじまたねおみ》・大木喬任《おおきたかとう》
貴族《きぞく》	岩倉具視《いわくらともみ》・三条実美《さんじょうさねとみ》・西園寺公望《さいおんじきんもち》
江戸幕府《えどばくふ》	勝海舟《かつかいしゅう》・榎本武揚《えのもとたけあき》

こうして見《み》ると、薩摩藩《さつまはん》と長州藩《ちょうしゅうはん》の出身者《しゅっしんしゃ》が群《ぐん》を抜《ぬ》いて多《おお》いのがわかります。まさに両藩《りょうはん》が政府《せいふ》の中心《ちゅうしん》だったと言《い》えますね。

8章《しょう》

大正時代《たいしょうじだい》

1912年《ねん》～1925年《ねん》

昭和時代《しょうわじだい》

1925年《ねん》～1989年《ねん》

大正《たいしょう》時代《じだい》　昭和《しょうわ》時代《じだい》

ここはどんな時代《じだい》？？

戦争《せんそう》に敗《やぶ》れ、民主国《みんしゅこっ》家《か》として再出発《さいしゅっぱつ》した時代《じだい》だよ！

1 軍《ぐん》が大《おお》きな力《ちから》を持《も》った！

大正時代《たいしょうじだい》に日本《にほん》は不景気《ふけいき》になった。すると、中国《ちゅうごく》などの海外《かいがい》にせめ込《こ》んで景気《けいき》を回復《かいふく》させようという考《かんが》えが強《つよ》まっていく。こうした中《なか》で、軍《ぐん》が大《おお》きな力《ちから》を持《も》つようになって、政治《せいじ》の実権《じっけん》をにぎるようになったんだ。

ここを読《よ》もう
犬養毅《いぬかいつよし》（→P260）、斎藤隆夫《さいとうたかお》（→P262）

2 太平洋戦争《たいへいようせんそう》に敗《やぶ》れた！

軍《くん》は中国《ちゅうごく》にせめ込《こ》むけれど、海外《かいがい》はその動《うご》きを認《みと》めなかった。結局《けっきょく》、アメリカなどの連合国《れんごうこく》と太平洋戦争《たいへいようせんそう》をすることになるけれど、日本《にほん》は敗《やぶ》れてしまう。原爆《げんばく》も投下《とうか》され、一般《いっぱん》の人《ひと》びとがたくさん犠牲《ぎせい》になったよ。

ここを読《よ》もう

東条英機《とうじょうひでき》（→P264）

3 民主国家《みんしゅこっか》として再出発《さいしゅっぱつ》！

戦争《せんそう》に敗《やぶ》れた後《あと》、日本《にほん》は民主国家《みんしゅこっか》として新《あら》たなスタートを切《き》った。1953年《ねん》に独立《どくりつ》を回復《かいふく》し、1964年《ねん》には東京《とうきょう》オリンピックも開《ひら》いた。現在《げんざい》は国際社会《こくさいしゃかい》の一員《いちいん》として、重要《じゅうよう》な役割《やくわり》を果《は》たしているんだ。

ここを読《よ》もう

吉田茂《よしだしげる》（→P270）

学んだ日

／

／

／

／

／

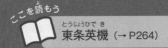

95 平塚《ひらつか》らいてう

1886～1971年《ねん》／出身地《しゅっしんち》：東京都《とうきょうと》

雑誌《ざっし》『青鞜《せいとう》』を作《つく》り、女性《じょせい》の権利《けんり》解放《かいほう》を目指《めざ》した運動家《うんどうか》

①反対《はんたい》する父《ちち》を説得《せっとく》し、大学《だいがく》に入学《にゅうがく》する。

②日露戦争《にちろせんそう》が始《はじ》まり、大学《だいがく》でも軍国主義《ぐんこくしゅぎ》の教育《きょういく》が強《つよ》まる。

③心中未遂騒動《しんじゅうみすいそうどう》を起《お》こし、新聞《しんぶん》に好《す》き勝手《かって》な内容《ないよう》を書《か》かれる。

④女性解放《じょせいかいほう》に興味《きょうみ》を持《も》ち、女性《じょせい》のための雑誌《ざっし》『青鞜《せいとう》』を作《つく》る。

⑤女性《じょせい》の政治的自由《せいじてきじゆう》を求《もと》め、「新婦人協会《しんふじんきょうかい》」を結成《けっせい》する。

⑥晩年《ばんねん》は平和《へいわ》・反戦運動《はんせんうんどう》に力《ちから》を注《そそ》ぐ。

「らいてう」っていうのはどういう意味《いみ》ですか。

「らいてう」とは雷鳥《らいちょう》、自由《じゆう》に羽《はね》を広《ひろ》げる気高《けだか》い鳥《とり》のことを表《あらわ》してつけたペンネームだよ。
彼女《かのじょ》の本名《ほんみょう》は平塚明《ひらつかはる》。雑誌《ざっし》の創《そう》刊《かん》に寄《よ》せて書《か》いた文章《ぶんしょう》「元始《げんし》、女性《じょせい》は実《じつ》に太陽《たいよう》であった」が有《ゆう》名《めい》だ。男女平等《だんじょびょうどう》を主張《しゅちょう》し、女性《じょせい》が政治《せいじ》に参加《さんか》できる社会《しゃかい》の実現《じつげん》のために活動《かつどう》したんだ。

当時《とうじ》は女性《じょせい》は政治《せいじ》に参加《さんか》できなかったんですね。

そう。大日本帝国憲法《だいにほんていこくけんぽう》のもとでは、25才以上《さいいじょう》の男性《だんせい》にしか**選挙権**《せんきょけん》が認《みと》められていなかった。さらに1925年《ねん》までは、男性《だんせい》でもたくさんの税金《ぜいきん》を納《おさ》めないと、投票《とうひょう》に参加《さんか》できなかったんだ。

不平等《ふびょうどう》ですね。

女性《じょせい》の参政権《さんせいけん》が認《みと》められたのは、太平洋戦争《たいへいようせんそう》が終《お》わってからのことだ。今《いま》では女性《じょせい》が選挙《せんきょ》で投票《とうひょう》するのは当《あ》たり前《まえ》のことだし、多《おお》くの女性政治家《じょせいせいじか》が活躍《かつやく》しているね。女性参政権《じょせいさんせいけん》が認《みと》められるずっと前《まえ》にそれをうったえたらいてうは、スキャンダルで新聞《しんぶん》をさわがせたり、籍《せき》を入《い》れないで子《こ》どもを育《そだ》てたりと、当時《とうじ》の女性《じょせい》の常識《じょうしき》を飛《と》びこえて自由《じゆう》な生《い》き方《かた》をしていたよ。

時代《じだい》を先取《さきど》りした人物《じんぶつ》だったんですね！

キーワード

『青鞜《せいとう》』
1911年《ねん》に平塚《ひらつか》らいてうが作《つく》った月《げっ》刊誌《かんし》。発刊《はっかん》の言葉《ことば》「元始《げんし》、女性《じょせい》は実《じつ》に太陽《たいよう》であった」が有名《ゆうめい》。

新婦人協会《しんふじんきょうかい》
平塚《ひらつか》らいてうがつくった、日本《にほん》で初《はじ》めての婦人運動団体《ふじんうんどうだんたい》。女性《じょせい》の政治《せいじ》的《てき》・社会的自由《しゃかいてきじゆう》の実現《じつげん》を目指《めざ》した。

学んだ日
／
／
／
／
／

96 新渡戸稲造《にとべいなぞう》

1862～1933年《ねん》／出身地《しゅっしんち》：岩手県《いわてけん》

『武士道《ぶしどう》』を書《か》き、国際連盟《こくさいれんめい》の事《じ》務局次長《むきょくじちょう》を務《つと》めた教育者《きょういくしゃ》

①陸奥国《むつのくに》（岩手県《いわてけん》）に生《う》まれ、札幌農学校《さっぽろのうがっこう》で学《まな》ぶ。

②アメリカにいるときに『武士道《ぶしどう》』を書《か》き、世界《せかい》じゅうでベストセラーに。

③国際連盟《こくさいれんめい》が結成《けっせい》されると、事務局次長《じむきょくじちょう》を務《つと》める。

④晩年《ばんねん》は、世界《せかい》で孤立《こりつ》する日本《にほん》の苦《くる》しい立場《たちば》をうったえ続《つづ》けた。

ほかにもいた！こんな人物《じんぶつ》

札幌農学校《さっぽろのうがっこう》の関係者《かんけいしゃ》たち

内村鑑三《うちむらかんぞう》（1861～1930年《ねん》）

キリスト教《きょう》の伝道者《でんどうしゃ》として、無教会主義《むきょうかいしゅぎ》をうったえたほか、日露戦争《にちろせんそう》に反対《はんたい》した。新渡戸稲造《にとべいなぞう》とは農学校《のうがっこう》の同期《どうき》で、生涯《しょうがい》にわたって親交《しんこう》があった。

クラーク（1826～1886年《ねん》）

農学校《のうがっこう》の教師《きょうし》として8ヵ月間赴任《げつかんふにん》。「少年《しょうねん》よ大志《たいし》を抱《いだ》け」の言葉《ことば》が有名《ゆうめい》。

新渡戸《にとべ》稲造《いなぞう》と言《い》えば、かつて5千円札《せんえんさつ》の肖像《しょうぞう》になっていたこともある人物《じんぶつ》だ。

アメリカにいるときに英語《えいご》で『**武士道**《ぶしどう》』という本《ほん》を出版《しゅっぱん》し、多《おお》くの国《くに》でほんやくされて大《だい》ベストセラーになったんだ。

だから海外《かいがい》でもとても有名《ゆうめい》な人《じん》物《ぶつ》なんだよ。

『武士道《ぶしどう》』では武士《ぶし》のことを書《か》いているんですか。

そうだね、日本人《にっぽんじん》に古《ふる》くから伝《つた》わる武士《ぶし》の精神《せいしん》、具体的《ぐたいてき》にはフェアプレー精神《せいしん》について紹介《しょうかい》しているんだ。

それには正《ただ》しさや勇敢《ゆうかん》さ、誠実《せいじつ》さなど、いろいろな価値《かち》が含《ふく》まれているよ。

お兄《にい》ちゃん、さっき私《わたし》のおやつ取《と》ったでしょ。武士道精神《ぶしどうせいしん》に反《はん》してるわよ。

ゴメンゴメン。ところで、**国際**《こくさい》**連盟**《れんめい》の事務局次長《じむきょくじちょう》にもなったんですね。

そうだよ。『武士道《ぶしどう》』の出版後《しゅっぱんご》、世界《せかい》を飛《と》び回《まわ》って活躍《かつやく》したんだ。

新渡戸《にとべ》の活躍《かつやく》もむなしく、日本《にほん》はその後《ご》、国際連盟《こくさいれんめい》を脱退《だったい》してしまった。

世界平和《せかいへいわ》をうったえた彼《かれ》は、日本《にほん》の行《ゆ》く末《すえ》を心配《しんぱい》していただろうね。

キーワード

『武士道《ぶしどう》』

新渡戸稲造《にとべいなぞう》がアメリカにいるときに書《か》き上《あ》げた本《ほん》。日本人《にっぽんじん》ならではの物《もの》の見方《みかた》や考《かんが》え方《かた》について、すべて英語《えいご》で書《か》かれている。

国際連盟《こくさいれんめい》

第一次世界大戦後《だいいちじせかいたいせんご》、世界平和《せかいへいわ》の維持《いじ》と国際協力《こくさいきょうりょく》を目指《めざ》してつくられた国際機関《こくさいきかん》。

学んだ日

／

／

／

／

／

貧《まず》しい農家《のうか》に生《う》まれ、黄熱病《おうねつびょう》の研究《けんきゅう》に力《ちから》を尽《つ》くした医師《いし》

97 野口英世《のぐちひでよ》

1876～1928年《ねん》／出身地《しゅっしんち》：福島県《ふくしまけん》

①1才《さい》のとき、事故《じこ》で左手《ひだりて》が不自由《ふじゆう》になる。

②小学生《しょうがくせい》のころ、左手《ひだりて》の手術《しゅじゅつ》が成功《せいこう》し、医学《いがく》の道《みち》を目指《めざ》す。

③上京《じょうきょう》し、医学試験《いがくしけん》に合格《ごうかく》。北里柴三郎《きたざとしばさぶろう》のもとで研究《けんきゅう》の道《みち》に。

④アメリカに留学《りゅうがく》し、ヘビの毒《どく》の研究《けんきゅう》などで世界的《せかいてき》に評価《ひょうか》される。

⑤その後《ご》も研究《けんきゅう》を重《かさ》ね、ノーベル賞《しょう》の候《こう》補《ほ》に3回選《かいえら》ばれる。

⑥アフリカで黄熱病《おうねつびょう》の研究中《けんきゅうちゅう》、自身《じしん》もかかり亡《な》くなる。

野口英世《のぐちひでよ》は偉大《いだい》な科学者《かがくしゃ》だったんですね。

伝染病《でんせんびょう》の研究《けんきゅう》に人生《じんせい》を捧《ささ》げた人《じん》物《ぶつ》だよ。**黄熱病《おうねつびょう》**という伝染病《でんせんびょう》を研究《けんきゅう》していたが、当時《とうじ》の顕微鏡《けんびきょう》の精度《せいど》では、黄熱病《おうねつびょう》の原因《げんいん》であるウイルスを特定《とくてい》できなかった。自《みずか》らもその病気《びょうき》にかかって亡《な》くなってしまったんだ。

一生懸命研究《いっしょうけんめいけんきゅう》していたのに、気《き》の毒《どく》…。

そうだね。彼《かれ》が懸命《けんめい》に研究《けんきゅう》していたことはまちがいないけれど、研究以外《けんきゅういがい》の私生活《しせいかつ》については問題《もんだい》があったようだよ。相当《そうとう》な浪費家《ろうひか》で、アメリカへ留《りゅう》学《がく》したのは借金《しゃっきん》の返済《へんさい》から逃《に》げるためだったという説《せつ》もあるくらいだ。

えーっ！　研究《けんきゅう》のためじゃないんですか。

本当《ほんとう》のところはわからないけれど、真面目《まじめ》で研究熱心《けんきゅうねっしん》という科《か》学者《がくしゃ》のイメージをくつがえす、いろいろな面《めん》を持《も》った人物《じんぶつ》だったようだね。ちなみに彼《かれ》は「学問《がくもん》は一種《いっしゅ》のギャンブルである」という言葉《ことば》も残《のこ》しているよ。

キーワード

黄熱病《おうねつびょう》
蚊《か》から感染《かんせん》する、アフリカと中南米《ちゅうなんべい》の伝染病《でんせんびょう》。熱《ねつ》や吐《は》き気《け》が続《つづ》き、死亡《しぼう》することもある。

この時代《じだい》の世界《せかい》の人物《じんぶつ》

孫文《そんぶん》（1866～1925年《ねん》）
中国《ちゅうごく》の政治家《せいじか》。辛亥革命《しんがいかくめい》をリードして清《しん》をたおし、その後《ご》も民主化運動《みんしゅかうんどう》を進《すす》めた。

学んだ日
／
／
／
／
／

98 芥川龍之介《あくたがわりゅうのすけ》

1892～1927年《ねん》／出身地《しゅっしんち》：東京都《とうきょうと》

『鼻《はな》』『羅生門《らしょうもん》』『河童《かっぱ》』などを書《か》き上《あ》げた小説家《しょうせつか》

①大学卒業前《だいがくそつぎょうまえ》に発表《はっぴょう》した小説《しょうせつ》『鼻《はな》』が、夏目漱石《なつめそうせき》に絶賛《ぜっさん》される。

②東西《とうざい》の古典文学《こてんぶんがく》を題材《だいざい》にした作品《さくひん》も多《おお》い。

③将来《しょうらい》に不安《ふあん》を抱《いだ》き、35才《さい》の若《わか》さで自殺《じさつ》する。

④友人《ゆうじん》の菊池寛《きくちかん》が1935年《ねん》、芥川《あくたがわ》の功績《こうせき》を記念《きねん》した「芥川龍之介賞《あくたがわりゅうのすけしょう》」をつくる。

ほかにもいた！こんな人物《じんぶつ》

大正時代《たいしょうじだい》の小説家《しょうせつか》たち

志賀直哉《しがなおや》（1883～1971年《ねん》）

同人誌《どうじんし》『白樺《しらかば》』の創刊《そうかん》メンバーの1人《り》で、同誌《どうし》を中心《ちゅうしん》に作品《さくひん》を発表《はっぴょう》した。『城《き》の崎《さき》にて』『小僧《こぞう》の神様《かみさま》』『暗夜行路《あんやこうろ》』などが有名《ゆうめい》。

谷崎潤一郎《たにざきじゅんいちろう》（1886～1965年《ねん》）

幻想的《げんそうてき》な作風《さくふう》で高《たか》く評価《ひょうか》された。代表作《だいひょうさく》は『細雪《ささめゆき》』『春琴抄《しゅんきんしょう》』『痴人《ちじん》の愛《あい》』など。

2015年《ねん》、お笑《わら》いタレントの又吉直樹氏《またよしなおきし》が**芥川賞**《あくたがわしょう》を受賞《じゅしょう》したと話題《わだい》になったね。

はい、すごい賞《しょう》をとったとニュースで紹介《しょうかい》されていました。

芥川龍之介《あくたがわりゅうのすけ》は、短《みじか》い一生《いっしょう》の間《あいだ》に多《おお》くのすばらしい小説《しょうせつ》を残《のこ》した。芥川賞《あくたがわしょう》は、その彼《かれ》の名前《なまえ》を冠《かん》した、歴史《れきし》ある純文学《じゅんぶんがく》の賞《しょう》だ。ところで、同時《どうじ》に発表《はっぴょう》される**直**《なお》**木賞**《きしょう》という賞《しょう》も知《し》っているかな。

聞《き》いたことはあります！　でも、直木《なおき》さんという作家《さっか》は知《し》らないな…。

直木賞《なおきしょう》は、より気軽《きがる》で楽《たの》しく読《よ》める作品《さくひん》に与《あた》えられる賞《しょう》だ。これまでの受賞作家《じゅしょうさっか》の中《なか》にはベストセラー作家《さっか》も多《おお》くいて、『竜馬《りょうま》がゆく』などの歴史小説《れきししょうせつ》をたくさん残《のこ》した**司馬遼太郎**《しばりょうたろう》もその1人《り》だ。この賞《しょう》の名前《なまえ》になっているのは、直木三十五《なおきさんじゅうご》という作家《さっか》だよ。

変《か》わった名前《なまえ》ですね！

「三十五《さんじゅうご》」は年齢《ねんれい》を表《あらわ》しているよ。31才《さい》のときにペンネームを「三十一《さんじゅういち》」とし、年齢《ねんれい》ごとに増《ふ》やしていったそうだよ。

キーワード

『鼻《はな》』

芥川龍之介《あくたがわりゅうのすけ》が発表《はっぴょう》した短編小説《たんぺんしょうせつ》。平安時代《へいあんじだい》の『今昔物語《こんじゃくものがたり》』を題材《だいざい》にしており、夏目漱石《なつめそうせき》が絶賛《ぜっさん》した。

芥川龍之介賞《あくたがわりゅうのすけしょう》

芥川龍之介《あくたがわりゅうのすけ》の友人《ゆうじん》であった菊池寛《きくちかん》が、芥川《あくたがわ》の功績《こうせき》を記念《きねん》してつくった文学賞《ぶんがくしょう》。「芥川賞《あくたがわしょう》」と略《りゃく》される。受賞作《じゅしょうさく》の多《おお》くはベストセラーとなっている。

学んだ日
／
／
／
／
／

故郷《こきょう》の岩手県《いわてけん》で『銀河鉄道《ぎんがてつどう》の夜《よる》』などを書《か》いた児童文学者《じどうぶんがくしゃ》

99 宮沢賢治《みやざわけんじ》

1896～1933年《ねん》／出身地《しゅっしんち》：岩手県《いわてけん》

①小《ち》さいころは鉱物採集《こうぶつさいしゅう》に熱中《ねっちゅう》する子《こ》どもだった。

②花巻農学校《はなまきのうがっこう》の教師《きょうし》を務《つと》めるかたわら、童話《どうわ》や詩《し》を書《か》く。

③教師《きょうし》を辞《や》め、農地《のうち》を開墾《かいこん》しながら作品《さくひん》を書《か》き続《つづ》ける。

④もともと病弱《びょうじゃく》で、37才《さい》で亡《な》くなる。

＼ほかにもいた！こんな人物《じんぶつ》／

大正時代《たいしょうじだい》の児童文学者《じどうぶんがくしゃ》たち

鈴木三重吉《すずきみえきち》（1882～1936年《ねん》）

子《こ》どもたちのための童話《どうわ》と童謡《どうよう》の雑誌《ざっし》『赤《あか》い鳥《とり》』を作《つく》る。同誌《どうし》には芥川龍之介《あくたがわりゅうのすけ》、北原白秋《きたはらはくしゅう》などの有名作家《ゆうめいさっか》が作品《さくひん》を発表《はっぴょう》した。

小川未明《おがわみめい》（1882～1961年《ねん》）

1200編以上《へんいじょう》の童話《どうわ》を書《か》き、日本《にほん》のアンデルセンと呼《よ》ばれた。

宮沢賢治《みやざわけんじ》といえば、**『銀河鉄道《ぎんがてつどう》の夜《よる》』**や**『注文《ちゅうもん》の多《おお》い料理店《りょうりてん》』**などのファンタジーが有名《ゆうめい》だね。ほかにも多《おお》くの童話《どうわ》や詩《し》を残《のこ》しているよ。

読《よ》んだことがあります。学校《がっこう》の先生《せんせい》でもあったんですか。

そうだよ。地元《じもと》の岩手県《いわてけん》にある農学校《のうがっこう》で教師《きょうし》をしていたんだ。だけど、自《みずか》ら退職《たいしょく》することを決《き》めたんだ。農業《のうぎょう》について教《おし》えているのに、自分《じぶん》は農作業《のうさぎょう》をしない生活《せいかつ》を送《おく》っていることに疑問《ぎもん》を感《かん》じたからだとも言《い》われている。

とても真面目《まじめ》な性格《せいかく》だったんですね。

そうだね。幼《おさな》いころは「石《いし》っ子《こ》賢《けん》さん」と呼《よ》ばれていて、鉱物《こうぶつ》採集《さいしゅう》に熱中《ねっちゅう》していた。のめり込《こ》むタイプなんだろうね。

お兄《にい》ちゃんみたい！

岩手《いわて》を代表《だいひょう》する作家《さっか》といえば、賢治《けんじ》のほかに**石川啄木《いしかわたくぼく》**という人《ひと》がいるけど、真面目《まじめ》で素朴《そぼく》な賢治《けんじ》に対《たい》して、啄木《たくぼく》は借金《しゃっきん》を踏《ふ》みたおしたり、酒《さけ》におぼれたりと、ダメっぷりを発揮《はっき》していたとも言《い》われている。

対照的《たいしょうてき》な2人《り》ですね！

キーワード

イーハトーブ
宮沢賢治《みやざわけんじ》の多《おお》くの作品《さくひん》の舞台《ぶたい》となっている架空《かくう》の地《ち》域《いき》。故郷《こきょう》である岩手県《いわてけん》がモチーフとなっている。

『銀河鉄道《ぎんがてつどう》の夜《よる》』
宮沢賢治《みやざわけんじ》が書《か》いた童話《どうわ》で、ジョバンニという少年《しょうねん》が、友人《ゆうじん》のカムパネルラと銀河鉄道《ぎんがてつどう》の旅《たび》をする物語《ものがたり》。

学んだ日
／
／
／
／
／

100 犬養毅《いぬかいつよし》

1855～1932年《ねん》／出身地《しゅっしんち》：岡山県《おかやまけん》

政党政治《せいとうせいじ》をリードしたが、五《ご》・一五事件《いちごじけん》で殺《ころ》された政治家《せいじか》

①新聞社《しんぶんしゃ》の記者《きしゃ》として、西南戦争《せいなんせんそう》を取材《しゅざい》する。

②自由民権運動《じゆうみんけんうんどう》に参加《さんか》し、衆議院議員《しゅうぎいんぎいん》となる。

③亡《な》くなるまでに18回連続当選《かいれんぞくとうせん》し、「憲政《けんせい》の神様《かみさま》」と呼《よ》ばれる。

④内閣総理大臣《ないかくそうりだいじん》となるが、中国《ちゅうごく》への勢力《せいりょく》拡大《かくだい》をはかる軍《ぐん》と対立《たいりつ》。

⑤五《ご》・一五事件《いちごじけん》で軍《ぐん》に殺《ころ》される。

⑥その後《ご》、軍《ぐん》の力《ちから》が強《つよ》まり、日中戦争《にっちゅうせんそう》に突入《とつにゅう》する。

犬養毅《いぬかいつよし》は、もともと新聞記者《しんぶんきしゃ》だったんですか。

そうだよ。「郵便報知新聞《ゆうびんほうちしんぶん》」の記者《きしゃ》だったんだ。
その後《ご》、大隈重信《おおくましげのぶ》の**立憲改進党**《りっけんかいしんとう》に入《はい》り、政治家《せいじか》として活躍《かつやく》する。内閣総理大臣《ないかくそうりだいじん》になってからも自《じ》分《ぶん》の意見《いけん》をはっきり述《の》べて、満《まん》州《しゅう》（現在《げんざい》の中国東北部《ちゅうごくとうほくぶ》）の支配《しはい》を進《すす》めようとする軍《ぐん》と対立《たいりつ》したんだ。

それが原因《げんいん》で、**五《ご》・一五事件《いちごじけん》**で殺《ころ》されてしまうんですか。

そうだね。当時《とうじ》は軍《ぐん》の力《ちから》がとても強《つよ》くなっていたんだ。
政府《せいふ》の中《なか》には犬養《いぬかい》と同《おな》じように満州《まんしゅう》の支配《しはい》に反対《はんたい》する意見《いけん》もあったんだけど、軍《ぐん》は力《ちから》でそれを押《お》さえつけていったんだ。

そもそも、どうして軍《ぐん》は満州《まんしゅう》を支配《しはい》しようと考《かんが》えたんでしょうか。

当時《とうじ》、日本《にほん》は関東大震災《かんとうだいしんさい》などによる不況《ふきょう》などで、経済的《けいざいてき》に厳《きび》しい状況《じょうきょう》が続《つづ》いていた。
一方《いっぽう》で、ロシアやイギリスが中《ちゅう》国大陸《ごくたいりく》への支配《しはい》を進《すす》めていた。
だから、日本《にほん》でも大陸《たいりく》に進出《しんしゅつ》して国内《こくない》の状況《じょうきょう》を良《よ》くしようと考《かんが》える勢力《せいりょく》が出《で》てきた。
強引《ごういん》なやり方《かた》でせめ入《い》り、満州《まんしゅう》を中国《ちゅうごく》から独立《どくりつ》させ、支配《しはい》してしまったんだ。

キーワード

五《ご》・一五事件《いちごじけん》

1932年《ねん》5月《がつ》15日《にち》に海軍将校《かいぐんしょうこう》が犬養毅《いぬかいつよし》を暗殺《あんさつ》した事《じ》件《けん》。この事件《じけん》から、軍《ぐん》による政治《せいじ》の独占《どくせん》が進《すす》んだ。

この時代《じだい》の世界《せかい》の人物《じんぶつ》

キュリー夫人《ふじん》（1867～1934年《ねん》）

ポーランドの物理学者《ぶつりがくしゃ》。夫《おっと》とともに研究《けんきゅう》を行《おこな》い、ノーベル賞《しょう》を2度受賞《どじゅしょう》した。

学んだ日
／
／
／
／
／

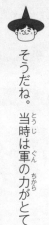

101 斎藤隆夫《さいとうたかお》

1870～1949年《ねん》／出身地《しゅっしんち》：兵庫県《ひょうごけん》

衆議院議員《しゅうぎいんぎいん》として、軍《ぐん》を批判《ひはん》する演説《えんぜつ》を行《おこな》った政治家《せいじか》

①政治家《せいじか》を志《こころざ》し、アメリカに留学《りゅうがく》して政《せい》治学《じがく》や法律《ほうりつ》を学《まな》ぶ。

②帰国《きこく》し、国会議員《こっかいぎいん》となってからは軍《ぐん》の政治《せいじ》への口出《くちだ》しを批判《ひはん》する。

③二《に》・二六事件《にろくじけん》の直後《ちょくご》、軍《ぐん》を批判《ひはん》する演《えん》説《ぜつ》を行《おこな》う。

④日中戦争《にっちゅうせんそう》が始《はじ》まった後《あと》も、反軍演説《はんぐんえんぜつ》を行《おこな》って軍《ぐん》を非難《ひなん》する。

⑤怒《おこ》った軍《ぐん》は議会《ぎかい》に圧力《あつりょく》をかけ、斎藤《さいとう》を辞《や》めさせる。

⑥しかし、次《つぎ》の選挙《せんきょ》でふたたび議員《ぎいん》に返《かえ》り咲《ざ》く。

例《たと》えば、クラス全員《ぜんいん》がだれかにおどかされていて、したくないのに無理《むり》やり「こうする」と決《き》まりつつあるとき、君《きみ》は1人《り》で「反対《はんたい》」と言《い》えるかい？

おどかすことは許《ゆる》せないけれど…。自分《じぶん》だけ反対《はんたい》するのには勇《ゆう》気《き》がいりますね。

ぼくはできます！

ほんとに？

まあまあ。しかし、**斎藤隆夫**《さいとうたかお》は、まさにそれをやった人《ひと》だ。
当時《とうじ》、軍《ぐん》の力《ちから》が強《つよ》まっていて、議会《ぎかい》の決定《けってい》にも大《おお》きな影響《えいきょう》を与《あた》えていた。
国会議員《こっかいぎいん》だった彼《かれ》は、そんな軍《ぐん》に1人《り》抗議《こうぎ》し続《つづ》けた。
怒《おこ》った軍《ぐん》は彼《かれ》を辞《や》めさせるように議会《ぎかい》や政党《せいとう》に圧力《あつりょく》をかけ、とうとう彼《かれ》は辞《や》めさせられた。

ひどい話《はなし》ですね。その後《ご》、斎藤《さいとう》はどうなったのでしょうか。

なんと、次《つぎ》の選挙《せんきょ》で彼《かれ》は当選《とうせん》し、議員《ぎいん》に返《かえ》り咲《ざ》いた。
当時《とうじ》は太平洋戦争中《たいへいようせんそうちゅう》で、軍《ぐん》のじゃまもあったけど、それ以《い》上《じょう》に彼《かれ》を支持《しじ》した人《ひと》が多《おお》かったんだ。
今《いま》でも平和運動《へいわうんどう》の象徴《しょうちょう》として、多《おお》くの人《ひと》に尊敬《そんけい》されているよ。

キーワード

日中戦争《にっちゅうせんそう》

1937年《ねん》から1945年《ねん》まで、日本《にほん》と中国《ちゅうごく》の間《あいだ》で行《おこな》われた戦争《せんそう》。後《のち》に日本《にほん》はアメリカなど連合国軍《れんごうこくぐん》にも戦《たたか》いを宣言《せんげん》し、太平洋戦争《たいへいようせんそう》となった。

反軍演説《はんぐんえんぜつ》

1940年《ねん》、斎藤隆夫《さいとうたかお》が衆議院本会議中《しゅうぎいんほんかいぎちゅう》に行《おこな》った、日中戦争《にっちゅうせんそう》を批判《ひはん》する演説《えんぜつ》。演説《えんぜつ》の後《あと》、軍《ぐん》は斎藤《さいとう》を辞《や》めさせるよう圧力《あつりょく》をかけた。

学んだ日
／
／
／
／
／

内閣総理大臣《ないかくそうりだいじん》として太平洋戦争《たいへいようせんそう》を開戦《かいせん》させた軍人《ぐんじん》

102 東条英機《とうじょうひでき》

1884～1948年《ねん》／出身地《しゅっしんち》：東京都《とうきょうと》

①陸軍《りくぐん》に入《はい》り、天皇《てんのう》への忠実《ちゅうじつ》さや統率力《とうそつりょく》で評価《ひょうか》される。

②内閣総理大臣《ないかくそうりだいじん》となり、日本《にほん》のアジア支《し》配《はい》をもくろむ。

③アメリカとの戦争《せんそう》をさけようとしたが、アメリカは日本《にほん》へ厳《きび》しく対応《たいおう》する。

④アメリカとイギリスに宣戦布告《せんせんふこく》し、太《たい》平洋戦争《へいようせんそう》に突入《とつにゅう》する。

⑤次第《しだい》に戦況《せんきょう》が不利《ふり》となり、内閣総理大《ないかくそうりだい》臣《じん》を辞職《じしょく》する。

⑥日本《にほん》の敗戦後《はいせんご》、東京裁判《とうきょうさいばん》で死刑《しけい》となる。

太平洋戦争《たいへいようせんそう》では、学生《がくせい》も兵隊《へいたい》として戦争《せんそう》に行《い》ったんですか。

そうだね。「赤紙《あかがみ》」と呼《よ》ばれていた召集令状《しょうしゅうれいじょう》が届《とど》いたら、若《わか》い学生《がくせい》でも戦地《せんち》に行《い》くことになっていたんだ。

子《こ》どもたちはどんな生活《せいかつ》をしていたんですか。

女子学生《じょしがくせい》や若《わか》い男子学生《だんしがくせい》は、武《ぶ》器《き》などを作《つく》る工場《こうじょう》で働《はたら》いていたんだ。空襲《くうしゅう》の被害《ひがい》を受《う》けやすい都会《とかい》の子《こ》たちは疎開《そかい》といって、田舎《いなか》に集団《しゅうだん》で引《ひ》っ越《こ》したりもしていた。家族《かぞく》がはなればなれになることも多《おお》かったんだ。

いつ来《く》るのかわからない空襲《くうしゅう》におびえたり、食《た》べ物《もの》がなかったり、本当《ほんとう》に苦《くる》しい生活《せいかつ》だったんですよね。

そうだね。**国家総動員法《こっかそうどういんほう》**という法律《ほうりつ》があって、戦争《せんそう》を続《つづ》けていくために人《ひと》や物《もの》についての権限《けんげん》の多《おお》くを、政府《せいふ》がにぎっていたんだ。戦争《せんそう》に反対《はんたい》する言論《げんろん》の自由《じゆう》もなかった。敗戦後《はいせんご》、この法律《ほうりつ》は廃止《はいし》されたよ。

もうそんな時代《じだい》が来《こ》ないといいな…。

キーワード

太平洋戦争《たいへいようせんそう》

1941年《ねん》から1945年《ねん》8月《がつ》まで、日本《にほん》とアメリカなどの連合国軍《れんごうこくぐん》との間《あいだ》で行《おこな》われた戦争《せんそう》。日本《にほん》が連合国《れんごうこく》軍《ぐん》に降伏《こうふく》し、終了《しゅうりょう》した。

東京裁判《とうきょうさいばん》

太平洋戦争《たいへいようせんそう》で日本《にほん》が降伏《こうふく》した後《あと》、連合国軍《れんごうこくぐん》が行《おこな》った裁判《さいばん》。東条英機《とうじょうひでき》ら7人《にん》が死刑《しけい》となった。

学んだ日
／
／
／
／
／

103 杉原千畝《すぎはらちうね》

1900～1986年《ねん》／出身地《しゅっしんち》：岐阜県《ぎふけん》

外務省《がいむしょう》の命令《めいれい》に反《はん》してビザを発《はっ》給《きゅう》し、ユダヤ人《じん》を救《すく》った外交官《がいこうかん》

①当時《とうじ》、ナチス・ドイツはユダヤ人《じん》を強《きょう》制収容所《せいしゅうようじょ》に送《おく》っていた。

②リトアニアには、たくさんのユダヤ人《じん》が難民《なんみん》として逃《に》げこんでいた。

③千畝《ちうね》は外務省《がいむしょう》に、ユダヤ人《じん》への通過《つうか》ビザ発給《はっきゅう》を求《もと》める。

④認《みと》められなかったため、千畝《ちうね》は独断《どくだん》でビザ発給《はっきゅう》を決意《けつい》する。

⑤１ヵ月間《げつかん》ビザを発給《はっきゅう》し、６千人以上《せんにんいじょう》のユダヤ人《じん》の命《いのち》を救《すく》う。

⑥戦後《せんご》、イスラエルから勲章《くんしょう》をおくられる。

杉原千畝《すぎはらちうね》のように、自分《じぶん》の考《かんが》えで人《ひと》の命《いのち》を救《すく》える人《ひと》はすごいと思《おも》いますね。

本当《ほんとう》にそうだね。外務省《がいむしょう》の許可《きょか》を得《え》ることができなくても、自分《じぶん》がやるしかないと、独断《どくだん》でビザを発給《はっきゅう》し続《つづ》けたんだ。
杉原《すぎはら》は当時《とうじ》、リトアニアのカウナスという都市《とし》の日本領事館《にほんりょうじかん》にいたんだけど、ソ連《れん》から退去《たいきょ》を求《もと》められて領事館《りょうじかん》を閉鎖《へいさ》するまで、ビザ発給《はっきゅう》で救《すく》った**ユダヤ人《じん》**は6千人以上《せんにんいじょう》にのぼる。

ユダヤ人《じん》はどうして逃《に》げなければならなかったんですか。

当時《とうじ》のドイツで政権《せいけん》をにぎっていた**ナチス**の考《かんが》えによるところが大《おお》きい。
ヒトラーが率《ひき》いるナチスは、ドイツの経済《けいざい》がうまくいかないのをユダヤ人《じん》のせいにして、国民《こくみん》の支持《しじ》を得《え》ようとしたんだ。

ひどい話《はなし》だね…。

ところで、杉原《すぎはら》と同《おな》じような思《おも》いを持《も》った人《ひと》が、ドイツにもいたんだ。
ドイツ人《じん》のオスカー・シンドラーは、自分《じぶん》の経営《けいえい》する工場《こうじょう》で働《はたら》くユダヤ人《じん》の命《いのち》を守《まも》ったことで知《し》られている。「シンドラーのリスト」という映画《えいが》でもえがかれているよ。

キーワード

ナチス

アドルフ・ヒトラーが率《ひき》いた国家社会主義《こっかしゃかいしゅぎ》ドイツ労働者党《ろうどうしゃとう》の略《りゃく》。ユダヤ人《じん》を強制収容所《きょうせいしゅうようじょ》に送《おく》って殺《ころ》すなどの虐待《ぎゃくたい》を行《おこな》った。

この時代《じだい》の世界《せかい》の人物《じんぶつ》

パブロ・ピカソ（1881～1973年《ねん》）

スペインの画家《がか》で、キュビズムという新《あら》たな画風《がふう》をつくった。「ゲルニカ」などが有名《ゆうめい》。

学んだ日
／
／
／
／
／

104 太宰治《だざいおさむ》

1909～1948年《ねん》／出身地《しゅっしんち》：青森県《あおもりけん》

『斜陽《しゃよう》』『人間失格《にんげんしっかく》』などの作品《さくひん》を発表《はっぴょう》した小説家《しょうせつか》

①青森県《あおもりけん》の大地主《おおじぬし》の家《いえ》に生《う》まれる。小《ちい》さいころは芥川龍之介《あくたがわりゅうのすけ》があこがれ。

②小説家《しょうせつか》として多《おお》くの作品《さくひん》を書《か》き、特《とく》に『斜陽《しゃよう》』はベストセラーとなる。

③その一方《いっぽう》で、薬物《やくぶつ》や酒《さけ》におぼれるなど生活《せいかつ》は乱《みだ》れていた。

④ 38才《さい》で川《かわ》に飛《と》び込《こ》み、自《みずか》ら命《いのち》を絶《た》つ。

ほかにもいた！こんな人物《じんぶつ》

昭和時代《しょうわじだい》の小説家《しょうせつか》たち

川端康成《かわばたやすなり》（1899～1972年《ねん》）

西洋《せいよう》の前衛的《ぜんえいてき》な表現《ひょうげん》を取《と》り入《い》れた作風《さくふう》で高《たか》く評価《ひょうか》された。1968年《ねん》にノーベル文学賞《ぶんがくしょう》を受賞《じゅしょう》。代表作《だいひょうさく》に『伊豆《いず》の踊子《おどりこ》』『雪国《ゆきぐに》』『古都《こと》』など。

三島由紀夫《みしまゆきお》（1925～1970年《ねん》）

きらびやかな文体《ぶんたい》で多《おお》くの人《ひと》に読《よ》まれた。『金閣寺《きんかくじ》』『豊饒《ほうじょう》の海《うみ》』『潮騒《しおさい》』などが有名《ゆうめい》。

太宰治《だざいおさむ》の書《か》いた作品《さくひん》を知《し》っているかな?

はい、『**走《はし》れメロス**』や『**斜陽《しゃよう》**』、『**人間失格《にんげんしっかく》**』を知《し》っています。

『走《はし》れメロス』は、王様《おうさま》を怒《おこ》らせて処刑《しょけい》されることになったメロスが、大切《たいせつ》な妹《いもうと》の結婚式《けっこんしき》に出《で》るために処刑場《しょけいじょう》に親友《しんゆう》を残《のこ》して去《さ》り、親友《しんゆう》がメロスの身代《みが》わりに処刑《しょけい》されてしまう日《ひ》までに、いろいろな苦難《くなん》を乗《の》りこえて戻《もど》ってくるという話《はなし》だ。人《ひと》を信《しん》じられず、自分《じぶん》が死《し》ぬために戻《もど》ってくる者《もの》などいないと思《おも》っていた王様《おうさま》は、約束《やくそく》を果《は》たしたメロスと待《ま》ち続《つづ》けた親友《しんゆう》を見《み》て、心《こころ》を入《い》れかえるんだ。

感動的《かんどうてき》なお話《はなし》ですね。

これは実話《じつわ》をもとに書《か》かれたという説《せつ》があるよ。太宰本人《だざいほんにん》はとても金《かね》づかいが荒《あら》くて、お金《かね》がなくなってしまうことが多《おお》かったんだ。旅行先《りょこうさき》でお金《かね》がなくなったとき、親友《しんゆう》を旅館《りょかん》に残《のこ》し、お金《かね》を用意《ようい》するために東京《とうきょう》に戻《もど》るけれど、その後《ご》、まるで連絡《れんらく》がない。しびれを切《き》らした親友《しんゆう》が東京《とうきょう》に行《い》くと、お金《かね》どころかのんきに将棋《しょうぎ》を指《さ》していたということがあったらしい。

あれれ。メロスとは大《おお》ちがいですね…。

キーワード

『斜陽《しゃよう》』
1947年《ねん》に太宰治《だざいおさむ》が発表《はっぴょう》した長編小説《ちょうへんしょうせつ》。戦後《せんご》、没落《ぼつらく》していく上流階級《じょうりゅうかいきゅう》の人《ひと》びとをえがき、ベストセラーに。

この時代《じだい》の世界《せかい》の人物《じんぶつ》

マハトマ・ガンディー(1869〜1948年《ねん》)
インドの政治家《せいじか》。人種差別《じんしゅさべつ》に反対《はんたい》し、インドの独立《どくりつ》に力《ちから》を尽《つ》くした。

学んだ日
／
／
／
／
／

105 吉田茂《よしだしげる》

1878～1967年《ねん》／出身地《しゅっしんち》：東京都《とうきょうと》

サンフランシスコ平和条約《へいわじょうやく》などを結《むす》び、戦後《せんご》をリードした政治家《せいじか》

①太平洋戦争《たいへいようせんそう》では和平工作《わへいこうさく》を行《おこな》い、軍《ぐん》に拘束《こうそく》される。

②敗戦後《はいせんご》、内閣総理大臣《ないかくそうりだいじん》に就任《しゅうにん》する。

③GHQのもとで日本国憲法《にほんこくけんぽう》の公布《こうふ》や農地改革《のうちかいかく》などの政策《せいさく》を進《すす》める。

④サンフランシスコ平和条約《へいわじょうやく》を調印《ちょういん》し、日本《にほん》の主権《しゅけん》を回復《かいふく》する。

⑤日米安全保障条約《にちべいあんぜんほしょうじょうやく》も結《むす》び、米軍《べいぐん》が日本《にほん》に駐留《ちゅうりゅう》することに。

⑥90才《さい》で亡《な》くなる。戦後《せんご》ただ1人《り》の国葬《こくそう》となった。

吉田茂《よしだしげる》は、強力《きょうりょく》なリーダーシップで戦後《せんご》の復興《ふっこう》を推《お》し進《すす》めた政《せい》治家《じか》だよ。「ワンマン宰相《さいしょう》」という呼《よ》び名《な》があったり、国会《こっかい》で批判《ひはん》されたときに口《くち》をついて出《で》た「バカヤロー」という発言《はつげん》がマイクに拾《ひろ》われて「バカヤロー解散《かいさん》」と話《わ》題《だい》になったり、いろいろなエピソードが残《のこ》っている。

ワンマンって何《なん》ですか？

1人《り》（ワン）の人《ひと》（マン）で、ワンマン、自分《じぶん》の思《おも》うがままに行動《こうどう》する人《ひと》という意味《いみ》だよ。反対意見《はんたいいけん》を聞《き》かず、強引《ごういん》なところがある人《ひと》のことを言《い》うね。

良《よ》くない総理大臣《そうりだいじん》だったのですか？

そうとも言《い》えないよ。当時《とうじ》の日《に》本《ほん》は、まだアメリカを中心《ちゅうしん》とするGHQ（連合国軍最高司令官《れんごうこくぐんさいこうしれいかん》総司令部《そうしれいぶ》）に統治《とうち》されていた。そのため、自分《じぶん》たちで国《くに》のあり方《かた》を決《き》めていく「主権《しゅけん》」というものがなかったんだ。吉田茂《よしだしげる》が**サンフランシスコ平和《へいわ》条約《じょうやく》**を結《むす》んだことで、日本《にほん》は主《しゅ》権《けん》を取《と》り戻《もど》したんだ。ここから日本《にほん》の戦後《せんご》の復興《ふっこう》が始《はじ》まったといってもいい。

自分《じぶん》の信念《しんねん》をつらぬく性格《せいかく》だったんですね。

キーワード

サンフランシスコ平和条約《へいわじょうやく》

1951年《ねん》、日本《にほん》と米国《べいこく》など連合国《れんごうこく》との間《あいだ》で結《むす》んだ平《へい》和条約《わじょうやく》。連合国軍《れんごうこくぐん》の占領《せんりょう》が終《お》わり、日本《にほん》は独立《どくりつ》を回《かい》復《ふく》した。

日米安全保障条約《にちべいあんぜんほしょうじょうやく》

サンフランシスコ平和条約調印《へいわじょうやくちょういん》と同時《どうじ》に日米間《にちべいかん》で結《むす》んだ条約《じょうやく》。日本《にほん》の平和《へいわ》を保障《ほしょう》するため、米軍《べいぐん》の日本《にほん》駐留《ちゅうりゅう》などを定《さだ》めた。

学んだ日
／
／
／
／
／

106 湯川秀樹《ゆかわひでき》

1907～1981年《ねん》／出身地《しゅっしんち》：京都府《きょうとふ》

中間子《ちゅうかんし》を予言《よげん》し、日本初《にほんはつ》のノーベル賞《しょう》を受賞《じゅしょう》した物理学者《ぶつりがくしゃ》

①学者一家《がくしゃいっか》の三男《さんなん》として生《う》まれる。

②京都帝国大学《きょうとていこくだいがく》（現在《げんざい》の京都大学《きょうとだいがく》）で物理学《ぶつりがく》を研究《けんきゅう》する。

③中間子《ちゅうかんし》の存在《そんざい》を予言《よげん》し、注目《ちゅうもく》される。

④太平洋戦争《たいへいようせんそう》で広島《ひろしま》・長崎《ながさき》に原子爆弾《げんしばくだん》が投下《とうか》される。

⑤戦後《せんご》、1949年《ねん》に日本人《にっぽんじん》で初《はつ》のノーベル賞《しょう》を受賞《じゅしょう》。

⑥核兵器廃止運動《かくへいきはいしうんどう》、反戦運動《はんせんうんどう》にも大《おお》きくかかわった。

湯川秀樹《ゆかわひでき》は学者一家《がくしゃいっか》の家庭《かてい》に生《う》まれて、小《ちい》さいころからたくさん本《ほん》を読《よ》んでいたんですよね。

そうだね。父《ちち》は地質学者《ちしつがくしゃ》、祖父《そふ》は師範学校《しはんがっこう》の校長先生《こうちょうせんせい》だったようだ。

ものすごい優等生《ゆうとうせい》だったんですよね。

ノーベル賞《しょう》をとるほどの研究者《けんきゅうしゃ》なんだから、当然《とうぜん》でしょ。

それはどうかな。湯川《ゆかわ》は小《ちい》さいころ、無口《むくち》で自分《じぶん》の意見《いけん》をはっきり言《い》わなかったことから「イワン」というあだ名《な》でからかわれたりしていたそうだよ。

言《い》わんだからイワンですか!!

興味《きょうみ》のあることをもくもくと追求《ついきゅう》するタイプだったのかもしれないね。物理学《ぶつりがく》や数学《すうがく》の世界《せかい》に夢中《むちゅう》になり、そこから物理学《ぶつりがく》の中間子理論《ちゅうかんしりろん》という、まったく新《あたら》しい考《かんが》え方《かた》を発表《はっぴょう》してノーベル賞《しょう》を受賞《じゅしょう》したんだ。

その後《ご》は平和運動《へいわうんどう》にも積極的《せっきょくてき》に取《と》り組《く》んだんですね。

その通《とお》り。核兵器《かくへいき》のない社会《しゃかい》の実現《じつげん》をうったえたんだよ。科学《かがく》を平和《へいわ》のために使《つか》いたいという強《つよ》い思《おも》いを持《も》った湯川《ゆかわ》は、自分《じぶん》の考《かんが》えをみんなに伝《つた》えるようになっていったんだ。

キーワード

ノーベル賞《しょう》

スウェーデンの発明家《はつめいか》・ノーベルの遺産《いさん》をもとに、毎年《まいとし》6部門《ぶもん》で、世界的《せかいてき》な功績《こうせき》のあった人《ひと》に与《あた》えられる賞《しょう》。

原子爆弾《げんしばくだん》

核分裂《かくぶんれつ》によるエネルギーを使《つか》った爆弾《ばくだん》。太平洋戦争《たいへいようせんそう》で広島《ひろしま》と長崎《ながさき》に投下《とうか》され、多《おお》くの犠牲者《ぎせいしゃ》を出《だ》した。

学んだ日
／
／
／
／
／

時代《じだい》がまるわかり！ 年表《ねんぴょう》

大正時代《たいしょうじだい》

1914～18年《ねん》
第一次世界大戦《だいいちじせかいたいせん》が起《お》こる

1925年《ねん》
普通選挙法《ふつうせんきょほう》ができ、25才《さい》以上《いじょう》の男子《だんし》全員《ぜんいん》が選挙《せんきょ》に参加《さんか》できるようになる

1932年《ねん》
五《ご》・一五事件《いちごじけん》が起《お》きて犬養毅《いぬかいつよし》が暗殺《あんさつ》される

1939年《ねん》
欧州《おうしゅう》で第二次世界大戦《だいにじせかいたいせん》が始《はじ》まる ❗

1910　1920　1930　1940

1923年《ねん》
関東大震災《かんとうだいしんさい》が起《お》きて、10万人《まんにん》以上《いじょう》が犠牲《ぎせい》となる

1933年《ねん》
日本《にほん》が国際連盟《こくさいれんめい》から抜《ぬ》ける

1937年《ねん》
日本《にほん》と中国《ちゅうごく》の間《あいだ》で日中戦争《にっちゅうせんそう》が始《はじ》まる

1941年《ねん》
日本《にほん》と連合国軍《れんごうこくぐん》の間《あいだ》で太平洋戦争《たいへいようせんそう》が始《はじ》まる

トピックス ❗ 軍隊《ぐんたい》こわい！ 行《い》きたくない！

第二次世界大戦《だいにじせかいたいせん》に敗《やぶ》れるまで、日本《にほん》の男性《だんせい》は20才《さい》のときに徴兵検査《ちょうへいけんさ》があり、受《う》かると軍隊《ぐんたい》に行《い》く可能性《かのうせい》があった。だから、受《う》からないようにするためにタバコをたくさん吸《す》って体重《たいじゅう》を減《へ》らしたり、しょう油《ゆ》を一気《いっき》飲《の》みしてわざと体調《たいちょう》を悪《わる》くする人《ひと》もいたらしいよ。

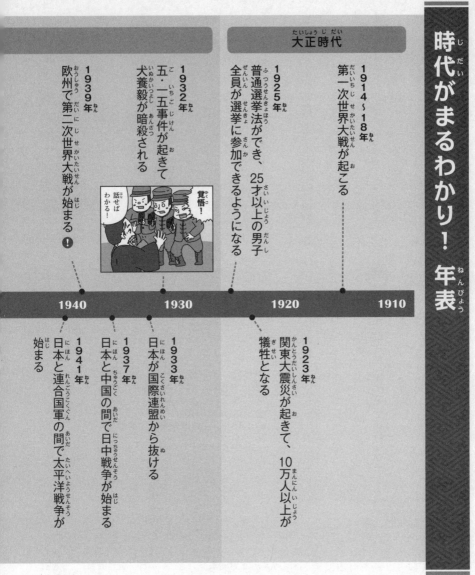

学んだ日

／
／
／
／
／

昭和時代《しょうわじだい》

1980　1970　1960　1950

1945年《ねん》
広島《ひろしま》と長崎《ながさき》に原子爆弾《げんしばくだん》が投下《とうか》される
日本《にほん》がポツダム宣言《せんげん》を受《う》け入《い》れて、戦争《せんそう》が終《お》わる

1946年《ねん》
日本国憲法《にほんこくけんぽう》が公布《こうふ》される

1948年《ねん》
東京裁判《とうきょうさいばん》で東条英機《とうじょうひでき》らが死刑《しけい》となる

1949年《ねん》
湯川秀樹《ゆかわひでき》がノーベル物理学賞《ぶつりがくしょう》を受賞《じゅしょう》する

1951年《ねん》
サンフランシスコ平和条約《へいわじょうやく》と日米安全保障条約《にちべいあんぜんほしょうじょうやく》が結《むす》ばれる

1964年《ねん》
東京《とうきょう》オリンピックが開《ひら》かれる !

1972年《ねん》
沖縄《おきなわ》が日本《にほん》に復帰《ふっき》する

トピックス ! 国民《こくみん》が一丸《いちがん》! 東京《とうきょう》オリンピック

1964年《ねん》の東京《とうきょう》オリンピックは、戦争《せんそう》に負《ま》けた日本《にほん》が復興《ふっこう》したことをアピールするチャンスでもあった。日本《にほん》の国民《こくみん》は一丸《いちがん》になってがんばり、新幹線《しんかんせん》や高速道路《こうそくどうろ》をオリンピックに間《ま》に合《あ》うように造《つく》ったんだ。また、家《いえ》で競技《きょうぎ》を観《み》るため、テレビがたくさん売《う》れたんだ。

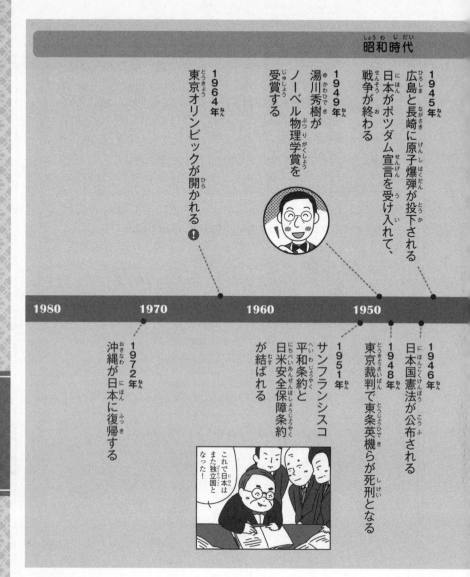

コラム　お父《とう》さん・お母《かあ》さんが子《こ》どものときの文化《ぶんか》

読者《どくしゃ》のみなさんのお父《とう》さん・お母《かあ》さんはいくつですか？多《おお》くは、昭和《しょうわ》の後半《こうはん》から平成《へいせい》にかけての生《う》まれだと思《おも》います。

この時期《じき》に始《はじ》まった文化《ぶんか》をふり返《かえ》ってみましょう。

1979年《ねん》	アニメ「ドラえもん」（第《だい》2作《さく》）が放送開始《ほうそうかいし》
1983年《ねん》	東京《とうきょう》ディズニーランドが開園《かいえん》 ファミリーコンピュータ（ファミコン）が発売《はつばい》
1985年《ねん》	ファミコンソフト「スーパーマリオブラザーズ」が発売《はつばい》
1986年《ねん》	アニメ「ドラゴンボール」が放送開始《ほうそうかいし》
1988年《ねん》	アニメ「それいけ！ アンパンマン」が放送開始《ほうそうかいし》
1990年《ねん》	アニメ「ちびまる子《こ》ちゃん」が放送開始《ほうそうかいし》
1992年《ねん》	アニメ「クレヨンしんちゃん」が放送開始《ほうそうかいし》
1993年《ねん》	プロサッカー「Jリーグ」が開幕《かいまく》

こうしてみると、読者《どくしゃ》のみなさんが楽《たの》しんでいる文化《ぶんか》がたくさん生《う》まれたことがわかりますね。

コラム 日本人《にっぽんじん》とノーベル賞《しょう》

1949年《ねん》に湯川秀樹《ゆかわひでき》が物理学賞《ぶつりがくしょう》を受賞《じゅしょう》してから、これまで数多《かずおお》くの日本人《にっぽんじん》がノーベル賞《しょう》を受賞《じゅしょう》してきました。

主《おも》な受賞者《じゅしょうしゃ》には、次《つぎ》のような人《ひと》がいます。

1949年《ねん》	湯川秀樹《ゆかわひでき》（物理学賞《ぶつりがくしょう》）
1965年《ねん》	朝永振一郎《ともながしんいちろう》（物理学賞《ぶつりがくしょう》）
1968年《ねん》	川端康成《かわばたやすなり》（文学賞《ぶんがくしょう》）
1974年《ねん》	佐藤栄作《さとうえいさく》（平和賞《へいわしょう》）
1987年《ねん》	利根川進《とねがわすすむ》（生理学《せいりがく》・医学賞《いがくしょう》）
1994年《ねん》	大江健三郎《おおえけんざぶろう》（文学賞《ぶんがくしょう》）
2002年《ねん》	田中耕一《たなかこういち》（化学賞《かがくしょう》）
2008年《ねん》	小林誠《こばやしまこと》・益川敏英《ますかわとしひで》・南部陽一郎《なんぶよういちろう》（物理学賞《ぶつりがくしょう》）
2012年《ねん》	山中伸弥《やまなかしんや》（生理学《せいりがく》・医学賞《いがくしょう》）

なお、ノミネートされながら受賞《じゅしょう》しなかった人《ひと》としては、北里《きたざと》柴三郎《しばさぶろう》、野口英世《のぐちひでよ》、鈴木梅太郎《すずきうめたろう》らがいます。

これからも多《おお》くの研究者《けんきゅうしゃ》が受賞《じゅしょう》できることを楽《たの》しみにしたいですね。

いつもの昼《ひる》さがり
やっぱりおもしろいな～
キャッ！
キャッ！
ホント！
織田信長《おだのぶなが》はやっぱりかっこいい！
北条政子《ほうじょうまさこ》もりっぱだわ！
うっとり～
ふふふ、すっかり歴史好《れきしず》きになったみたいだね
陰山先生《かげやませんせい》！
最初《さいしょ》はあやしい人《ひと》だと思《おも》ったけど、ありがとう
失礼《しつれい》だよ！
おいおい…
歴史上《れきしじょう》の人《ひと》たちが身近《みぢか》に思《おも》えました
なるほど…
それはいい発見《はっけん》だね！

なぜなら、君《きみ》たちもこれからの日本《にほん》の歴史《れきし》をつくる、歴史上《れきしじょう》の人物《じんぶつ》の1人《り》なんだよ
未来《みらい》のタクミ？
未来《みらい》のマユ？
そうなのね！
おお！
そうか！日本《にほん》の歴史《れきし》はこれからのぼくらの歴史《れきし》でもあるんだ
そう、だから歴史《れきし》は身近《みぢか》なことなんだ
もっとわかる日本史①
小説《しょうせつ》なんかもきっとおもしろいよ
もっと歴史《れきし》にくわしくなるにはほかにもいろいろ本《ほん》を読《よ》んでみるといいね
竜馬がゆく
よーし！これからガンガン歴史《れきし》の本《ほん》を読《よ》むぞ！
先生《せんせい》、また来《き》てくださいね
どうせあいつムリなんで…
わ…わかった

おわりに

読《よ》み終《お》えて、どんな感想《かんそう》を持《も》たれましたか。この本《ほん》では、取《と》り上《あ》げた人物《じんぶつ》や出来事《できごと》について、できるだけ漢字《かんじ》で掲載《けいさい》しています。小学校《しょうがっこう》の6年間《ねんかん》で習《なら》わない漢字《かんじ》も、ふりがなを振《ふ》ってそのままのせています。「みなもとのよりとも」「たいせいほうかん」と習《なら》うよりも、「源頼朝《みなもとのよりとも》」「大政奉還《たいせいほうかん》」と習《なら》うほうが、歴史《れきし》への理解《りかい》が深《ふか》まると考《かんが》えるからです。

漢字《かんじ》は表意文字《ひょういもじ》であり、見《み》ただけで意味《いみ》がある程度《ていど》、想像《そうぞう》できます。また、歴史用語《れきしようご》は固有名詞《こゆうめいし》が多《おお》く、漢字《かんじ》の組《く》み合《あ》わせは固定《こてい》されています。つまり、漢字《かんじ》をそのまま学習《がくしゅう》することで、人物《じんぶつ》や出来事《できごと》の内容《ないよう》をより早《はや》く、確実《かくじつ》に頭《あたま》の中《なか》に定着《ていちゃく》させることができるのです。

巻末《かんまつ》にはまとめとして、別冊《べっさつ》の反復《はんぷく》ドリルを設《もう》けました。多少《たしょう》ハードには見《み》えますが、一《ひと》通《とお》り学習《がくしゅう》を終《お》えた子《こ》どもたちは、一気《いっき》に全体《ぜんたい》を復習《ふくしゅう》することによって、知識《ちしき》の定着《ていちゃく》を確実《かくじつ》なものにしていきます。

子《こ》どもたちが楽《たの》しいと感《かん》じたときには、どんどん進《すす》めてもらって構《かま》いません。スピード感自体《かんじたい》が子《こ》どもの能力《のうりょく》を高《たか》めます。最後《さいご》までスピードが落《お》ちることなく学習《がくしゅう》できれば、ほんの短期間《たんきかん》であったとしても、この本《ほん》の効果《こうか》を実感《じっかん》できていることでしょう。

陰山英男《かげやまひでお》

人物《じんぶつ》さくいん

※太字《ふとじ》はマンガで紹介《しょうかい》した人物《じんぶつ》です。

曲亭馬琴《きょくていばきん》……142
清原深養父《きよはらのふかやぶ》……62

く

空海《くうかい》……46
国友一貫斎《くにともいっかんさい》……154
クラーク……252
グラバー……180
黒田清隆《くろだきよたか》……246

こ

コシャマイン……134
後藤象二郎《ごとうしょうじろう》……246
小林誠《こばやしまこと》……277
小松帯刀《こまつたてわき》……246
小村寿太郎《こむらじゅたろう》……238

さ

西園寺公望《さいおんじきんもち》……246
西郷隆盛《さいごうたかもり》……206
斎藤隆夫《さいとうたかお》……262
坂本龍馬《さかもとりょうま》……190
佐藤栄作《さとうえいさく》……277
佐野川市松《さのがわいちまつ》……138
ザビエル……96
三条実美《さんじょうさねとみ》……246

し

志賀潔《しがきよし》……234
志賀直哉《しがなおや》……256
十返舎一九《じっぺんしゃいっく》……142
品川弥二郎《しながわやじろう》……246
柴田勝家《しばたかついえ》……110
渋川春海《しぶかわはるみ》……148
島崎藤村《しまざきとうそん》……226
シャクシャイン……134
聖徳太子《しょうとくたいし》……22
聖武天皇《しょうむてんのう》……34
親鸞《しんらん》……90

す

推古天皇《すいこてんのう》……25
菅原道真《すがわらのみちざね》……48
杉田玄白《すぎたげんぱく》……164
杉原千畝《すぎはらちうね》……266
鈴木梅太郎《すずきうめたろう》……232
鈴木三重吉《すずきみえきち》……258

せ

世阿弥《ぜあみ》……80
清少納言《せいしょうなごん》……52
瀬川菊之丞《せがわきくのじょう》……138
関孝和《せきたかかず》……148
雪舟《せっしゅう》……86
千利休《せんのりきゅう》……114

そ

副島種臣《そえじまたねおみ》……246
蘇我馬子《そがのうまこ》……24
孫文《そんぶん》……255

た

大黒屋光太夫《だいこくやこうだゆう》……168
平清盛《たいらのきよもり》……58
平将門《たいらのまさかど》……50
高杉晋作《たかすぎしんさく》……192
高峰譲吉《たかみねじょうきち》……232
竹崎季長《たけざきすえなが》……74
武田信玄《たけだしんげん》……98
太宰治《だざいおさむ》……268
伊達政宗《だてまさむね》……118
田中耕一《たなかこういち》……277
田中正造《たなかしょうぞう》……242
田中久重《たなかひさしげ》……154
谷崎潤一郎《たにざきじゅんいちろう》……256
田沼意次《たぬまおきつぐ》……157

ち

近松門左衛門《ちかまつもんざえもん》……144
千葉周作《ちばしゅうさく》……136
チャールズ・ダーウィン……177

つ

津田梅子《つだうめこ》……222

※太字《ふとじ》はマンガで紹介《しょうかい》した人物《じんぶつ》です。

松平定信《まつだいらさだのぶ》……**156**
松前慶広《まつまえよしひろ》……134
マハトマ・ガンディー……269
マルティン・ルター……101

み

三島由紀夫《みしまゆきお》……268
水野忠邦《みずのただくに》……**178**
源 義経《みなもとのよしつね》……**68**
源 頼朝《みなもとのよりとも》……**66**
宮沢賢治《みやざわけんじ》……**258**
宮本武蔵《みやもとむさし》……**136**

む

陸奥宗光《むつむねみつ》……**220**
紫 式部《むらさきしきぶ》……**56**

め

明治天皇《めいじてんのう》……**212**

も

毛利元就《もうりもとなり》……**94**
本居宣長《もとおりのりなが》……**166**
森有礼《もりありのり》……246
森鷗外《もりおうがい》……**226**

や

柳生宗矩《やぎゅうむねのり》……136
山県有朋《やまがたありとも》……246
山川捨松《やまかわすてまつ》……222
山田顕義《やまだあきよし》……246
山中伸弥《やまなかしんや》……277

ゆ

湯川秀樹《ゆかわひでき》……**272**

よ

与謝野晶子《よさのあきこ》……**236**
与謝野鉄幹《よさのてっかん》……237
吉田茂《よしだしげる》……**270**
吉田松陰《よしだしょういん》……**186**

る

ルイ14世《せい》……149
ルートヴィヒ・ヴァン・ベートーヴェン……175

れ

レオナルド・ダ・ヴィンチ……87

用語《ようご》さくいん

あ

アイヌ……135
芥川龍之介賞《あくたがわりゅうのすけしょう》……257
足尾銅山鉱毒事件《あしおどうざんこうどくじけん》……243
飛鳥時代《あすかじだい》……18
安土《あづち》・桃山時代《ももやまじだい》……92
姉川《あねがわ》の戦《たたか》い……107
安政《あんせい》の大獄《たいごく》……185

い

イーハトーブ……259
イエズス会《かい》……97
板垣《いたがき》死《し》すとも自由《じゆう》は死《し》せず……217
乙巳《いっし》の変《へん》……29
一所懸命《いっしょけんめい》……75
岩倉使節団《いわくらしせつだん》……205

う

浮世絵《うきよえ》……173
浮世草子《うきよぞうし》……143

え

江戸時代《えどじだい》……126 162
江戸無血開城《えどむけつかいじょう》……189
江戸幕府《えどばくふ》……129
エレキテル……155

お

奥州藤原氏《おうしゅうふじわらし》……69
王政復古《おうせいふっこ》の大号令《だいごうれい》……205
応仁《おうにん》の乱《らん》……85
黄熱病《おうねつびょう》……255

※太字《ふとじ》はマンガで紹介《しょうかい》した人物《じんぶつ》です。

大王《おおきみ》……19
大坂夏《おおさかなつ》の陣《じん》……129
大坂冬《おおさかふゆ》の陣《じん》……129
大塩平八郎《おおしおへいはちろう》の乱《らん》……177
おくのほそ道《みち》……147
桶狭間《おけはざま》の戦《たたか》い……103

か

海援隊《かいえんたい》……191
廻船《かいせん》……169
解体新書《かいたいしんしょ》……165
学問《がくもん》のすゝめ……225
刀狩《かたながり》……113
かっけ……227
勝山髷《かつやままげ》……139
かな文字《もじ》……57
鎌倉時代《かまくらじだい》……64
鎌倉幕府《かまくらばくふ》……67
亀山社中《かめやましゃちゅう》……191
川中島《かわなかじま》の戦《たたか》い……101
冠位十二階《かんいじゅうにかい》……23
韓国併合《かんこくへいごう》……219
関税自主権《かんぜいじしゅけん》……239
寛政《かんせい》の改革《かいかく》……157
巌流島《がんりゅうじま》の決闘《けっとう》……137
咸臨丸《かんりんまる》……189

き

魏《ぎ》……21
奇兵隊《きへいたい》……193
君死《きみし》にたまふことなかれ……237
享保《きょうほう》の改革《かいかく》……153
清洲会議《きよすかいぎ》……111
金閣《きんかく》……79
銀閣《ぎんかく》……83
銀河鉄道《ぎんがてつどう》の夜《よる》……259

く

黒船《くろふね》……181

け

慶長遣欧使節《けいちょうけんおうしせつ》……119
元寇《げんこう》……73
源氏《げんじ》……59
原子爆弾《げんしばくだん》……273
源氏物語《げんじものがたり》……57
遣隋使《けんずいし》……27
遣唐使《けんとうし》……49
建武《けんむ》の中興《ちゅうこう》……77
元禄文化《げんろくぶんか》……141

こ

五《ご》・一五事件《いちごじけん》……261
甲州法度次第《こうしゅうはっとのしだい》……99
好色一代男《こうしょくいちだいおとこ》……143
豪族《ごうぞく》……25
公地公民制《こうちこうみんせい》……31
高野山《こうやさん》……47
五箇条《ごかじょう》の御誓文《ごせいもん》……213
古今和歌集《こきんわかしゅう》……62
国際連盟《こくさいれんめい》……253
国分寺《こくぶんじ》……35
国分尼寺《こくぶんにじ》……35
御家人《ごけにん》……71
こころ……229
古事記伝《こじきでん》……167
五大老《ごたいろう》……121
五奉行《ごぶぎょう》……121
古墳《こふん》……42
古墳時代《こふんじだい》……18
米将軍《こめしょうぐん》……153
五輪書《ごりんのしょ》……137

さ

鎖国《さこく》……131
薩長同盟《さっちょうどうめい》……191
参勤交代《さんきんこうたい》……131
サンフランシスコ平和条約《へいわじょうやく》……271
3本《ぼん》の矢《や》……95

し

時宗《じしゅう》……90
賤ケ岳《しずがたけ》の戦《たたか》い……111
地頭《じとう》……67
島原《しまばら》の乱《らん》……133
斜陽《しゃよう》……269
十七条《じゅうしちじょう》の憲法《けんぽう》……23
自由民権運動《じゆうみんけんうんどう》……217
守護《しゅご》……67
守護大名《しゅごだいみょう》……85
松下村塾《しょうかそんじゅく》……187
蒸気船《じょうきせん》……183
承久《じょうきゅう》の乱《らん》……71
浄土宗《じょうどしゅう》……90
浄土真宗《じょうどしんしゅう》……90
生類憐《しょうるいあわれ》みの令《れい》……141
昭和時代《しょうわじだい》……248
殖産興業《しょくさんこうぎょう》……209
女子英学塾《じょしえいがくじゅく》……223
真言宗《しんごんしゅう》……47
壬申《じんしん》の乱《らん》……33
新撰組《しんせんぐみ》……197
新婦人協会《しんふじんきょうかい》……251

す

隋《ずい》……27
随筆《ずいひつ》……53
水墨画《すいぼくが》……87

せ

征韓論《せいかんろん》……207
青鞜《せいとう》……251
西南戦争《せいなんせんそう》……207
西洋事情《せいようじじょう》……225
関ケ原《せきがはら》の戦《たたか》い……121
赤痢《せきり》……235
摂関政治《せっかんせいじ》……55
宣教師《せんきょうし》……97
戦国時代《せんごくじだい》……92
戦国大名《せんごくだいみょう》……95

そ

曹洞宗《そうとうしゅう》……90
曽根崎心中《そねざきしんじゅう》……145
尊皇攘夷《そんのうじょうい》……187

た

大化《たいか》の改新《かいしん》……29
太閤検地《たいこうけんち》……113
大正時代《たいしょうじだい》……248
大政奉還《たいせいほうかん》……195
大日本沿海輿地全図《だいにほんえんかいよちぜんず》……171
大日本帝国憲法《だいにほんていこくけんぽう》……219
太平洋戦争《たいへいようせんそう》……265
平将門《たいらのまさかど》の乱《らん》……51
たけくらべ……231
太宰府《だざいふ》……49
壇《だん》ノ浦《うら》の戦《たたか》い……69

ち

治外法権《ちがいほうけん》……221
茶《ちゃ》の湯《ゆ》……115

て

天下統一《てんかとういつ》……113
伝染病研究所《でんせんびょうけんきゅうしょ》……233
天保《てんぽう》の改革《かいかく》……179
天明《てんめい》の大《だい》ききん……200

と

唐《とう》……39
東海道五十三次《とうかいどうごじゅうさんつぎ》……173
東京裁判《とうきょうさいばん》……265
唐招提寺《とうしょうだいじ》……39
東大寺《とうだいじ》……35
東大寺《とうだいじ》の大仏《だいぶつ》……37
独眼竜《どくがんりゅう》……119
土用《どよう》の丑《うし》の日《ひ》……155
渡来人《とらいじん》……19

な

長篠《ながしの》の戦《たたか》い……105
ナチス……267
奈良時代《ならじだい》……18

に
日米《にちべい》安全《あんぜん》保《ほ》障条約《しょうじょうやく》……271
日米修好通商条約《にちべいしゅうこうつうしょうじょうやく》……185
日米《にちべい》和《わ》親条約《しんじょうやく》……181
日明貿易《にちみんぼうえき》……79
日蓮宗《にちれんしゅう》……90
日《にち》露《ろ》戦争《せんそう》……241
日清戦争《にっしんせんそう》……213
日宋貿易《にっそうぼうえき》……59
日中戦争《にっちゅうせんそう》……263
日《に》本《ほん》史《し》……117
人形浄《にんぎょうじょう》瑠《る》璃《り》……145

の
能《のう》……81
ノーベル賞《しょう》……273
ノルマントン号《ごう》事《じ》件《けん》……221

は
俳《はい》句《く》……147
廃藩《はいはん》置《ち》県《けん》……211
白村江《はくそんこう》の戦《たたか》い……31
箱館戦争《はこだてせんそう》……197
鼻《はな》……257
バルチック艦隊《かんたい》……241
反軍演説《はんぐんえんぜつ》……263
版籍奉還《はんせきほうかん》……211

ふ
風姿《ふうし》花伝《かでん》……81
富嶽三十六景《ふがくさんじゅうろっけい》……175
富国強兵《ふこくきょうへい》……209
武《ぶ》士《し》……51
武《ぶ》士《し》道《どう》……253
藤原《ふじわら》氏《し》……29
踏《ふみ》絵《え》……133

へ
平安《へいあん》時《じ》代《だい》……44
平《へい》氏《し》……59
ペスト……233

ほ
ポーツマス条約《じょうやく》……239
戊《ぼ》辰戦争《しんせんそう》……195
法《ほっ》華《け》宗《しゅう》……90
本能《ほんのう》寺《じ》の変《へん》……109

ま
舞姫《まいひめ》……227
枕《まくらの》草《そう》子《し》……53
松前藩《まつまえはん》……135

み
三《みっ》日《か》天《てん》下《か》……109

む
室町《むろまち》時《じ》代《だい》……64
室町《むろまち》幕《ばく》府《ふ》……77
室町《むろまち》文《ぶん》化《か》……83

め
明治《めいじ》時《じ》代《だい》……202

も
蒙古《もうこ》襲来《しゅうらい》絵《え》詞《ことば》……75

や
邪《や》馬《ま》台《たい》国《こく》……21
弥生《やよい》時《じ》代《だい》……18

よ
養生訓《ようじょうくん》……151

ら
楽市《らくいち》・楽座《らくざ》……105
蘭学事始《らんがくことはじめ》……165

り
立憲改進党《りっけんかいしんとう》……215
臨済宗《りんざいしゅう》……90

わ
隈板内閣《わいはんないかく》……215
吾輩《わがはい》は猫《ねこ》である……229
和算《わさん》……149
和《わ》俗《ぞく》童《どう》子《じ》訓《くん》……151
わび茶《ちゃ》……115

[監修] 陰山英男（かげやま ひでお）
1958年、兵庫県生まれ。陰山ラボ代表（教育クリエイター）。岡山大学法学部卒業後、小学校教員に。「百ます計算」や漢字練習の「読み書き計算」の徹底した反復学習と生活習慣の改善に取り組み、子どもたちの学力を驚異的に向上させた。その指導法「陰山メソッド」は、教育者や保護者から注目を集め、陰山メソッドを教材化した「徹底反復シリーズ」は800万部の大ベストセラーに。
文部科学省中央教育審議会特別委員、大阪府教育委員長、立命館大学教授を歴任し、全国各地で学力向上アドバイザーも行っている。主な著書に『ポジティブ習慣』（リベラル社）、『だから、子ども時代に一番学習しなければいけないのは、幸福です』（小学館）ほか多数。小学生向けの学習教材や『陰山手帳』（ダイヤモンド社）でも有名。

コミック　いとうみつる
イラスト　加藤のりこ・さややん。・成瀬瞳・深蔵
装丁デザイン　長谷川有香（ムシカゴグラフィクス）
本文デザイン　渡辺靖子（リベラル社）
編集　堀友香・猫塚康一郎・上島俊秀（リベラル社）
編集協力　土井明弘・山崎香織
編集人　伊藤光恵（リベラル社）
営業　廣田修（リベラル社）

営業部　津田滋春・青木ちはる・三宅純平・栗田宏輔・中西真奈美・榎正樹

マンガ×くり返しでスイスイ覚えられる 日本の歴史人物100

2017年10月28日　初版

編　集　リベラル社
発行者　隅 田 直 樹
発行所　株式会社 リベラル社
〒460-0008　名古屋市中区栄3-7-9　新鏡栄ビル8F
TEL 052-261-9101　FAX 052-261-9134　http://liberalsya.com
発　売　株式会社 星雲社
〒112-0005　東京都文京区水道1-3-30
TEL 03-3868-3275

 ISBN978-4-434-23936-6

くり返《かえ》して覚《おぼ》えられる！

陰山式《かげやましき》
反復《はんぷく》ドリル

日本《にほん》の歴史《れきし》

なまえ

学んだ日 ／ ／ ／ ／ ／

このドリルの使《つか》い方《かた》

● このドリルには、本編《ほんぺん》で取《と》り上《あ》げてきた重要人物《じゅうようじんぶつ》と、出来事《できごと》・歴史用語《れきしようご》を答《こた》える問題《もんだい》がのっているよ。問題《もんだい》を見《み》て、本《ほん》の中《なか》で読《よ》んで学《まな》んだことを思《おも》い出《だ》しながら、（　）に何《なに》が入《はい》るか、考《かんが》えてみよう。

● 上部《じょうぶ》には、本編《ほんぺん》と同《おな》じように、ページごとに「学《まな》んだ日《ひ》」を書《か》き込《こ》める欄《らん》があるよ。日付《ひづけ》が埋《う》まるように、何度《なんど》もくり返《かえ》してやってみよう。

何問《なんもん》できるか
やってみよう！

重要人物《じゅうようじんぶつ》

（　）の中《なか》の人物《じんぶつ》の名前《なまえ》を答《こた》えてみよう。

1章《しょう》（弥生《やよい》～奈良時代《ならじだい》）

1 争《あらそ》う国《くに》ぐにをまとめた邪馬台国《やまたいこく》の女《じょ》王《おう》。
（　）

2 推古天皇《すいこてんのう》の摂政《せっしょう》となり、「十七条《じゅうしちじょう》の憲《けん》法《ぼう》」などを定《さだ》めた政治家《せいじか》。
（　）

3 大和朝廷《やまとちょうてい》で強《つよ》い力《ちから》を持《も》ち、聖徳太子《しょうとくたいし》とともに政治《せいじ》を行《おこな》った豪族《ごうぞく》。
（　）

4 遣隋使《けんずいし》として隋《ずい》に行《い》き、聖徳太子《しょうとくたいし》の手紙《てがみ》をわたした役人《やくにん》。
（　）

5 中大兄皇子《なかのおおえのおうじ》（天智天皇《てんじてんのう》）とともに大化《たいか》の改新《かいしん》を行《おこな》った豪族《ごうぞく》。
（　）

6 大化《たいか》の改新《かいしん》を進《すす》め、天皇中心《てんのうちゅうしん》の政治《せいじ》の仕組《しく》みを整《ととの》えた天皇《てんのう》。
（　）

7 中大兄皇子《なかのおおえのおうじ》（天智天皇《てんじてんのう》）の弟《おとうと》で、壬申《じんしん》の乱《らん》に勝利《しょうり》した天皇《てんのう》。
（　）

8 仏教《ぶっきょう》を深《ふか》く信《しん》じ、東大寺《とうだいじ》の大仏《だいぶつ》や国《こく》分寺《ぶんじ》・国分尼寺《こくぶんにじ》を造《つく》った天皇《てんのう》。
（　）

／　／　／　／　／　学んだ日

9 貧《まず》しい人《ひと》びとを助《たす》け、東大寺《とうだいじ》の大仏《だいぶつ》造《づく》りに協力《きょうりょく》した僧《そう》。

（　　　　）

10 唐《とう》から日本《にほん》にわたって正《ただ》しい仏教《ぶっきょう》を広《ひろ》めた中国《ちゅうごく》の僧《そう》。

（　　　　）

2章《しょう》（平安時代《へいあんじだい》）

11 唐《とう》に留学《りゅうがく》して密教《みっきょう》を学《まな》び、真言宗《しんごんしゅう》を開《ひら》いた僧《そう》。

（　　　　）

12 遣唐使《けんとうし》の中止《ちゅうし》を提案《ていあん》したが、太宰府《だざいふ》（福岡県《ふくおかけん》）に流《なが》された貴族《きぞく》。

（　　　　）

13 関東地方《かんとうちほう》で朝廷《ちょうてい》に反乱《はんらん》を起《お》こし、新皇《しんのう》と名乗《なの》った武士《ぶし》。

（　　　　）

14 随筆《ずいひつ》『枕草子《まくらのそうし》』を書《か》いた女流作家《じょりゅうさっか》。

（　　　　）

15 摂関政治《せっかんせいじ》を行《おこな》い、藤原氏《ふじわらし》が最《もっと》も栄《さか》えたときの貴族《きぞく》。

（　　　　）

16 小説《しょうせつ》『源氏物語《げんじものがたり》』を書《か》いた女流作家《じょりゅうさっか》。

（　　　　）

17 武士《ぶし》で初《はじ》めて太政大臣《だじょうだいじん》となり、政治《せいじ》の実権《じっけん》をにぎった。

（　　　　）

3章《しょう》（鎌倉《かまくら》～室町時代《むろまちじだい》）

18 平氏《へいし》をほろぼし、鎌倉幕府《かまくらばくふ》を開《ひら》いた武士《ぶし》。

（　　　　）

19 源　頼朝《みなもとのよりとも》の弟《おとうと》で、壇《だん》ノ浦《うら》の戦《たたか》いで平氏《へいし》をほろぼした武士《ぶし》。

（　　　　）

20 尼将軍《あましょうぐん》と呼《よ》ばれ、鎌倉幕府《かまくらばくふ》を支《ささ》えた、源　頼朝《みなもとのよりとも》の妻《つま》。

（　　　　）

21 執権《しっけん》として、中国《ちゅうごく》の元《げん》の攻撃《こうげき》を2度《ど》にわたり退《しりぞ》けた。

（　　　　）

22 元寇《げんこう》で活躍《かつやく》し、自分《じぶん》の姿《すがた》を絵巻物《えまきもの》にえがかせた武士《ぶし》。

（　　　　）

23 鎌倉幕府《かまくらばくふ》をほろぼし、室町幕府《むろまちばくふ》を開《ひら》いた武士《ぶし》。

（　　　　）

24 北朝《ほくちょう》と南朝《なんちょう》を統一《とういつ》し、別荘《べっそう》として金《きん》閣《かく》を建《た》てた将軍《しょうぐん》。

（　　　　）

25 『風姿花伝《ふうしかでん》』を書《か》き、能《のう》を芸術《げいじゅつ》に高《たか》めた能楽師《のうがくし》。

（　　　　）

26 芸術《げいじゅつ》を愛《あい》し、銀閣《ぎんかく》を建《た》てた将軍《しょうぐん》。

（　　　　）

27 応仁《おうにん》の乱《らん》の原因《げんいん》を引《ひ》き起《お》こした、足《あし》利義政《かがよしまさ》の妻《つま》。

（　　　　）

28 日本《にほん》独自《どくじ》の水墨画《すいぼくが》の画風《がふう》をつくりだした画家《がか》。

（　　　　）

4章《しょう》（戦国《せんごく》～安土《あづち》・桃山時代《ももやまじだい》）

29 中国地方《ちゅうごくちほう》の多《おお》くを支配《しはい》し、「3本《ぼん》の矢《や》」で有名《ゆうめい》な戦国大名《せんごくだいみょう》。

（　　　　）

30 日本《にほん》に初《はじ》めてキリスト教《きょう》を伝《つた》えた宣《せん》教師《きょうし》。

（　　　　）

31 甲斐国《かいのくに》（山梨県《やまなしけん》）を治《おさ》め、「甲州法度《こうしゅうはっとの》次第《しだい》」を作《つく》った戦国大名《せんごくだいみょう》。

（　　　　）

32 川中島《かわなかじま》の戦《たたか》いで、武田信玄《たけだしんげん》と5回《かい》も戦《たたか》った戦国大名《せんごくだいみょう》。

（　　　　）

33 桶狭間《おけはざま》の戦《たたか》いで織田信長《おだのぶなが》に敗《やぶ》れた戦《せん》国大名《ごくだいみょう》。

（　　　　）

34 天下統一《てんかとういつ》の直前《ちょくぜん》に本能寺《ほんのうじ》の変《へん》で亡《な》くなった戦国大名《せんごくだいみょう》。

（　　　　）

35 織田信長《おだのぶなが》の妹《いもうと》を妻《つま》としたが、信長《のぶなが》にほろぼされた戦国大名《せんごくだいみょう》。

（　　　　）

36 本能寺《ほんのうじ》の変《へん》を起《お》こし、織田信長《おだのぶなが》を自《じ》害《がい》させた武将《ぶしょう》。

（　　　　）

37 賤ヶ岳《しずがたけ》の戦《たたか》いで豊臣秀吉《とよとみひでよし》にほろぼされた戦国大名《せんごくだいみょう》。

（　　　　）

38 織田信長《おだのぶなが》に代《か》わって天下統一《てんかとういつ》を成《な》しとげた戦国大名《せんごくだいみょう》。

（　　　　）

／　／　／　／　／　学んだ日

39 「わび茶《ちゃ》」を完成《かんせい》させ、茶《ちゃ》の湯《ゆ》の芸術《げいじゅつ》性《せい》を高《たか》めた茶人《ちゃじん》。

（　　　　）

40 16世紀後半《せいきこうはん》の日本《にほん》のことを書《か》き残《のこ》したイエズス会《かい》の宣教師《せんきょうし》。

（　　　　）

41 東北地方《とうほくちほう》を支配《しはい》し、江戸時代《えどじだい》に仙台《せんだい》藩《はん》を開《ひら》いた戦国大名《せんごくだいみょう》。

（　　　　）

42 関ケ原《せきがはら》の戦《たたか》いで西軍《せいぐん》の中心《ちゅうしん》として、徳川家康《とくがわいえやす》と戦《たたか》った武将《ぶしょう》。

（　　　　）

安土《あづち》・桃山時代《ももやまじだい》まで終《お》わったよ！

5章《しょう》（江戸時代《えどじだい》①）

43 天下《てんか》を統一《とういつ》し、江戸幕府《えどばくふ》を開《ひら》いた戦国大名《せんごくだいみょう》。

（　　　　）

44 参勤交代《さんきんこうたい》や鎖国《さこく》を定《さだ》め、江戸幕府《えどばくふ》の政治《せいじ》の仕組《しく》みを固《かた》めた将軍《しょうぐん》。

（　　　　）

45 10代《だい》の若《わか》さで島原《しまばら》の乱《らん》を率《ひき》いたキリスト教徒《きょうと》。

（　　　　）

46 江戸幕府《えどばくふ》に反乱《はんらん》を起《お》こした、アイヌの首長《しゅちょう》。

（　　　　）

47 『五輪書《ごりんのしょ》』を書《か》いた、江戸時代《えどじだい》の剣術《けんじゅつ》家《か》。

（　　　　）

48 大人気《だいにんき》となった遊女《ゆうじょ》で、自分《じぶん》の名《な》を冠《かん》した髪型《かみがた》が有名《ゆうめい》。

（　　　　）

49 儒教《じゅきょう》を重視《じゅうし》し、「生類憐《しょうるいあわれ》みの令《れい》」を定《さだ》めた将軍《しょうぐん》。

（　　　　）

50 町人《ちょうにん》の生活《せいかつ》を浮世草子《うきよぞうし》に書《か》いた小説《しょうせつ》家《か》。

（　　　　）

51 『曽根崎心中《そねざきしんじゅう》』を書《か》いた人形浄瑠璃《にんぎょうじょうるり》や歌舞伎《かぶき》の脚本《きゃくほん》家《か》。

（　　　　）

52 『おくのほそ道《みち》』を書《か》き、俳句《はいく》の芸術《げいじゅつ》性《せい》を高《たか》めた俳人《はいじん》。

（　　　　）

53 和算《わさん》を西洋《せいよう》の数学《すうがく》に負《ま》けないレベルに発展《はってん》させた数学者《すうがくしゃ》。
（　　　　）

54 『養生訓《ようじょうくん》』『和俗童子訓《わぞくどうじくん》』を書《か》いた儒《じゅ》学者《がくしゃ》。
（　　　　）

55 享保《きょうほう》の改革《かいかく》を進《すす》め、幕府《ばくふ》の財政再建《ざいせいさいけん》に努《つと》めた将軍《しょうぐん》。
（　　　　）

56 エレキテルの修理《しゅうり》など、いろいろな分野《ぶんや》に才能《さいのう》を発揮《はっき》した学者《がくしゃ》。
（　　　　）

57 寛政《かんせい》の改革《かいかく》を進《すす》め、ぜいたくやごらくを禁止《きんし》した老中《ろうじゅう》。
（　　　　）

6章《しょう》（江戸時代《えどじだい》②）

58 オランダ語《ご》の医学書《いがくしょ》をほんやくし、『解体新書《かいたいしんしょ》』を完成《かんせい》させた医者《いしゃ》。
（　　　　）

59 日本《にほん》の古典《こてん》を研究《けんきゅう》し、『古事記伝《こじきでん》』を発表《はっぴょう》した国学者《こくがくしゃ》。
（　　　　）

60 ロシアに漂着《ひょうちゃく》し、皇帝《こうてい》と面会《めんかい》した廻《かい》船《せん》の船頭《せんどう》。
（　　　　）

61 日本全国《にほんぜんこく》を測量《そくりょう》し、正確《せいかく》な日本地図《にほんちず》を完成《かんせい》させた商人《しょうにん》。
（　　　　）

62 「東海道五十三次《とうかいどうごじゅうさんつぎ》」シリーズをえがいた浮世絵師《うきよえし》。
（　　　　）

63 「富嶽三十六景《ふがくさんじゅうろっけい》」シリーズをえがいた浮世絵師《うきよえし》。
（　　　　）

64 ききんに苦《くる》しむ人《ひと》びとのために大坂《おおさか》で反乱《はんらん》を起《お》こした儒学者《じゅがくしゃ》。
（　　　　）

65 天保《てんぽう》の改革《かいかく》を進《すす》めたが、途中《とちゅう》で辞《や》めさせられた老中《ろうじゅう》。
（　　　　）

66 江戸幕府《えどばくふ》に開国《かいこく》をせまった、アメリカ海軍《かいぐん》の軍人《ぐんじん》。
（　　　　）

67 独力《どくりょく》で蒸気船《じょうきせん》を造《つく》り上《あ》げた、江戸時代《えどじだい》の職人《しょくにん》。
（　　　　）

68 海外《かいがい》と条約《じょうやく》を結《むす》び、安政《あんせい》の大獄《たいごく》を行《おこな》った大老《たいろう》。

（　　　　）

69 松下村塾《しょうかそんじゅく》を開《ひら》き、多《おお》くの人材《じんざい》を育《そだ》てた武士《ぶし》。

（　　　　）

70 江戸幕府《えどばくふ》を代表《だいひょう》して、江戸無血開城《えどむけつかいじょう》を交渉《こうしょう》した武士《ぶし》。

（　　　　）

71 薩長同盟《さっちょうどうめい》を仲介《ちゅうかい》し、倒幕運動《とうばくうんどう》に大《おお》きな影響《えいきょう》を与《あた》えた武士《ぶし》。

（　　　　）

72 奇兵隊《きへいたい》をつくり、長州藩《ちょうしゅうはん》の倒幕運動《とうばくうんどう》をリードした武士《ぶし》。

（　　　　）

73 大政奉還《たいせいほうかん》を行《おこな》った、江戸幕府最後《えどばくふさいご》の将軍《しょうぐん》。

（　　　　）

74 倒幕《とうばく》を目指《めざ》す人《ひと》びとからおそれられた、新撰組《しんせんぐみ》の副長《ふくちょう》。

（　　　　）

7章《しょう》（明治時代《めいじじだい》）

75 王政復古《おうせいふっこ》の大号令《だいごうれい》を実現《じつげん》し、明治政府《めいじせいふ》では使節団《しせつだん》を率《ひき》いた貴族《きぞく》。

（　　　　）

76 倒幕《とうばく》の中心人物《ちゅうしんじんぶつ》として活躍《かつやく》するが、西南戦争《せいなんせんそう》で自害《じがい》した武士《ぶし》。

（　　　　）

77 富国強兵《ふこくきょうへい》のための政策《せいさく》を実行《じっこう》し、明治政府《めいじせいふ》をリードした政治家《せいじか》。

（　　　　）

78 西郷隆盛《さいごうたかもり》と薩長同盟《さっちょうどうめい》を結《むす》び、明治政府《めいじせいふ》でも活躍《かつやく》した政治家《せいじか》。

（　　　　）

79 明治維新《めいじいしん》を成《な》しとげ、日本《にほん》を近代国《きんだいこっ》家《か》に導《みちび》いた天皇《てんのう》。

（　　　　）

80 日本《にほん》で初《はじ》めての政党内閣《せいとうないかく》を内閣総理《ないかくそうり》大臣《だいじん》として組織《そしき》した政治家《せいじか》。

（　　　　）

81 自由民権運動《じゆうみんけんうんどう》をリードし、日本初《にほんはつ》の政党《せいとう》をつくった政治家《せいじか》。

（　　　　）

82 大日本帝国憲法《だいにほんていこくけんぽう》の制定《せいてい》を主導《しゅどう》し、初《しょ》代内閣総理大臣《だいないかくそうりだいじん》となった政治家《せいじか》。

（　　　　）

83 海外《かいがい》と交渉《こうしょう》して治外法権《ちがいほうけん》を廃止《はいし》させた政治家《せいじか》。（　　）

84 女性《じょせい》のための教育機関《きょういくきかん》「女子英学塾《じょしえいがくじゅく》」をつくった教育者《きょういくしゃ》。（　　）

85 『学問《がくもん》のすゝめ』などを書《か》いた思想家《しそうか》・教育者《きょういくしゃ》。（　　）

86 軍医《ぐんい》のかたわら、『舞姫《まいひめ》』『高瀬舟《たかせぶね》』などを発表《はっぴょう》した小説家《しょうせつか》。（　　）

87 『吾輩《わがはい》は猫《ねこ》である』『坊《ぼ》っちゃん』『こころ』などを発表《はっぴょう》した小説家《しょうせつか》。（　　）

88 生活《せいかつ》に苦《くる》しみながら『たけくらべ』『にごりえ』を書《か》いた女流作家《じょりゅうさっか》。（　　）

89 ペスト菌《きん》を発見《はっけん》し、志賀潔《しがきよし》や野口英世《のぐちひでよ》を育《そだ》てた医師《いし》。（　　）

90 北里柴三郎《きたざとしばさぶろう》のもとで学《まな》び、赤痢菌《せきりきん》を発見《はっけん》した医師《いし》。（　　）

91 恋愛《れんあい》を大胆《だいたん》に歌《うた》った歌集《かしゅう》『みだれ髪《がみ》』を発表《はっぴょう》した女流歌人《じょりゅうかじん》。（　　）

92 外務大臣《がいむだいじん》として海外《かいがい》と交渉《こうしょう》し、関税《かんぜい》自主権《じしゅけん》を回復《かいふく》した政治家《せいじか》。（　　）

93 海軍《かいぐん》の司令長官《しれいちょうかん》として、日露戦争《にちろせんそう》勝《しょう》利《り》の立役者《たてやくしゃ》となった軍人《ぐんじん》。（　　）

94 足尾銅山《あしおどうざん》の鉱毒《こうどく》の被害《ひがい》を明治天皇《めいじてんのう》に直訴《じきそ》した政治家《せいじか》。（　　）

8章（大正《たいしょう》～昭和時代《しょうわじだい》）

95 雑誌《ざっし》『青鞜《せいとう》』を作《つく》り、女性《じょせい》の権利解放《けんりかいほう》を目指《めざ》した運動家《うんどうか》。（　　）

96 『武士道《ぶしどう》』を書《か》き、国際連盟《こくさいれんめい》の事務局《じむきょく》次長《じちょう》を務《つと》めた教育者《きょういくしゃ》。（　　）

97 貧《まず》しい農家《のうか》に生《う》まれ、黄熱病《おうねつびょう》の研究《けんきゅう》に力《ちから》を尽《つ》くした医師《いし》。（　　）

／　／　／　／　／　学んだ日

98 『鼻《はな》』『羅生門《らしょうもん》』『河童《かっぱ》』などを書《か》いた小説家《しょうせつか》。
（　　　　　　）

99 故郷《こきょう》の岩手県《いわてけん》で『銀河鉄道《ぎんがてつどう》の夜《よる》』などを書《か》いた児童文学者《じどうぶんがくしゃ》。
（　　　　　　）

100 政党政治《せいとうせいじ》をリードしたが、五《ご》・一五《いちご》事件《じけん》で殺《ころ》された政治家《せいじか》。
（　　　　　　）

101 衆議院議員《しゅうぎいんぎいん》として、軍《ぐん》を批判《ひはん》する演説《えんぜつ》を行《おこな》った政治家《せいじか》。
（　　　　　　）

102 内閣総理大臣《ないかくそうりだいじん》として太平洋戦争《たいへいようせんそう》を開戦《かいせん》させた軍人《ぐんじん》。
（　　　　　　）

103 外務省《がいむしょう》の命令《めいれい》に反《はん》してビザを発給《はっきゅう》し、ユダヤ人《じん》を救《すく》った外交官《がいこうかん》。
（　　　　　　）

104 『斜陽《しゃよう》』『人間失格《にんげんしっかく》』などの作品《さくひん》を発表《はっぴょう》した小説家《しょうせつか》。
（　　　　　　）

105 サンフランシスコ平和条約《へいわじょうやく》などを結《むす》び、戦後《せんご》の日本《にほん》をリードした政治家《せいじか》。
（　　　　　　）

106 中間子《ちゅうかんし》の存在《そんざい》を予言《よげん》し、日本初《にほんはつ》のノーベル賞《しょう》を受賞《じゅしょう》した物理学者《ぶつりがくしゃ》。
（　　　　　　）

出来事《できごと》・歴史用語《れきしようご》

（　）の中《なか》の出来事《できごと》・歴史用語《れきしようご》を答《こた》えてみよう。

1章《しょう》（弥生《やよい》～奈良時代《ならじだい》）

1 3世紀《せいき》ごろの日本《にほん》にあった、卑弥呼《ひみこ》が治《おさ》めた国《くに》。

（　　　　）

2 中国《ちゅうごく》の魏《ぎ》が卑弥呼《ひみこ》におくった、日本《にほん》の国《くに》の王《おう》であると認《みと》める称号《しょうごう》。

（　　　　）

3 聖徳太子《しょうとくたいし》が行《おこな》った政策《せいさく》の1つで、朝廷《ちょうてい》の役人《やくにん》の地位《ちい》を12の段階《だんかい》に分《わ》けた。

（　　　　）

4 聖徳太子《しょうとくたいし》が、豪族《ごうぞく》や役人《やくにん》が守《まも》るべきことをまとめた法律《ほうりつ》。「みんなが仲良《なかよ》くする」「仏教《ぶっきょう》の信仰《しんこう》」「天皇《てんのう》の言《い》うことに従《したが》う」などが決《き》められた。

（　　　　）

5 各地方《かくちほう》で多《おお》くの土地《とち》や兵《へい》、人《ひと》びとを支配《しはい》した一族《いちぞく》。蘇我氏《そがし》、物部氏《もののべし》などがいた。

（　　　　）

6 日本《にほん》で初《はじ》めての女性天皇《じょせいてんのう》で、聖徳太子《しょうとくたいし》を摂政《せっしょう》に命《めい》じた。

（　　　　）

7 朝廷《ちょうてい》が、隋《ずい》の文化《ぶんか》や政治《せいじ》を学《まな》ぶために派遣《はけん》した使者《ししゃ》。

（　　　　）

8 6世紀《せいき》から7世紀《せいき》にかけて中国《ちゅうごく》を治《おさ》めていた国《くに》。第《だい》2代皇帝《だいこうてい》である煬帝《ようだい》のときに国内《こくない》で反乱《はんらん》が起《お》き、唐《とう》にほろぼされた。

（　　　　）

9 蘇我氏《そがし》をほろぼした乙巳《いっし》の変《へん》の後《あと》、中大兄皇子《なかのおおえのおうじ》が行《おこな》った政治改革《せいじかいかく》。

（　　　　）

10 藤原《ふじわら》の姓《せい》をもらった中臣鎌足《なかとみのかまたり》を始《はじ》まりとする一族《いちぞく》。平安時代《へいあんじだい》の道長《みちなが》のころに最《もっと》も大《おお》きな力《ちから》を持《も》った。

（　　　　）

11 大化《たいか》の改新《かいしん》の政策《せいさく》の1つで、豪族《ごうぞく》の土地《とち》と人《ひと》をすべて天皇《てんのう》のものとした。

（　　　　）

12 朝鮮半島《ちょうせんはんとう》の国《くに》・百済《くだら》を助《たす》けるために唐《とう》などの軍《ぐん》と戦《たたか》ったが、大敗《たいはい》した戦《たたか》い。
（　　　）

13 天智天皇《てんじてんのう》の息子《むすこ》で、壬申《じんしん》の乱《らん》で大海人皇子《おおあまのおうじ》に敗《やぶ》れて亡《な》くなった。
（　　　）

14 大海人皇子《おおあまのおうじ》と大友皇子《おおとものおうじ》の間《あいだ》で起《お》こった、天皇《てんのう》の地位《ちい》をめぐる戦《たたか》い。
（　　　）

15 741年《ねん》、聖武天皇《しょうむてんのう》の命《めい》により、各国《かっこく》に1つずつ建《た》てられた寺《てら》と尼寺《あまでら》。
（　　　）（　　　）

16 聖武天皇《しょうむてんのう》が全国《ぜんこく》の国分寺《こくぶんじ》の中心《ちゅうしん》として位置《いち》づけ、建《た》てた寺《てら》。
（　　　）

17 聖武天皇《しょうむてんのう》が743年《ねん》に造《つく》るよう命《めい》じ、752年《ねん》に完成《かんせい》した仏像《ぶつぞう》。
（　　　）

18 隋《ずい》に代《か》わって中国《ちゅうごく》を約《やく》300年《ねん》にわたり治《おさ》めた国《くに》。
（　　　）

19 来日《らいにち》した鑑真《がんじん》が759年《ねん》に建《た》てた寺《てら》。
（　　　）

2章《しょう》（平安時代《へいあんじだい》）

20 空海《くうかい》が開《ひら》いた仏教《ぶっきょう》の1つで、唐《とう》で学《まな》んだ密教《みっきょう》を日本風《にほんふう》にアレンジし、皇族《こうぞく》や貴族《きぞく》に支持《しじ》された。
（　　　）

21 空海《くうかい》が、真言宗《しんごんしゅう》の総本山《そうほんざん》である金剛峯寺《こんごうぶじ》を造《つく》った地域《ちいき》。
（　　　）

22 九州《きゅうしゅう》に置《お》かれた朝廷《ちょうてい》の機関《きかん》。菅原道真《すがわらのみちざね》が流《なが》され、そこで亡《な》くなった。
（　　　）

23 朝廷《ちょうてい》が唐《とう》に派遣《はけん》した使者《ししゃ》で、菅原道真《すがわらのみちざね》の提案《ていあん》で894年《ねん》に中止《ちゅうし》された。
（　　　）

24 武芸《ぶげい》を専門《せんもん》とする一族《いちぞく》の集団《しゅうだん》。地方《ちほう》の豪族《ごうぞく》や都《みやこ》にいる下級貴族《かきゅうきぞく》が武装《ぶそう》して団結《だんけつ》することで生《う》まれた。
（　　　）

25 平将門《たいらのまさかど》が朝廷《ちょうてい》からの独立《どくりつ》を目指《めざ》したが、940年《ねん》にしずめられた反乱《はんらん》。
（　　　）

26 自分《じぶん》の体験《たいけん》や思《おも》ったことを自由《じゆう》に書《か》いた文章《ぶんしょう》で、『枕草子《まくらのそうし》』などが代表的《だいひょうてき》。
（　　　）

27 清少納言《せいしょうなごん》が定子《ていし》に仕《つか》えていたときに書《か》き上《あ》げた随筆《ずいひつ》。

（　　　　）

28 藤原氏《ふじわらし》が天皇《てんのう》の親《しん》せきとして、摂政《せっしょう》などの地位《ちい》につき、天皇《てんのう》に代《か》わって政治《せいじ》を行《おこな》う体制《たいせい》。

（　　　　）

29 紫《むらさき》 式部《しきぶ》が書《か》いた、貴族《きぞく》の光源氏《ひかるげんじ》が、多《おお》くの女性《じょせい》と恋《こい》に落《お》ちていく長編小《ちょうへんしょう》説《せつ》。

（　　　　）

30 中国《ちゅうごく》から伝《つた》わった漢字《かんじ》をもとに、日《に》本《ほん》で作《つく》られた文字《もじ》。ひらがなとカタカナの2種類《しゅるい》がある。

（　　　　）

31 天皇《てんのう》の血《ち》を引《ひ》き、平安時代末期《へいあんじだいまっき》に強《つよ》い力《ちから》を持《も》つようになった2つの武士《ぶし》の集団《しゅうだん》。

（　　　　）（　　　　）

32 平 清盛《たいらのきよもり》が、中国《ちゅうごく》を治《おさ》めていた宋《そう》との間《あいだ》で行《おこな》った貿易《ぼうえき》。平氏《へいし》に大《おお》きな富《とみ》をもたらした。

（　　　　）

3章《しょう》（鎌倉《かまくら》～室町時代《むろまちじだい》）

33 源 頼朝《みなもとのよりとも》が鎌倉《かまくら》（神奈川県《かながわけん》）に開《ひら》いた武士《ぶし》による政権《せいけん》。

（　　　　）

34 鎌倉幕府《かまくらばくふ》の幕府《ばくふ》と家来《けらい》の関係《かんけい》で、幕《ばく》府《ふ》は家来《けらい》に土地《とち》を与《あた》え、家来《けらい》は軍事《ぐんじ》を負担《ふたん》したもの。

（　　　　）

35 鎌倉幕府《かまくらばくふ》の役職《やくしょく》で国《くに》ごとに命《めい》じられ、国《くに》の警備《けいび》を行《おこな》った。

（　　　　）

36 鎌倉幕府《かまくらばくふ》の役職《やくしょく》で、税金《ぜいきん》の取《と》り立《た》てや土地《とち》の管理《かんり》を行《おこな》った。

（　　　　）

37 藤原清衡《ふじわらのきよひら》・基衡《もとひら》・秀衡《ひでひら》の3代《だい》にわたり、東北地方《とうほくちほう》で強《つよ》い力《ちから》を持《も》った豪族《ごうぞく》。

（　　　　）

38 壇ノ浦《だんのうら》（山口県《やまぐちけん》）で行《おこな》われ、源氏《げんじ》が勝《か》ち、平氏《へいし》がほろんだ戦《たたか》い。

（　　　　）

39 朝廷《ちょうてい》の後鳥羽上皇《ごとばじょうこう》が、鎌倉幕府《かまくらばくふ》をほろぼすために兵《へい》を挙《あ》げた反乱《はんらん》。

（　　　　）

／　／　／　／　／　学んだ日

40 鎌倉幕府《かまくらばくふ》との間《あいだ》に、御恩《ごおん》と奉公《ほうこう》の関《かん》係《けい》を結《むす》んだ武士《ぶし》。

（　　　）

41 中国《ちゅうごく》を治《おさ》めていた元《げん》の初代皇帝《しょだいこうてい》で、もともとはモンゴル帝国《ていこく》の第《だい》5代皇帝《だいこうてい》。

（　　　）

42 元《げん》の皇帝《こうてい》・フビライが2度《ど》行《おこな》った日《に》本《ほん》への攻撃《こうげき》。

（　　　）

43 御家人《ごけにん》が自分《じぶん》の土地《とち》を守《まも》り、増《ふ》やすために命《いのち》がけで争《あらそ》うこと。後《のち》に「命《いのち》がけで取《と》り組《く》むこと」すべてを指《さ》すようになった。

（　　　）

44 竹崎季長《たけざきすえなが》が自分《じぶん》の元寇《げんこう》での活躍《かつやく》をえがかせた絵巻物《えまきもの》。

（　　　）

45 後醍醐天皇《ごだいごてんのう》が行《おこな》った政治改革《せいじかいかく》で、武《ぶ》士《し》の反発《はんぱつ》が大《おお》きかった。

（　　　）

46 足利尊氏《あしかがたかうじ》が京都《きょうと》で開《ひら》いた、武士《ぶし》による政権《せいけん》。朝廷《ちょうてい》では北朝《ほくちょう》を支持《しじ》し、後《ご》醍醐天皇《だいごてんのう》の南朝《なんちょう》と対立《たいりつ》した。

（　　　）

47 足利義満《あしかがよしみつ》が京都《きょうと》の北山《きたやま》に建《た》てた別荘《べっそう》で、建物《たてもの》の内外《ないがい》に金箔《きんぱく》が貼《は》られている。

（　　　）

48 足利義満《あしかがよしみつ》が中国《ちゅうごく》を支配《しはい》する明《みん》との間《あいだ》に行《おこな》った貿易《ぼうえき》。勘合貿易《かんごうぼうえき》とも言《い》う。

（　　　）

49 踊《おど》りと音楽《おんがく》を中心《ちゅうしん》とした劇《げき》の1つ。江戸時代《えどじだい》までは猿楽《さるがく》と言《い》った。

（　　　）

50 世阿弥《ぜあみ》が書《か》いた能《のう》の研究書《けんきゅうしょ》で、美術《びじゅつ》を論《ろん》じた本《ほん》としても評価《ひょうか》が高《たか》い。

（　　　）

51 足利義政《あしかがよしまさ》が京都《きょうと》の東山《ひがしやま》に別荘《べっそう》として造《つく》った建物《たてもの》。

（　　　）

52 足利義満《あしかがよしみつ》と義政《よしまさ》の時代《じだい》に特《とく》に栄《さか》えた文化《ぶんか》。建築《けんちく》、絵画《かいが》など、現在《げんざい》の日本《にほん》の文化《ぶんか》のもととなっている。

（　　　）

53 足利義政《あしかがよしまさ》の弟《おとうと》・義視《よしみ》と日野富子《ひのとみこ》の対《たい》立《りつ》などが原因《げんいん》で起《お》き、約《やく》11年間《ねんかん》続《つづ》いた内乱《ないらん》。

（　　　）

54 守護《しゅご》のうち、土地《とち》を支配《しはい》することで特《とく》に強《つよ》い力《ちから》を持《も》つようになった人《ひと》びと。

（　　　）

55 墨一色《すみいっしょく》でえがく絵画《かいが》。中国《ちゅうごく》で始《はじ》まり、日本《にほん》では雪舟《せっしゅう》が発展《はってん》させた。

（　　）

4章《しょう》（戦国《せんごく》〜安土《あづち》・桃山時代《ももやまじだい》）

56 戦国時代《せんごくじだい》に国《くに》や領地《りょうち》を支配《しはい》した大名《だいみょう》。地方《ちほう》の豪族《ごうぞく》や守護大名《しゅごだいみょう》の家来《けらい》が実力《じつりょく》でなった例《れい》も多《おお》い。

（　　）

57 毛利元就《もうりもとなり》が3人《にん》の子《こ》に、協力《きょうりょく》して毛《もう》利家《りけ》を守《まも》る大切《たいせつ》さを説明《せつめい》する際《さい》に用《もち》いた例《たと》え話《ばなし》。

（　　）

58 キリスト教《きょう》の教《おし》えを広《ひろ》めるために遠《とお》く離《はな》れた場所《ばしょ》へ行《い》き、教《おし》えを広《ひろ》める人《ひと》びと。

（　　）

59 ザビエルたちがつくったキリスト教《きょう》の修道会《しゅうどうかい》の1つで、世界各地《せかいかくち》へ宣教師《せんきょうし》を派遣《はけん》して布教《ふきょう》を行《おこな》った。

（　　）

60 武田信玄《たけだしんげん》が定《さだ》めた法律《ほうりつ》で、「けんか両《りょう》成敗《せいばい》」のほか、領地《りょうち》の安定《あんてい》のための決《き》まりを定《さだ》めた。

（　　）

61 信濃国《しなののくに》（長野県《ながのけん》）の支配《しはい》をめぐり、武田信玄《たけだしんげん》と上杉謙信《うえすぎけんしん》との間《あいだ》で行《おこな》われた戦《たたか》い。

（　　）

62 尾張国《おわりのくに》（愛知県《あいちけん》）にせめ込《こ》んだ今川《いまがわ》義元《よしもと》と織田信長《おだのぶなが》の間《あいだ》で行《おこな》われた戦《たたか》い。信長《のぶなが》の不意《ふい》打《う》ちにあい、義元《よしもと》は亡《な》くなった。

（　　）

63 織田信長《おだのぶなが》・徳川家康《とくがわいえやす》の連合軍《れんごうぐん》と武田《たけだ》信玄《しんげん》の子《こ》・勝頼《かつより》との間《あいだ》で行《おこな》われた戦《たたか》い。信長軍《のぶながぐん》は鉄砲《てっぽう》を使《つか》って武田軍《たけだぐん》に勝利《しょうり》した。

（　　）

64 城下町《じょうかまち》などで、一部《いちぶ》の商人《しょうにん》の特権《とっけん》や税《ぜい》を禁止《きんし》して、多《おお》くの商人《しょうにん》が自由《じゆう》に商売《しょうばい》をできるようにした政策《せいさく》。

（　　）

65 織田信長《おだのぶなが》の妹《いもうと》で浅井長政《あざいながまさ》と結婚《けっこん》し、長政《ながまさ》の死後《しご》は柴田勝家《しばたかついえ》の妻《つま》となる。

（　　）

66 織田信長《おだのぶなが》と、浅井長政《あざいながまさ》・朝倉義景《あさくらよしかげ》の連合軍《れんごうぐん》との戦《たたか》い。信長《のぶなが》が勝《か》ち、後《のち》に長政《ながまさ》も義景《よしかげ》も信長《のぶなが》にほろぼされた。

（　　）

学んだ日 ／ ／ ／ ／ ／

67 京都《きょうと》の本能寺《ほんのうじ》にいた織田信長《おだのぶなが》を、明《あけ》智光秀《ちみつひで》がおそったクーデター。

（　　　　）

68 明智光秀《あけちみつひで》が織田信長《おだのぶなが》をおそってからわずか十数日《じゅうすうじつ》で豊臣秀吉《とよとみひでよし》に敗《やぶ》れたことを指《さ》す言葉《ことば》。

（　　　　）

69 織田信長《おだのぶなが》の死後《しご》、あとつぎを決《き》めるために開《ひら》いた会議《かいぎ》。豊臣秀吉《とよとみひでよし》と柴田《しばた》勝家《かついえ》が対立《たいりつ》するが、秀吉《ひでよし》の意見《いけん》が通《とお》った。

（　　　　）

70 柴田勝家《しばたかついえ》と豊臣秀吉《とよとみひでよし》の間《あいだ》で行《おこな》われた戦《たたか》いで、勝家《かついえ》は敗《やぶ》れて市《いち》と自害《じがい》した。

（　　　　）

71 日本《にほん》すべてを1人《り》の者《もの》が絶対的《ぜったいてき》な力《ちから》で治《おさ》めること。織田信長《おだのぶなが》が目指《めざ》し、豊臣秀吉《とよとみひでよし》が成《な》しとげた。

（　　　　）

72 豊臣秀吉《とよとみひでよし》が行《おこな》った政策《せいさく》の1つで、全《ぜん》国《こく》で行《おこな》った米《こめ》の生産量《せいさんりょう》の調査《ちょうさ》。

（　　　　）

73 豊臣秀吉《とよとみひでよし》が行《おこな》った政策《せいさく》の1つで、武《ぶ》士《し》以外《いがい》の人《ひと》びとから武器《ぶき》を取《と》り上《あ》げた。

（　　　　）

74 湯《ゆ》をわかして抹茶《まっちゃ》をつくり、客《きゃく》にふるまうこと。当時《とうじ》は金持《かねも》ちの遊《あそ》びで、豪華《ごうか》な茶室《ちゃしつ》や道具《どうぐ》を競《きそ》い合《あ》った。

（　　　　）

75 茶《ちゃ》の湯《ゆ》から遊《あそ》びを取《と》りはらい、豪華《ごうか》な茶室《ちゃしつ》や道具《どうぐ》よりも客《きゃく》をもてなす心《こころ》を大事《だいじ》にした形式《けいしき》。

（　　　　）

76 フロイスが西洋《せいよう》のキリスト教徒《きょうと》としての視点《してん》から日本《にほん》の事件《じけん》や文化《ぶんか》、生《せい》活《かつ》を記録《きろく》した書物《しょもつ》。

（　　　　）

77 幼《おさな》いころに右目《みぎめ》を失明《しつめい》した伊達政宗《だてまさむね》に対《たい》して、人《ひと》びとが尊敬《そんけい》の念《ねん》を込《こ》めてつけたあだ名《な》。

（　　　　）

78 ヨーロッパと貿易《ぼうえき》を行《おこな》うため、伊達《だて》政宗《まさむね》がスペインやローマ法王《ほうおう》のもとに派遣《はけん》した使節団《しせつだん》。

（　　　　）

79 豊臣秀吉《とよとみひでよし》の政権《せいけん》で強《つよ》い力《ちから》を持《も》った、徳川家康《とくがわいえやす》ら5人《にん》の有力大名《ゆうりょくだいみょう》。

（　　　　　　　）

80 豊臣秀吉《とよとみひでよし》の側近《そっきん》として政策《せいさく》を実行《じっこう》した5人《にん》の武将《ぶしょう》。

（　　　　　　）

81 豊臣秀吉《とよとみひでよし》の死後《しご》、徳川家康《とくがわいえやす》を中心《ちゅうしん》とする東軍《とうぐん》と、石田三成《いしだみつなり》を中心《ちゅうしん》とする西軍《せいぐん》との間《あいだ》で行《おこな》われた戦《たたか》い。

（　　　　　　　）

5章《しょう》（江戸時代《えどじだい》①）

82 関ヶ原《せきがはら》の戦《たたか》いに勝《か》った徳川家康《とくがわいえやす》が、1603年《ねん》に征夷大将軍《せいいたいしょうぐん》になり、江戸《えど》（東京都《とうきょうと》）に開《ひら》いた政権《せいけん》。

（　　　　　　　）

83 1614年《ねん》から1615年《ねん》にかけて行《おこな》われた幕府軍《ばくふぐん》と豊臣軍《とよとみぐん》による戦《たたか》い。この戦《たたか》いで豊臣家《とよとみけ》はほろんだ。

（　　　　　　　）

84 大名《だいみょう》が1年《ねん》ごとに領地《りょうち》と江戸《えど》を移動《いどう》し、正室《せいしつ》とあとつぎは強制的《きょうせいてき》に江戸《えど》に住《す》まわせる制度《せいど》。

（　　　　　　　）

85 海外《かいがい》との貿易《ぼうえき》や交流《こうりゅう》を制限《せいげん》する政策《せいさく》。キリスト教《きょう》の禁止《きんし》や藩《はん》が貿易《ぼうえき》を行《おこな》うことを防《ふせ》ぐために定《さだ》めた。

（　　　　　　　）

86 島原藩《しまばらはん》（長崎県《ながさきけん》）などの農民《のうみん》が起《お》こした反乱《はんらん》。厳《きび》しい年貢《ねんぐ》の取《と》り立《た》てやキリスト教徒《きょうと》への迫害《はくがい》が原因《げんいん》。

（　　　　　　　）

87 幕府《ばくふ》がキリスト教徒《きょうと》を見《み》つけるために使用《しよう》した絵《え》。足《あし》で踏《ふ》むことができれば、キリスト教徒《きょうと》ではないと見《み》なされた。

（　　　　　　　）

88 現在《げんざい》の北海道《ほっかいどう》や東北地方《とうほくちほう》に住《す》んでいた先住民《せんじゅうみん》。日本《にほん》とは異《こと》なった言葉《ことば》や文化《ぶんか》を持《も》ち、江戸時代《えどじだい》には松前藩《まつまえはん》と交易《こうえき》をしていた。

（　　　　　　　）

89 江戸幕府《えどばくふ》で唯一《ゆいいつ》、北海道《ほっかいどう》を領地《りょうち》とする藩《はん》。現在《げんざい》の北海道南西部《ほっかいどうなんせいぶ》を治《おさ》めていた。

（　　　　　　　）

90 宮本武蔵《みやもとむさし》と佐々木小次郎《ささきこじろう》による巌流島《がんりゅうじま》（山口県《やまぐちけん》）での戦《たたか》い。劇《げき》や小説《しょうせつ》など何度《なんど》もえがかれた。

（　　　　　　　）

91 宮本武蔵《みやもとむさし》が書《か》いた兵法書《へいほうしょ》で、剣術《けんじゅつ》以《い》外《がい》に武士《ぶし》としての心《こころ》がまえも書《か》かれている。

（　　　　）

92 勝山《かつやま》がしていたとされる髪型《かみがた》。一般《いっぱん》の女性《じょせい》の間《あいだ》で人気《にんき》となり、武士《ぶし》の妻《つま》の髪型《かみがた》としても定着《ていちゃく》した。

（　　　　）

93 徳川綱吉《とくがわつなよし》が出《だ》した法令《ほうれい》で、捨《す》て子《ご》・病人《びょうにん》の保護《ほご》のほか、犬《いぬ》などの動物《どうぶつ》を大事《だいじ》にすることを定《さだ》めた。

（　　　　）

94 近松門左衛門《ちかまつもんざえもん》、井原西鶴《いはらさいかく》、松尾芭蕉《まつおばしょう》などが活躍《かつやく》した、徳川綱吉《とくがわつなよし》の時代《じだい》の文化《ぶんか》。

（　　　　）

---

95 江戸時代《えどじだい》の町人《ちょうにん》や武士《ぶし》たちの生活《せいかつ》や気持《きも》ちをありのままにえがいた小説《しょうせつ》。

（　　　　）

96 井原西鶴《いはらさいかく》が最初《さいしょ》に書《か》いた浮世草子《うきよぞうし》で、大坂《おおさか》の町人《ちょうにん》の自由《じゆう》な恋愛《れんあい》をえがき、大人気《だいにんき》となった。

（　　　　）

97 人形劇《にんぎょうげき》の1つで、三味線《しゃみせん》の音楽《おんがく》と太《た》夫《ゆう》の語《かた》りに合《あ》わせて、人形《にんぎょう》つかいが人形《にんぎょう》を動《うご》かして物語《ものがたり》が進《すす》む。

（　　　　）

98 近松門左衛門《ちかまつもんざえもん》が書《か》いた人形浄瑠璃《にんぎょうじょうるり》の脚本《きゃくほん》。『国姓爺合戦《こくせんやがっせん》』『女殺油地獄《おんなごろしあぶらのじごく》』などと並《なら》ぶ近松《ちかまつ》の代表作《だいひょうさく》。

（　　　　）

---

99 5・7・5の17音《おん》からなる短《みじか》い詩《し》。松《まつ》尾芭蕉《おばしょう》が芸術性《げいじゅつせい》の高《たか》い文学《ぶんがく》に発展《はってん》させた。

（　　　　）

100 松尾芭蕉《まつおばしょう》が書《か》いた紀行文《きこうぶん》で、多《おお》くの俳句《はいく》が収《おさ》められている。芭蕉《ばしょう》は江戸《えど》から東北《とうほく》、北陸《ほくりく》、岐阜《ぎふ》まで約《やく》2400キロの道《みち》のりを歩《ある》いた。

（　　　　）

101 日本《にほん》で独自《どくじ》に生《う》み出《だ》された数学《すうがく》。関《せき》孝和《たかかず》が西洋《せいよう》の数学《すうがく》に負《ま》けないレベルに発展《はってん》させた。

（　　　　）

102 貝原益軒《かいばらえきけん》が書《か》いた健康法《けんこうほう》の解説書《かいせつしょ》。長生《ながい》きするための体《からだ》や精神《せいしん》の健康《けんこう》の保《たも》ち方《かた》が書《か》かれている。

（　　　　）

103 貝原益軒《かいばらえきけん》が書《か》いた教育書《きょういくしょ》。寺子屋《てらこや》の先生《せんせい》たちに広《ひろ》く読《よ》まれ、教育《きょういく》に大《おお》きな影響《えいきょう》を与《あた》えた。

（　　　）

104 徳川吉宗《とくがわよしむね》が進《すす》めた政治改革《せいじかいかく》。質素《しっそ》をすすめぜいたくを禁止《きんし》したほか、目《め》安箱《やすばこ》の設置《せっち》、足高《たしだか》の制《せい》などを行《おこな》った。

（　　　）

105 徳川吉宗《とくがわよしむね》につけられたあだ名《な》。米《こめ》の増産《ぞうさん》やたくわえ、価格《かかく》の安定化《あんていか》など米《こめ》についての政策《せいさく》が多《おお》かったため。

（　　　）

106 平賀源内《ひらがげんない》が修理《しゅうり》した、静電気《せいでんき》を発生《はっせい》させるオランダ製《せい》の機械《きかい》。

（　　　）

107 平賀源内《ひらがげんない》が、夏《なつ》のこの時期《じき》にうなぎを食《た》べると良《よ》いという習慣《しゅうかん》を広《ひろ》めた、7月下旬《がつげじゅん》～8月上旬《がつじょうじゅん》のうちの1～2日間《かかん》。

（　　　）

108 商業《しょうぎょう》を重視《じゅうし》した政策《せいさく》を進《すす》めたが、わいろや汚職《おしょく》が多《おお》くなり、辞《や》めさせられた老中《ろうじゅう》。

（　　　）

109 松平定信《まつだいらさだのぶ》が進《すす》めた政治改革《せいじかいかく》で、ぜいたくやごらくの禁止《きんし》、米《こめ》のたくわえなど、祖父《そふ》の徳川吉宗《とくがわよしむね》と似《に》た政策《せいさく》も多《おお》かった。

（　　　）

6章《しょう》（江戸時代《えどじだい》②）

110 オランダ語《ご》の医学書《いがくしょ》『ターヘル・アナトミア』を、杉田玄白《すぎたげんぱく》や前野良沢《まえのりょうたく》らがほんやくしたもの。発表《はっぴょう》までに約《やく》4年《ねん》かかった。

（　　　）

111 杉田玄白《すぎたげんぱく》が83才《さい》のときに書《か》いた回想記《かいそうき》で『解体新書《かいたいしんしょ》』ほんやくのときの苦労話《くろうばなし》が書《か》かれている。

（　　　）

112 『万葉集《まんようしゅう》』を研究《けんきゅう》した国学者《こくがくしゃ》。本居宣長《もとおりのりなが》が会《あ》ったのは一度《いちど》だけだが、手《て》紙《がみ》で交流《こうりゅう》を続《つづ》けた。

（　　　）

113
本居宣長《もとおりのりなが》が書《か》いた『古事記《こじき》』の解説《かいせつ》書《しょ》。幕末《ばくまつ》の尊皇攘夷思想《そんのうじょういしそう》に大《おお》きな影響《えいきょう》を与《あた》えた。

（　　　）

114
荷物《にもつ》や人《ひと》を乗《の》せて運《はこ》ぶ船《ふね》のこと。江戸時代《えどじだい》はこれによる輸送《ゆそう》が盛《さか》んで、各都市《かくとし》を行《い》き来《き》していた。

（　　　）

115
ロシアの領土《りょうど》を拡大《かくだい》させたほか、政治制度《せいじせいど》の近代化《きんだいか》も進《すす》めたロマノフ王朝《おうちょう》の第《だい》8代皇帝《だいこうてい》。

（　　　）

116
伊能忠敬《いのうただたか》が作成《さくせい》した日本地図《にほんちず》。とても正確《せいかく》な地図《ちず》のため、江戸幕府《えどばくふ》は国外《こくがい》への持《も》ち出《だ》しを禁止《きんし》した。

（　　　）

117
江戸時代《えどじだい》の絵画《かいが》の種類《しゅるい》の1つ。木版画《もくはんが》として大量《たいりょう》に印刷《いんさつ》され、多《おお》くの町人《ちょうにん》たちに親《した》しまれた。

（　　　）

118
歌川広重《うたがわひろしげ》による浮世絵《うきよえ》のシリーズ。東海道《とうかいどう》の53の宿場《しゅくば》などをえがいたもので、大《だい》ヒットとなった。

（　　　）

119
葛飾北斎《かつしかほくさい》による浮世絵《うきよえ》のシリーズで、各地域《かくちいき》から見《み》た富士山《ふじさん》の姿《すがた》をえがいた。

（　　　）

120
大塩平八郎《おおしおへいはちろう》が教《おし》え子《ご》たちと起《お》こした反乱《はんらん》。半日《はんにち》でしずめられた。

（　　　）

121
水野忠邦《みずのただくに》が行《おこな》った政治改革《せいじかいかく》。ぜいたくやごらくを禁止《きんし》したほか、人返《ひとがえ》し令《れい》を定《さだ》め、農民《のうみん》を強制的《きょうせいてき》に農村《のうそん》へ帰《かえ》した。

（　　　）

122
江戸北町奉行《えどきたまちぶぎょう》を務《つと》め、水野忠邦《みずのただくに》と対立《たいりつ》した。「遠山《とおやま》の金《きん》さん」として劇《げき》や小説《しょうせつ》に取《と》り上《あ》げられ、人気《にんき》がある。

（　　　）

123
ペリーが率《ひき》いた艦隊《かんたい》で、浦賀《うらが》（神奈川県《かながわけん》）に来航《らいこう》した。船《ふね》の色《いろ》が黒《くろ》かったためにこう呼《よ》ばれた。

（　　　）

124
1854年《ねん》に江戸幕府《えどばくふ》と米国《べいこく》が結《むす》んだ条約《じょうやく》。日本《にほん》は下田《しもだ》（静岡県《しずおかけん》）と箱館《はこだて》（北海道《ほっかいどう》）を開港《かいこう》し、鎖国《さこく》が終《お》わった。

（　　　）

125 蒸気機関《じょうききかん》で動《うご》く船《ふね》。当時《とうじ》の主流《しゅりゅう》は、水車《すいしゃ》のような輪《わ》が外側《そとがわ》に付《つ》いていて、それが回転《かいてん》して動《うご》いた。

（　　　　　）

126 1858年《ねん》に江戸幕府《えどばくふ》と米国《べいこく》との間《あいだ》で結《むす》んだ条約《じょうやく》。日本側《にほんがわ》に不利《ふり》な条約《じょうやく》で、明治時代《めいじじだい》になってから改正《かいせい》への動《うご》きが強《つよ》まった。

（　　　　　）

127 井伊直弼《いいなおすけ》が、自分《じぶん》の政策《せいさく》に反対《はんたい》する者《もの》に対《たい》して行《おこな》った政策《せいさく》。吉田松陰《よしだしょういん》など、尊皇攘夷派《そんのうじょういは》の人《ひと》びとが処刑《しょけい》された。

（　　　　　）

128 天皇《てんのう》を大事《だいじ》にして、海外《かいがい》からの勢力《せいりょく》を追《お》い払《はら》うという考《かんが》え方《かた》。

（　　　　　）

129 吉田松陰《よしだしょういん》が開《ひら》いた塾《じゅく》。高杉晋作《たかすぎしんさく》、伊《い》藤博文《とうひろぶみ》、山県有朋《やまがたありとも》など、幕末《ばくまつ》から明《めい》治時代《じじだい》をリードした多《おお》くの人《ひと》びとが学《まな》んだ。

（　　　　　）

130 1860年《ねん》、幕府《ばくふ》の船《ふね》として初《はじ》めて太平洋《たいへいよう》を往復《おうふく》した蒸気船《じょうきせん》で、勝海舟《かつかいしゅう》が船長《せんちょう》として乗《の》りこんだ。

（　　　　　）

131 江戸幕府《えどばくふ》の勝海舟《かつかいしゅう》と新政府《しんせいふ》の西郷《さいごう》隆盛《たかもり》が会談《かいだん》して決定《けってい》した、幕府《ばくふ》による江戸城《えどじょう》の明《あ》けわたし。

（　　　　　）

132 坂本龍馬《さかもとりょうま》がつくった貿易会社《ぼうえきがいしゃ》。薩摩《さつま》藩《はん》（鹿児島県《かごしまけん》）・長州藩《ちょうしゅうはん》（山口県《やまぐちけん》）へ武器《ぶき》を送《おく》り、薩長同盟《さっちょうどうめい》のきっかけの1つとなった。

（　　　　　）

133 対立《たいりつ》していた薩摩藩《さつまはん》と長州藩《ちょうしゅうはん》による軍事同盟《ぐんじどうめい》。2つの藩《はん》が協力《きょうりょく》し、倒幕《とうばく》を目指《めざ》すことを決《き》めた。

（　　　　　）

134 高杉晋作《たかすぎしんさく》が1863年《ねん》につくった軍《ぐん》隊《たい》。武士以外《ぶしいがい》の農民《のうみん》や町人《ちょうにん》たちも参《さん》加《か》が可能《かのう》だった。

（　　　　　）

135 徳川慶喜《とくがわよしのぶ》が、江戸幕府《えどばくふ》の政治《せいじ》を行《おこな》う権利《けんり》を天皇《てんのう》に返《かえ》した事件《じけん》。

（　　　　　）

136 新政府軍《しんせいふぐん》と旧幕府軍《きゅうばくふぐん》による戦《たたか》い。新《しん》政府軍《せいふぐん》が勝利《しょうり》し、江戸幕府《えどばくふ》はほろびた。

（　　　　　）

137 江戸《えど》幕府《ばくふ》をたおそうとする人《ひと》びとを取《と》りしまった武装《ぶそう》組織《そしき》で、近藤勇《こんどういさみ》や土方歳三《ひじかたとしぞう》らが参加《さんか》した。

（　　　　）

138 戊辰戦争《ぼしんせんそう》のうち、新政府《しんせいふ》軍《ぐん》と旧幕府《きゅうばくふ》軍《ぐん》による最後《さいご》の戦《たたか》い。北海道《ほっかいどう》の五稜郭《ごりょうかく》で行《おこな》われた。

（　　　　）

7章《しょう》（明治時代《めいじじだい》）

139 江戸《えど》幕府《ばくふ》を廃止《はいし》し、天皇《てんのう》のもとで新《あら》たな政府《せいふ》を打《う》ち立《た》てて政治《せいじ》を行《おこな》うという宣言《せんげん》。

（　　　　）

140 海外《かいがい》との不平等《ふびょうどう》な条約《じょうやく》を改正《かいせい》するため、欧米《おうべい》に派遣《はけん》された使節団《しせつだん》。

（　　　　）

141 当時《とうじ》、鎖国《さこく》していた朝鮮《ちょうせん》を強制的《きょうせいてき》に開国《かいこく》させるべきだという考《かんが》え。大久保利通《おおくぼとしみち》や木戸孝允《きどたかよし》らが反対《はんたい》した。

（　　　　）

142 西郷隆盛《さいごうたかもり》が、政府《せいふ》に不満《ふまん》を持《も》つ士族《しぞく》たちと起《お》こした反乱《はんらん》。

（　　　　）

143 国《くに》の経済《けいざい》を発展《はってん》させて、軍事力《ぐんじりょく》を増《ぞう》強《きょう》する政策《せいさく》。明治時代《めいじじだい》の日本《にほん》が近代《きんだい》化《か》のためのスローガンとした。

（　　　　）

144 経済力《けいざいりょく》を強化《きょうか》するため、新《あら》たな産業《さんぎょう》をつくるという明治政府《めいじせいふ》の政策《せいさく》。富《とみ》岡《おか》製糸場《せいしじょう》や鉄道《てつどう》などが造《つく》られた。

（　　　　）

145 １８６９年《ねん》に行《おこな》われた、各藩《かくはん》の藩主《はんしゅ》が領地《りょうち》と人《ひと》を天皇《てんのう》に返《かえ》す政策《せいさく》。

（　　　　）

146 １８７１年《ねん》に行《おこな》われた、藩《はん》の代《か》わりに県《けん》を置《お》く政策《せいさく》。藩主《はんしゅ》の代《か》わりに県《けん》知事《ちじ》が派遣《はけん》され、地方《ちほう》を政府《せいふ》が直接《ちょくせつ》管理《かんり》した。

（　　　　）

147 明治天皇《めいじてんのう》が示《しめ》した、明治政府《めいじせいふ》の基本《きほん》方針《ほうしん》。身分《みぶん》のちがいをこえた社会《しゃかい》の実現《じつげん》、議会《ぎかい》の設置《せっち》の必要性《ひつようせい》などが書《か》かれた。

（　　　　）

148 １８９４年《ねん》から１８９５年《ねん》にかけて起《お》こった、日本《にほん》と中国《ちゅうごく》の清《しん》による戦争《せんそう》。

（　　　　）

149 大隈重信《おおくましげのぶ》が1882年《ねん》につくった政《せい》党《とう》で、イギリス流《りゅう》の政治《せいじ》の仕組《しく》みづくりを目標《もくひょう》にかかげた。

（　　　　）

150 日本《にほん》初《はつ》の政党《せいとう》を中心《ちゅうしん》とした内閣《ないかく》。大《おお》隈《くま》の「隈《くま》」と内務大臣《ないむだいじん》である板垣退《いたがきたい》助《すけ》の「板《いた》」をとってこう呼《よ》ばれた。

（　　　　）

151 明治政府《めいじせいふ》に対《たい》して、国会《こっかい》を開《ひら》くことや憲法《けんぽう》を定《さだ》めることなどを求《もと》めた政《せい》治運動《じうんどう》。

（　　　　）

152 板垣退助《いたがきたいすけ》が暴漢《ぼうかん》におそわれたときに言《い》ったとされる言葉《ことば》。実際《じっさい》は言《い》っていないという説《せつ》が有力《ゆうりょく》。

（　　　　）

153 1889年《ねん》に公布《こうふ》された、日本《にほん》の最《さい》高法規《こうほうき》。ドイツの政治《せいじ》の仕組《しく》みをもとにつくっており、国《くに》の主権《しゅけん》を天皇《てんのう》が持《も》つと定《さだ》めた。

（　　　　）

154 日本《にほん》が大韓帝国《だいかんていこく》を植民地《しょくみんち》にしようとする政策《せいさく》。1910年《ねん》に両国《りょうこく》の間《あいだ》で条約《じょうやく》が結《むす》ばれ、韓国《かんこく》は日本《にほん》の植民地《しょくみんち》となった。

（　　　　）

155 ある国《くに》の領土《りょうど》にいながら、その国《くに》の法律《ほうりつ》に従《したが》わなくて良《よ》いとする権利《けんり》。日本《にほん》は日米修好通商条約《にちべいしゅうこうつうしょうじょうやく》などで欧米《おうべい》の国《くに》ぐにに認《みと》めていた。

（　　　　）

156 1886年《ねん》、英国《えいこく》の船《ふね》が日本《にほん》の沖《おき》で沈《しず》んだときに、英国人船長《えいこくじんせんちょう》が日本人《にっぽんじん》だけを助《たす》けなかった事件《じけん》。

（　　　　）

157 津田梅子《つだうめこ》が1900年《ねん》につくった女《じょ》性《せい》のための教育機関《きょういくきかん》で、経済的自立《けいざいてきじりつ》のできる女性《じょせい》のための教育《きょういく》を行《おこな》った。

（　　　　）

158 欧米《おうべい》から帰国《きこく》した福沢諭吉《ふくざわゆきち》が書《か》き上《あ》げた本《ほん》で、当時《とうじ》の欧米《おうべい》の考《かんが》え方《かた》や政《せい》治制度《じせいど》、文化《ぶんか》などを数多《かずおお》く紹介《しょうかい》した。

（　　　　）

159 福沢諭吉《ふくざわゆきち》の書《か》いた本《ほん》で、儒教《じゅきょう》の考《かんが》え方を否定《ひてい》し、民主主義《みんしゅしゅぎ》や人間《にんげん》・男女《だんじょ》の平等《びょうどう》が必要《ひつよう》だと示《しめ》した。

（　　　　）

160
森鷗外《もりおうがい》が最初《さいしょ》に発表《はっぴょう》した短編小説《たんぺんしょうせつ》で、ドイツへの留学時《りゅうがくじ》の体験《たいけん》が反映《はんえい》されている。
（　　）

161
ビタミンB_1不足《ぶそく》のため足《あし》や心臓《しんぞう》が弱《よわ》る病気《びょうき》で、日露戦争《にちろせんそう》では2万《まん》4000人《にん》の死者《ししゃ》が出《で》た。陸軍《りくぐん》では細菌《さいきん》が原因《げんいん》と考《かんが》えていた。
（　　）

162
夏目漱石《なつめそうせき》が最初《さいしょ》に書《か》いた小説《しょうせつ》で、猫《ねこ》の目《め》から見《み》た人間《にんげん》の行動《こうどう》のおもしろさをえがいた。
（　　）

163
夏目漱石《なつめそうせき》が1914年《ねん》に新聞上《しんぶんじょう》で発表《はっぴょう》した長編小説《ちょうへんしょうせつ》。罪《つみ》の意識《いしき》やはずかしさに悩《なや》む知識人《ちしきじん》の姿《すがた》をえがいた。
（　　）

164
樋口一葉《ひぐちいちよう》が発表《はっぴょう》した短編小説《たんぺんしょうせつ》で、吉原《よしわら》を舞台《ぶたい》に、少女《しょうじょ》と少年《しょうねん》の交流《こうりゅう》をえがいた。
（　　）

165
ネズミから感染《かんせん》する伝染病《でんせんびょう》で、黒死病《こくしびょう》とも言《い》われる。北里柴三郎《きたざとしばさぶろう》が細菌《さいきん》を発見《はっけん》した。
（　　）

166
1892年《ねん》に北里柴三郎《きたざとしばさぶろう》が福沢諭吉《ふくざわゆきち》の援助《えんじょ》によりつくった、伝染病《でんせんびょう》と細菌《さいきん》を研究《けんきゅう》する施設《しせつ》。
（　　）

167
ふんなどを通《つう》じて、人間《にんげん》に感染《かんせん》する伝染病《でんせんびょう》。志賀潔《しがきよし》が細菌《さいきん》を発見《はっけん》した。
（　　）

168
文芸誌《ぶんげいし》『明星《みょうじょう》』を作《つく》った歌人《かじん》で、後《のち》に与謝野晶子《よさのあきこ》と結婚《けっこん》した。
（　　）

169
与謝野晶子《よさのあきこ》が、日露戦争《にちろせんそう》に従軍《じゅうぐん》する弟《おとうと》をなげいて書《か》いた詩《し》。賛否両論《さんぴりょうろん》となり、多《おお》くの人《ひと》びとの論争《ろんそう》を巻《ま》き起《お》こした。
（　　）

170
日露戦争《にちろせんそう》に勝利《しょうり》した後《あと》、日本《にほん》がロシアとの間《あいだ》で結《むす》んだ条約《じょうやく》。ロシアからの賠償金《ばいしょうきん》をもらわなかったことで国内《こくない》で大《おお》きな批判《ひはん》を浴《あ》びた。
（　　）

171
国《くに》が、輸入《ゆにゅう》する品物《しなもの》について自由《じゆう》に関税《かんぜい》をかけることのできる権利《けんり》。小《こ》村寿太郎《むらじゅたろう》が回復《かいふく》に成功《せいこう》した。
（　　）

172
1904年《ねん》から1905年《ねん》にかけて起《お》こった、日本《にほん》とロシアの間《あいだ》の戦争《せんそう》。
（　　　　）

173
ロシア海軍《かいぐん》の艦隊《かんたい》で、日露戦争《にちろせんそう》の当《とう》時《じ》は世界最大《せかいさいだい》レベルの規模《きぼ》だった。日露戦争《にちろせんそう》で、東郷平八郎《とうごうへいはちろう》の指揮《しき》する艦隊《かんたい》に敗《やぶ》れる。
（　　　　）

174
江戸時代《えどじだい》から銅《どう》の採掘《さいくつ》が始《はじ》まった鉱《こう》山《ざん》。殖産興業《しょくさんこうぎょう》を進《すす》める明治政府《めいじせいふ》のもとで、採掘量《さいくつりょう》が大幅《おおはば》に増《ふ》えた。
（　　　　）

175
足尾銅山《あしおどうざん》の煙《けむり》やガスなどの有害物質《ゆうがいぶっしつ》が周《まわ》りの村《むら》を汚染《おせん》し、農業《のうぎょう》・漁業《ぎょぎょう》に大《おお》きな悪影響《あくえいきょう》を与《あた》えた事件《じけん》。
（　　　　）

8章《しょう》（大正《たいしょう》～昭和時代《しょうわじだい》）

176
1911年《ねん》に平塚《ひらつか》らいてうが作《つく》った月刊誌《げっかんし》。発刊《はっかん》の言葉《ことば》「元始《げんし》、女性《じょせい》は実《じつ》に太陽《たいよう》であった」が有名《ゆうめい》。
（　　　　）

177
平塚《ひらつか》らいてうがつくった、日本《にほん》で初《はじ》めての婦人運動団体《ふじんうんどうだんたい》。女性《じょせい》の政治的《せいじてき》・社会的自由《しゃかいてきじゆう》の実現《じつげん》を目指《めざ》した。
（　　　　）

178
新渡戸稲造《にとべいなぞう》がアメリカにいるときに書《か》き上《あ》げた本《ほん》。日本人《にっぽんじん》ならではの物《もの》の見方《みかた》や考《かんが》え方《かた》について、全編英語《ぜんぺんえいご》で書《か》かれている。
（　　　　）

179
第一次世界大戦後《だいいちじせかいたいせんご》、世界平和維持《せかいへいわいじ》と国《こく》際協力《さいきょうりょく》を目指《めざ》してつくられた国際機関《こくさいきかん》。
（　　　　）

180
アフリカと中南米《ちゅうなんべい》の伝染病《でんせんびょう》で蚊《か》から感染《かんせん》する。野口英世《のぐちひでよ》が研究《けんきゅう》した。
（　　　　）

181
芥川龍之介《あくたがわりゅうのすけ》が発表《はっぴょう》した短編小説《たんぺんしょうせつ》。平《へい》安時代《あんじだい》の『今昔物語《こんじゃくものがたり》』を題材《だいざい》にしており、夏目漱石《なつめそうせき》が絶賛《ぜっさん》した。
（　　　　）

182
芥川龍之介《あくたがわりゅうのすけ》の友人《ゆうじん》であった菊池寛《きくちかん》が、芥川《あくたがわ》の功績《こうせき》を記念《きねん》してつくった文学《ぶんがく》賞《しょう》。受賞作《じゅしょうさく》の多《おお》くはベストセラーとなっている。
（　　　　）

183
宮沢賢治《みやざわけんじ》の多《おお》くの作品《さくひん》の舞台《ぶたい》となっている架空《かくう》の地域《ちいき》。故郷《こきょう》である岩手《いわて》県《けん》がモチーフとなっている。
（　　　　）

184
宮沢賢治《みやざわけんじ》が書《か》いた童話《どうわ》で、ジョバンニという少年《しょうねん》が、友人《ゆうじん》のカムパネルラと銀河鉄道《ぎんがてつどう》の旅《たび》をする物語《ものがたり》。
（　　　）

185
1932年《ねん》5月《がつ》15日《にち》に、海軍将校《かいぐんしょうこう》が犬養毅《いぬかいつよし》を暗殺《あんさつ》した事件《じけん》。この事件《じけん》から、軍《ぐん》による政治《せいじ》の独占《どくせん》が進《すす》んだ。
（　　　）

186
1937年《ねん》から1945年《ねん》まで、日《に》本《ほん》と中国《ちゅうごく》の間《あいだ》で行《おこな》われた戦争《せんそう》。後《のち》に日本《にほん》はアメリカなど連合国軍《れんごうこくぐん》にも戦《たたか》いを宣言《せんげん》し、太平洋戦争《たいへいようせんそう》に発展《はってん》した。
（　　　）

187
1940年《ねん》、斎藤隆夫《さいとうたかお》が衆議院《しゅうぎいん》本会《ほんかい》議中《ぎちゅう》に行《おこな》った、日中戦争《にっちゅうせんそう》を批判《ひはん》する演説《えんぜつ》。演説《えんぜつ》の後《あと》、軍《ぐん》は斎藤《さいとう》を辞《や》めさせるよう圧力《あつりょく》をかけた。
（　　　）

188
1941年《ねん》から1945年《ねん》8月《がつ》まで、日本《にほん》とアメリカなど連合国軍《れんごうこくぐん》との間《あいだ》で行《おこな》われた戦争《せんそう》。日本《にほん》が連合国軍《れんごうこくぐん》に降伏《こうふく》し、終了《しゅうりょう》した。
（　　　）

189
太平洋戦争《たいへいようせんそう》で日本《にほん》が降伏《こうふく》した後《あと》、連《れん》合国軍《ごうこくぐん》が行《おこな》った裁判《さいばん》。東条英機《とうじょうひでき》ら7人《にん》が死刑《しけい》となった。
（　　　）

190
アドルフ・ヒトラーが率《ひき》いた国家社《こっかしゃ》会主義《かいしゅぎ》ドイツ労働者党《ろうどうしゃとう》の略《りゃく》。ユダヤ人《じん》を強制収容所《きょうせいしゅうようじょ》に送《おく》って殺《ころ》すなどの差別《さべつ》を行《おこな》った。
（　　　）

191
1947年《ねん》に太宰治《だざいおさむ》が発表《はっぴょう》した長編《ちょうへん》小説《しょうせつ》。戦後《せんご》、没落《ぼつらく》していく上流階級《じょうりゅうかいきゅう》の人《ひと》びとをえがき、ベストセラーに。
（　　　）

192
1951年《ねん》、日本《にほん》とアメリカなど連《れん》合国《ごうこく》との間《あいだ》で結《むす》んだ平和条約《へいわじょうやく》。連合《れんごう》国軍《こくぐん》の占領《せんりょう》が終《お》わり、日本《にほん》は独立《どくりつ》を回復《かいふく》した。
（　　　）

193
サンフランシスコ平和条約調印《へいわじょうやくちょういん》と同《どう》時《じ》に日米間《にちべいかん》で結《むす》んだ条約《じょうやく》。日本《にほん》の平《へい》和《わ》を保障《ほしょう》するため、米軍《べいぐん》の日本駐留《にほんちゅうりゅう》などを定《さだ》めた。
（　　　）

194
スウェーデンの発明家《はつめいか》・ノーベルの遺産《いさん》をもとに、毎年《まいとし》6部門《ぶもん》で、世界《せかい》的《てき》な功績《こうせき》のあった人《ひと》に与《あた》えられる賞《しょう》。
（　　　）

195
核分裂《かくぶんれつ》によるエネルギーを使《つか》った爆《ばく》弾《だん》。太平洋戦争《たいへいようせんそう》で広島《ひろしま》と長崎《ながさき》に投下《とうか》され、多《おお》くの犠牲者《ぎせいしゃ》を出《だ》した。
（　　　）

解答《かいとう》：重要人物《じゅうようじんぶつ》

1章《しょう》

1 卑弥呼《ひみこ》（P20）
2 聖徳太子《しょうとくたいし》（廐戸王《うまやどのおう》）（P22）
3 蘇我馬子《そがのうまこ》（P24）
4 小野妹子《おののいもこ》（P26）
5 中臣鎌足《なかとみのかまたり》（P28）
6 天智天皇《てんじてんのう》（中大兄皇子《なかのおおえのおうじ》）（P30）
7 天武天皇《てんむてんのう》（大海人皇子《おおあまのおうじ》）（P32）
8 聖武天皇《しょうむてんのう》（P34）
9 行基《ぎょうき》（P36）
10 鑑真《がんじん》（P38）

2章《しょう》

11 空海《くうかい》（P46）
12 菅原道真《すがわらのみちざね》（P48）
13 平将門《たいらのまさかど》（P50）
14 清少納言《せいしょうなごん》（P52）
15 藤原道長《ふじわらのみちなが》（P54）
16 紫式部《むらさきしきぶ》（P56）
17 平清盛《たいらのきよもり》（P58）

3章《しょう》

18 源頼朝《みなもとのよりとも》（P66）
19 源義経《みなもとのよしつね》（P68）
20 北条政子《ほうじょうまさこ》（P70）
21 北条時宗《ほうじょうときむね》（P72）
22 竹崎季長《たけざきすえなが》（P74）
23 足利尊氏《あしかがたかうじ》（P76）
24 足利義満《あしかがよしみつ》（P78）
25 世阿弥《ぜあみ》（P80）
26 足利義政《あしかがよしまさ》（P82）
27 日野富子《ひのとみこ》（P84）
28 雪舟《せっしゅう》（P86）

4章《しょう》

29 毛利元就《もうりもとなり》（P94）
30 ザビエル（P96）
31 武田信玄《たけだしんげん》（P98）
32 上杉謙信《うえすぎけんしん》（P100）
33 今川義元《いまがわよしもと》（P102）
34 織田信長《おだのぶなが》（P104）
35 浅井長政《あざいながまさ》（P106）
36 明智光秀《あけちみつひで》（P108）
37 柴田勝家《しばたかついえ》（P110）
38 豊臣秀吉《とよとみひでよし》（P112）
39 千利休《せんのりきゅう》（P114）
40 フロイス（P116）
41 伊達政宗《だてまさむね》（P118）
42 石田三成《いしだみつなり》（P120）

5章《しょう》

43 徳川家康《とくがわいえやす》（P128）
44 徳川家光《とくがわいえみつ》（P130）
45 天草四郎《あまくさしろう》（P132）
46 シャクシャイン（P134）
47 宮本武蔵《みやもとむさし》（P136）
48 勝山《かつやま》（P138）
49 徳川綱吉《とくがわつなよし》（P140）
50 井原西鶴《いはらさいかく》（P142）

51 近松門左衛門《ちかまつもんざえもん》（P144）
52 松尾芭蕉《まつおばしょう》（P146）
53 関孝和《せきたかかず》（P148）
54 貝原益軒《かいばらえきけん》（P150）
55 徳川吉宗《とくがわよしむね》（P152）
56 平賀源内《ひらがげんない》（P154）
57 松平定信《まつだいらさだのぶ》（P156）

6章《しょう》

58 杉田玄白《すぎたげんぱく》（P164）
59 本居宣長《もとおりのりなが》（P166）
60 大黒屋光太夫《だいこくやこうだゆう》（P168）
61 伊能忠敬《いのうただたか》（P170）
62 歌川広重《うたがわひろしげ》（P172）
63 葛飾北斎《かつしかほくさい》（P174）
64 大塩平八郎《おおしおへいはちろう》（P176）

---

65 水野忠邦《みずのただくに》（P178）
66 ペリー（P180）
67 前原巧山《まえばらこうざん》（P182）
68 井伊直弼《いいなおすけ》（P184）
69 吉田松陰《よしだしょういん》（P186）
70 勝海舟《かつかいしゅう》（P188）
71 坂本龍馬《さかもとりょうま》（P190）
72 高杉晋作《たかすぎしんさく》（P192）
73 徳川慶喜《とくがわよしのぶ》（P194）
74 土方歳三《ひじかたとしぞう》（P196）

7章《しょう》

75 岩倉具視《いわくらともみ》（P204）
76 西郷隆盛《さいごうたかもり》（P206）
77 大久保利通《おおくぼとしみち》（P208）
78 木戸孝允《きどたかよし》（P210）

---

79 明治天皇《めいじてんのう》（P212）
80 大隈重信《おおくましげのぶ》（P214）
81 板垣退助《いたがきたいすけ》（P216）
82 伊藤博文《いとうひろぶみ》（P218）
83 陸奥宗光《むつむねみつ》（P220）
84 津田梅子《つだうめこ》（P222）
85 福沢諭吉《ふくざわゆきち》（P224）
86 森鷗外《もりおうがい》（P226）
87 夏目漱石《なつめそうせき》（P228）
88 樋口一葉《ひぐちいちよう》（P230）
89 北里柴三郎《きたざとしばさぶろう》（P232）
90 志賀潔《しがきよし》（P234）
91 与謝野晶子《よさのあきこ》（P236）
92 小村寿太郎《こむらじゅたろう》（P238）
93 東郷平八郎《とうごうへいはちろう》（P240）
94 田中正造《たなかしょうぞう》（P242）

8章《しょう》

95 平塚《ひらつか》らいてう（P250）
96 新渡戸稲造《にとべいなぞう》（P252）
97 野口英世《のぐちひでよ》（P254）
98 芥川龍之介《あくたがわりゅうのすけ》（P256）
99 宮沢賢治《みやざわけんじ》（P258）
100 犬養毅《いぬかいつよし》（P260）
101 斎藤隆夫《さいとうたかお》（P262）
102 東条英機《とうじょうひでき》（P264）
103 杉原千畝《すぎはらちうね》（P266）
104 太宰治《だざいおさむ》（P268）
105 吉田茂《よしだしげる》（P270）
106 湯川秀樹《ゆかわひでき》（P272）

※解答《かいとう》の後《あと》の（　）は本編《ほんぺん》のページです。

解答《かいとう》：出来事《できごと》・歴史用語《れきしようご》

1章《しょう》

1 邪馬台国《やまたいこく》（P21）
2 親魏倭王《しんぎわおう》（P21）
3 冠位十二階《かんいじゅうにかい》（P23）
4 十七条《じゅうしちじょう》の憲法《けんぽう》（P23）
5 豪族《ごうぞく》（P25）
6 推古天皇《すいこてんのう》（P25）
7 遣隋使《けんずいし》（P27）
8 隋《ずい》（P27）
9 大化《たいか》の改新《かいしん》（P29）
10 藤原氏《ふじわらし》（P29）
11 公地公民制《こうちこうみんせい》（P31）
12 白村江《はくそんこう》の戦《たたか》い（P31）
13 大友皇子《おおとものおうじ》（P33）

14 壬申《じんしん》の乱《らん》（P33）
15 国分寺《こくぶんじ》・国分尼寺《こくぶんにじ》（P35）
16 東大寺《とうだいじ》（P35）
17 東大寺《とうだいじ》の大仏《だいぶつ》（P37）
18 唐《とう》（P39）
19 唐招提寺《とうしょうだいじ》（P39）

2章《じょう》

20 真言宗《しんごんしゅう》（P47）
21 高野山《こうやさん》（P47）
22 太宰府《だざいふ》（P49）
23 遣唐使《けんとうし》（P49）
24 武士《ぶし》（P51）
25 平将門《たいらのまさかど》の乱《らん》（P51）
26 随筆《ずいひつ》（P53）
27 枕草子《まくらのそうし》（P53）

28 摂関政治《せっかんせいじ》（P55）
29 源氏物語《げんじものがたり》（P57）
30 かな文字《もじ》（P57）
31 平氏《へいし》・源氏《げんじ》（P59）
32 日宋貿易《にっそうぼうえき》（P59）

3章《しょう》

33 鎌倉幕府《かまくらばくふ》（P67）
34 御恩《ごおん》と奉公《ほうこう》（P67）
35 守護《しゅご》（P67）
36 地頭《じとう》（P67）
37 奥州藤原氏《おうしゅうふじわらし》（P69）
38 壇《だん》ノ浦《うら》の戦《たたか》い（P69）
39 承久《じょうきゅう》の乱《らん》（P71）
40 御家人《ごけにん》（P71）
41 フビライ（P73）

42 元寇《げんこう》（P73）
43 一所懸命《いっしょけんめい》（P75）
44 蒙古襲来絵詞《もうこしゅうらいえことば》（P75）
45 建武《けんむ》の中興《ちゅうこう》（P77）
46 室町幕府《むろまちばくふ》（P77）
47 金閣《きんかく》（P79）

48 日明貿易《にちみんぼうえき》（P79）
49 能《のう》（P81）
50 風姿花伝《ふうしかでん》（P81）
51 銀閣《ぎんかく》（P83）
52 室町文化《むろまちぶんか》（P83）
53 応仁《おうにん》の乱《らん》（P85）
54 守護大名《しゅごだいみょう》（P85）
55 水墨画《すいぼくが》（P87）

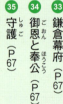

4章《しょう》

56 戦国大名《せんごくだいみょう》（P95）
57 3本《ぼん》の矢《や》（P95）
58 宣教師《せんきょうし》（P97）
59 イエズス会《かい》（P97）
60 甲州法度次第《こうしゅうはっとのしだい》（P99）
61 川中島《かわなかじま》の戦《たたか》い（P101）
62 桶狭間《おけはざま》の戦《たたか》い（P103）
63 長篠《ながしの》の戦《たたか》い（P105）
64 楽市《らくいち》・楽座《らくざ》（P105）
65 市《いち》（P107）
66 姉川《あねがわ》の戦《たたか》い（P107）
67 本能寺《ほんのうじ》の変《へん》（P109）
68 三日天下《みっかてんか》（P109）
69 清洲会議《きよすかいぎ》（P111）

---

70 賤ヶ岳《しずがたけ》の戦《たたか》い（P111）
71 天下統一《てんかとういつ》（P113）
72 検地《けんち》（太閤検地《たいこうけんち》）（P113）
73 刀狩《かたながり》（P113）
74 茶《ちゃ》の湯《ゆ》（P115）
75 わび茶《ちゃ》（P115）
76 日本史《にほんし》（P117）
77 独眼竜《どくがんりゅう》（P119）
78 慶長遣欧使節《けいちょうけんおうしせつ》（P119）
79 五大老《ごたいろう》（P121）
80 五奉行《ごぶぎょう》（P121）
81 関ヶ原《せきがはら》の戦《たたか》い（P121）

5章《しょう》

82 江戸幕府《えどばくふ》（P129）
83 大坂冬《おおさかふゆ》の陣《じん》・夏《なつ》の陣《じん》（P129）
84 参勤交代《さんきんこうたい》（P131）
85 鎖国《さこく》（P131）
86 島原《しまばら》の乱《らん》（P133）
87 踏絵《ふみえ》（P133）
88 アイヌ（P135）
89 松前藩《まつまえはん》（P135）
90 巌流島《がんりゅうじま》の決闘《けっとう》（P137）
91 五輪書《ごりんのしょ》（P137）
92 勝山髷《かつやままげ》（P139）
93 生類憐《しょうるいあわれ》みの令《れい》（P141）

---

94 元禄文化《げんろくぶんか》（P141）
95 浮世草子《うきよぞうし》（P143）
96 好色一代男《こうしょくいちだいおとこ》（P143）
97 人形浄瑠璃《にんぎょうじょうるり》（P145）
98 曽根崎心中《そねざきしんじゅう》（P145）
99 俳句《はいく》（P147）
100 おくのほそ道《みち》（P147）
101 和算《わさん》（P149）
102 養生訓《ようじょうくん》（P151）
103 和俗童子訓《わぞくどうじくん》（P151）
104 享保《きょうほう》の改革《かいかく》（P153）
105 米将軍《こめしょうぐん》（P153）
106 エレキテル（P155）
107 土用《どよう》の丑《うし》の日《ひ》（P155）
108 田沼意次《たぬまおきつぐ》（P157）

※解答《かいとう》の後《あと》の（　）は本編《ほんぺん》のページです。

109 寛政《かんせい》の改革《かいかく》（P157）

6章《しょう》

110 解体新書《かいたいしんしょ》（P165）
111 蘭学事始《らんがくことはじめ》（P165）
112 賀茂真淵《かものまぶち》（P167）
113 古事記伝《こじきでん》（P167）
114 廻船《かいせん》（P169）
115 エカテリーナ2世《せい》（P169）
116 大日本沿海輿地全図《だいにほんえんかいよちぜんず》（P171）
117 浮世絵《うきよえ》（P173）
118 東海道五十三次《とうかいどうごじゅうさんつぎ》（P173）

119 富嶽三十六景《ふがくさんじゅうろっけい》（P175）
120 大塩平八郎《おおしおへいはちろう》の乱《らん》（P177）
121 天保《てんぽう》の改革《かいかく》（P179）
122 遠山景元《とおやまかげもと》（P179）
123 黒船《くろふね》（P181）
124 日米和親条約《にちべいわしんじょうやく》（P181）
125 蒸気船《じょうきせん》（P183）
126 日米修好通商条約《にちべいしゅうこうつうしょうじょうやく》（P185）
127 安政《あんせい》の大獄《たいごく》（P185）
128 尊皇攘夷《そんのうじょうい》（P187）
129 松下村塾《しょうかそんじゅく》（P187）
130 咸臨丸《かんりんまる》（P189）
131 江戸無血開城《えどむけつかいじょう》（P189）

132 亀山社中《かめやましゃちゅう》（海援隊《かいえんたい》）（P191）
133 薩長同盟《さっちょうどうめい》（P191）
134 奇兵隊《きへいたい》（P193）
135 大政奉還《たいせいほうかん》（P195）
136 戊辰戦争《ぼしんせんそう》（P195）
137 新撰組《しんせんぐみ》（P197）
138 箱館戦争《はこだてせんそう》（P197）

7章《しょう》

139 王政復古《おうせいふっこ》の大号令《だいごうれい》（P205）
140 岩倉使節団《いわくらしせつだん》（P205）
141 征韓論《せいかんろん》（P207）
142 西南戦争《せいなんせんそう》（P207）
143 富国強兵《ふこくきょうへい》（P209）

144 殖産興業《しょくさんこうぎょう》（P209）
145 版籍奉還《はんせきほうかん》（P211）
146 廃藩置県《はいはんちけん》（P211）
147 五箇条《ごかじょう》の御誓文《ごせいもん》（P213）
148 日清戦争《にっしんせんそう》（P213）
149 立憲改進党《りっけんかいしんとう》（P215）
150 隈板内閣《わいはんないかく》（P215）
151 自由民権運動《じゆうみんけんうんどう》（P217）
152 板垣死《いたがきし》すとも自由《じゆう》は死《し》せず（P217）
153 大日本帝国憲法《だいにほんていこくけんぽう》（P219）
154 韓国併合《かんこくへいごう》（P219）
155 治外法権《ちがいほうけん》（P221）
156 ノルマントン号事件《ごうじけん》（P221）

157 女子英学塾《じょしえいがくじゅく》（P223）

158 西洋事情《せいようじじょう》（P225）

159 学問《がくもん》のすゝめ（P225）

160 舞姫《まいひめ》（P227）

161 かっけ（P227）

162 吾輩《わがはい》は猫《ねこ》である（P229）

163 こころ（P229）

164 たけくらべ（P231）

165 ペスト（P233）

166 伝染病研究所《でんせんびょうけんきゅうしょ》（P233）

167 赤痢《せきり》（P235）

168 与謝野鉄幹《よさのてっかん》（P237）

169 君死《きみし》にたまふことなかれ（P237）

170 ポーツマス条約《じょうやく》（P239）

171 関税自主権《かんぜいじしゅけん》（P239）

172 日露戦争《にちろせんそう》（P241）

173 バルチック艦隊《かんたい》（P241）

174 足尾銅山《あしおどうざん》（P243）

175 足尾銅山鉱毒事件《あしおどうざんこうどくじけん》（P243）

8章《しょう》

176 青鞜《せいとう》（P251）

177 新婦人協会《しんふじんきょうかい》（P251）

178 武士道《ぶしどう》（P253）

179 国際連盟《こくさいれんめい》（P253）

180 黄熱病《おうねつびょう》（P255）

181 鼻《はな》（P257）

182 芥川龍之介賞《あくたがわりゅうのすけしょう》（芥川賞《あくたがわしょう》）（P257）

183 イーハトーブ（P259）

184 銀河鉄道《ぎんがてつどう》の夜《よる》（P259）

185 五・一五事件《ごいちごじけん》（P261）

186 日中戦争《にっちゅうせんそう》（P263）

187 反軍演説《はんぐんえんぜつ》（P263）

188 太平洋戦争《たいへいようせんそう》（P265）

189 東京裁判《とうきょうさいばん》（P265）

190 ナチス（P267）

191 斜陽《しゃよう》（P269）

192 サンフランシスコ平和条約《へいわじょうやく》（P271）

193 日米安全保障条約《にちべいあんぜんほしょうじょうやく》（P271）

194 ノーベル賞《しょう》（P273）

195 原子爆弾《げんしばくだん》（P273）

※解答《かいとう》の後《あと》の（　）は本編《ほんぺん》のページです。

これで君《きみ》も
歴史博士《れきしはかせ》!!